21 世纪财务管理系列教材

《财务会计》学习指导与练习

[第二版]

主　编　徐玉霞

副主编　葛文荣　刘　莉

厦门大学出版社
XIAMEN UNIVERSITY PRESS

国家一级出版社
全国百佳图书出版单位

图书在版编目(CIP)数据

《财务会计》学习指导与练习/徐玉霞主编. —2版. —厦门:厦门大学出版社，
2014.6
21世纪财务管理系列教材
ISBN 978-7-5615-5141-7

Ⅰ.①财…　Ⅱ.①徐…　Ⅲ.①财务会计-高等学校-教学参考资料　Ⅳ.①F234.4

中国版本图书馆 CIP 数据核字(2014)第 126747 号

厦门大学出版社出版发行
(地址:厦门市软件园二期望海路 39 号　邮编:361008)
http://www.xmupress.com
xmup @ xmupress.com
沙县方圆印刷有限公司印刷
2014 年 6 月第 2 版　2014 年 6 月第 1 次印刷
开本:720×970　1/16　印张:16.25
字数:305 千字　印数:2 000~4 000 册
定价:26.00 元
本书如有印装质量问题请直接寄承印厂调换

第二版前言

　　近年来,我国会计准则的国际趋同持续进行。2014年,为了贯彻落实党的十八大和十八届三中全会精神,深化财税体制改革,加快会计改革步伐,财政部相继制定发布了一系列重大会计改革文件,其中,2014年1月发布了《企业会计准则第39号——公允价值计量》《企业会计准则第40号——合营安排》,修订了《企业会计准则第2号——长期股权投资》《企业会计准则第9号——职工薪酬》《企业会计准则第30号——财务报表列报》等;同时,印发了《企业会计准则解释第6号》,使企业会计准则得以更好地贯彻实施。为此,本书需要根据财政部新发布或修订的企业会计准则及解释进行相应的更新。与上一版相比,本次主要做了以下修订和补充:

　　1.根据最新颁布的企业会计准则及解释,对相关理论做了部分修改;

　　2.对各章节的单选题、多选题、会计处理题做了适当增补;

　　3.对原有章节个别不恰当的题目做了删减或调整;

　　4.更正了原书中存在的差错。

　　参加本书修订工作的人员主要有:徐玉霞、葛文荣、刘莉、庄晶滢、江毅。书中不足之处,敬请广大读者不吝赐教。

编者

2014年6月

前　言

　　财务会计是会计专业、财务管理专业、审计专业的一门核心专业课程，也是一门实务性很强的学科。为了使读者更好地掌握财务会计知识，同时也方便教师教学，我们以厦门大学出版社出版的21世纪财务管理系列教材《财务会计》一书为蓝本，依据财政部新颁布的《企业会计准则》和《企业会计准则——应用指南》，以及财政部近年陆续发布的《企业会计准则解释》等相关法规、规定，编写了《财务会计学习指导与练习》，作为《财务会计》教材的配套用书。全书共分十六章，按照原教材的章节顺序依次介绍各章的学习目的与要求、教学重点与难点，对各章的教学内容、重点与难点进行了提炼，以利于读者的复习或自学。为了帮助读者更好地理解掌握教材内容，巩固所学知识，本书依次提供了包括思考题、单项选择题、多项选择题、计算与会计处理题等多种题型的练习题，并附上相应的参考答案。本书由厦门大学会计系徐玉霞副教授担任主编，由厦门大学嘉庚学院会计系葛文荣、刘莉两位副教授担任副主编，参加本书编写及校对工作的人员还有郭奕、黄丽君、黄彬彬、吴思思、刘柳琴等。

　　由于我们的水平所限，书中难免存在错误和疏漏，敬请读者批评指正，以便我们进一步修改完善。

编者

2010 年 6 月

目录

第一章 总　论

学习目的与要求

通过本章学习,了解财务会计概念及概念框架;掌握会计基本假设和会计基础;理解会计目标;掌握会计信息质量要求;掌握会计要素及其确认与计量;了解企业会计准则体系。

本章重点

一、财务会计概念及概念框架

财务会计,是以会计基本前提(假设)为基础、以会计要素为构成框架,对特定会计主体发生的一般会计事项进行确认、计量、记录和报告,并以对外提供通用财务会计信息为目标的一整套理论和方法。

财务会计概念框架的基本内容如图1-1所示。

二、财务会计的基本假设

财务会计的基本假设,即会计基本假设,是企业会计确认、计量和报告的前提条件,是企业设计和选择会计方法的重要依据,也是对会计核算所处时间、空间环境等所作的合理设定,包括会计主体、持续经营、会计分期和货币计量四项。

三、财务会计的基础

企业应当以权责发生制为基础进行会计确认、计量和报告。

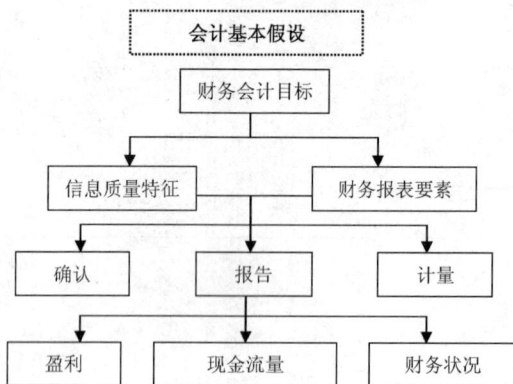

图 1－1　财务会计概念框架

四、财务会计的目标

财务会计的目标是指财务会计系统要达到的目的和要求。我国 2006 年 2 月 15 日颁布的《企业会计准则——基本准则》规定,财务报告的目标,是向财务报告使用者提供与企业财务状况、经营成果和现金流量等有关的会计信息,反映企业管理层受托责任的履行情况,有助于财务报告使用者作出经济决策。

五、会计信息质量要求

会计信息质量要求是对企业财务报告中所提供会计信息质量的基本要求,是使财务报告所提供的会计信息对投资者等使用者决策有用而应具备的基本特征。主要包括:可靠性、相关性、可理解性、可比性、实质重于形式、重要性、谨慎性和及时性。

六、财务会计要素及其确认与计量

我国会计准则(基本准则)规定,会计要素按照其性质分为资产、负债、所有者权益、收入、费用和利润。

会计计量属性主要包括历史成本、重置成本、可变现净值、现值和公允价值等。

一般情况下,对于会计要素的计量,应当采用历史成本计量属性,但在某些情况下,为了提高会计信息的有用性,向使用者提供更决策相关的信息,就有必要采用其他计量属性(比如公允价值)进行会计计量,以弥补历史成本计量属性的缺陷。

七、企业会计准则

企业会计准则是约束和规范财务会计行为、指导会计工作的规则和指南。

我国财政部于 2006 年 2 月 15 日正式发布了 1 项基本准则和 38 项具体准则。2014 年 1 月又发布了《企业会计准则第 39 号——公允价值计量》、《企业会计准则第 40 号——合营安排》，同时修订了《企业会计准则第 30 号——财务报表列报》、《企业会计准则第 9 号——职工薪酬》、《企业会计准则第 2 号——长期股权投资》等。

本章难点

- 财务会计概念及概念框架
- 财务会计目标
- 财务会计信息质量要求
- 财务会计要素及其确认与计量

练 习 题

一、思考题

1. 什么是财务会计？什么是财务会计概念框架？

2. 我国财务会计的目标是什么？请说明理由。

3. 什么是会计信息质量要求？如何理解？

4. 比较分析财务会计要素的各种计量属性。

二、单项选择题

1. 下列不属于我国企业会计准则体系的是（　　）。

    A. 基本准则　　　　　　　　B. 具体准则

    C. 会计制度　　　　　　　　D. 解释公告

2. 会计主体假设规定了会计核算的（　　）。

    A. 时间范围　　　　　　　　B. 空间范围

    C. 期间费用范围　　　　　　D. 成本开支范围

3.下列属于财务报告目标的决策有用观的论点是(　　)。

  A.会计计量采用重置成本　　　　B.会计信息更多强调相关性

  C.会计计量采用历史成本　　　　D.会计计量采用当前市价

4.建立货币计量假设的基础是(　　)。

  A.币值变动　　　　　　　　　　B.人民币

  C.记账本位币　　　　　　　　　D.币值不变

5.下列单位会计应当采用收付实现制的是(　　)。

  A.外资企业甲　　　　　　　　　B.个人独资企业乙

  C.慈善基金会　　　　　　　　　D.慈善基金会下属实业公司

6.2011年8月10日采用赊销方式销售产品50 000元,11月12日收到货款存入银行。按收付实现制核算时,该项收入应属于(　　)。

  A.2011年8月　　　　　　　　　B.2011年10月

  C.2011年11月　　　　　　　　　D.2011年12月

7."根据特定的经济业务对经济决策的影响大小来选择合适的会计方法和程序,能够使提供信息收益大于成本"体现了(　　)原则。

  A.可比性　　　　　　　　　　　B.实质重于形式

  C.重要性　　　　　　　　　　　D.及时性

8.2011年3月20日采用赊销方式销售产品60 000元,6月20日收到货款存入银行。按权责发生制核算时,该项收入应属于(　　)。

  A.2011年3月　　　　　　　　　B.2011年4月

  C.2011年5月　　　　　　　　　D.2011年6月

9.企业应当以实际发生的交易或者事项为依据进行确认、计量和报告,所依据的会计原则是(　　)。

  A.可靠性　　　　B.重要性　　　　C.谨慎性　　　　D.相关性

10.下列属于财务报告的特点的是(　　)。

  A.主要是对外报告　　　　　　　B.主要反映企业某一时点的财务状况

  C.利润表是其核心内容　　　　　D.财务报告就是财务报表

11.下列事项中体现了谨慎性要求的是(　　)。

  A.发出存货的计价方法一经确定,不得随意改变,确有需要改变的在财务报告中说明

  B.对赊销的商品,根据收付实现制原则,没有确认收入

  C.对资产发生的减值相应计提减值准备

  D.对有的资产采用公允价值计量

12.下列不属于会计要素计量属性的是(　　)。

A. 历史成本　　B. 重置成本　　C. 现金流量　　D. 现值

三、多项选择题

1. 下列说法正确的是(　　)。

A. 法律主体必然是会计主体

B. 基金管理公司管理的证券投资基金,也可以成为会计主体

C. 对于拥有子公司的母公司来说,集团企业应作为一个会计主体来编制财务报表

D. 会计主体一定是法律主体

2. 下列业务不属于会计核算范围的事项是(　　)。

A. 编制银行存款余额调节表　　B. 编制全面预算

C. 企业完工产品入库　　　　　D. 与外企业签订销售合同

3. 下列不可以确认为企业资产的有(　　)。

A. 优越的地理位置

B. 企业发生研究支出,可以可靠计量,同时很难判断能否给企业带来相关经济利益

C. 经营租入一项固定资产

D. 企业经营租出一项固定资产

4. 下列项目中,可以作为会计主体的是(　　)。

A. 生产车间　　　　　　　　　B. 集团公司

C. 异地的分公司　　　　　　　D. 子公司

5. 财务报告使用者包括(　　)。

A. 投资者　　　　　　　　　　B. 税务部门

C. 社会公众　　　　　　　　　D. 债权人

6. 根据权责发生制原则,下列各项中应计入本期的收入和费用的是(　　)。

A. 本期销售货款下期收取　　B. 上期销售货款本期收存银行

C. 本期预收下期货款存入银行　D. 计提本期短期借款利息

7. 在有不确定因素情况下做出合理判断时,下列事项符合谨慎性会计信息质量要求的是(　　)。

A. 设置秘密准备,以防备在利润计划完成不佳的年度转回

B. 不要高估资产和预计收益

C. 合理估计可能发生的损失和费用

D. 尽可能低估负债和费用

8. 下列说法正确的有(　　)。

A. 负债是企业承担的义务

B. 负债的清偿预期会导致经济利益流出企业

C. 企业与银行签订周转信贷协定,承诺就未使用部分向银行支付一笔承诺费,这笔承诺费属于企业的负债

D. 未来流出的经济利益的金额能够可靠地计量

9. 下列交易或事项体现实质重于形式原则的是(　　)。

A. 将融资租入固定资产作为自有资产入账

B. 赊购原材料,货款未付,作为应付账款入账

C. 销售商品,货款很有可能收不到,未做销售

D. 将经营租入设备作为自有固定资产入账

第二章　货币资金

学习目的与要求

　　通过本章的学习，熟悉国家有关现金管理制度和结算制度；了解企业对货币资金的管理及其内部控制；掌握企业库存现金、银行存款以及有关外币业务的核算，熟悉银行支付的结算方式；明确加强货币资金的管理和核算工作，对于保障企业资金安全、加速资金周转、降低成本费用的重要意义。

本章重点

一、现金管理和核算

（一）现金管理制度

　　现金有狭义和广义之分。狭义的现金是指存放在企业财务部门并由出纳人员保管的纸币和铸币，即库存现金；广义的现金除库存现金之外，还包括银行存款和其他符合现金定义的票证。在会计实务中的现金通常仅指库存现金。

　　现金作为企业流动性最强的资产，存在一定的安全隐患，因此加强对现金的管理是财务管理工作的重要环节。企业要严格执行国家制定的现金管理制度，不属于用现金结算范围的款项支付，不得使用现金，一律通过银行转账结算。企业不得坐支现金，不得以"白条"抵库，企业应建立和健全现金的内部牵制制度、审核签证制度和定期清查盘点制度。

（二）现金的核算

　　企业现金的收入、支出和保管都应由出纳人员或指定的专门人员负责办理，现金收支的原始凭证只有经过会计部门的审核才能登记入账。在进行会计核算时,企业应设置"库存现金"总账和"库存现金"日记账,同时设置"库存现金"账户进行会计核算。对于办完现金收付业务的凭证,出纳人员要加盖"现金收讫"或"现金付讫"的戳记,做到日清月结,每月终了时,做到现金的账账相符,账款相符。

二、银行存款的管理与结算方式

(一)银行存款的管理

银行存款分基本存款账户、一般存款账户、临时存款账户和专用账户。企业应该根据国家的规定自主选择开户银行,但一个企业只能选择一家银行的一个营业机构开立一个基本存款账户,不得在同一家银行的几个分支机构开立一般存款账户。对企业资金管理采取收支两条线的管理模式。支票是付款单位签发用以通知银行从存款账户中支付款项给收款单位的票据,可分为现金支票、转账支票和普通支票。转账支票的使用须经过审批,出纳人员只有在审核付款手续齐全且合法的前提下,方可出具支票并做详细记载。支票的有效期为10天,支票应及时地核销,并注明原因以防止丢失,若丢失应及时向银行挂失。财务人员必须执行银行结算纪律,不签发空头支票,不套用银行信用,不私设"小金库"等。

(二)银行支付的结算方式

1. 支票

支票是出票人签发的,委托办理存款业务的银行在见票时无条件支付确定金额给收款人或持票人的票据,分为现金支票、转账支票和普通支票。支票一律记名,提示付款期限为自出票日起10日,适用于单位和个人在同一票据区域内使用的结算。

2. 银行本票

银行本票是申请人将款项交存银行,由银行签发的,并承诺在见票时无条件支付确定金额给收款人或者持票人的票据,分为不定额本票和定额本票两种。本票一律记名,提示付款期限为自出票日起最长不超过2个月,适用于同城结算。

3. 银行汇票

银行汇票是汇款人将款项交存当地出票银行,由出票银行签发的,由其在见票时,按照实际结算金额无条件支付给收款人或持票人的票据。银行汇票采用记名方式,允许背书转让,提示付款期限为1个月,适用于同城或异地的结算。

4. 商业汇票

商业汇票是由出票人签发,委托付款人在指定日期无条件支付确定的金额给收款人或者持票人的票据,按承兑人的不同,可分为商业承兑汇票和银行承兑汇票。商业汇票的提示付款期限为自汇票到期日起 10 日,承兑期限由交易双方商定,但最长不超过 6 个月,适用于同城或异地的结算。

5.汇兑

汇兑是汇款人委托银行将其款项支付给收款人的结算方式,分为信汇和电汇,适用于异地之间的结算。

6.委托收款

委托收款是收款人委托银行向付款人收取款项的结算方式。委托收款结算款项的划回有邮寄和电报两种方式,适用于同城或异地之间的结算。

7.托收承付

托收承付是指根据购销合同由收款人发货后委托银行向异地付款人收取款项,由付款单位向银行承认付款的结算方式,托收承付款项的划回方式分为邮寄和电报两种。

8.信用卡

信用卡是指商业银行向个人和单位发行的,凭其向特约机构购物、消费和银行存取现金,具有消费信用的特制载体卡片。信用卡按使用对象分为单位卡和个人卡,按信誉等级分为金卡和普通卡。

9.信用证

信用证是开证行依据申请人的申请开出的,凭符合信用证条款的单据支付的付款承诺,并明确规定该信用证为不可撤销、不可转让的跟单信用证。

三、银行存款的核算与核对

(一)银行存款的核算

银行存款的核算,必须同时进行序时核算和总分类核算。企业应设置"银行存款日记账"进行序时核算,按照银行收支的时间先后顺序,逐笔登记,逐日结出余额;设置"银行存款"总分类账进行总分类核算,将款项存入银行时,记入"银行存款"账户借方,支取银行存款时,记入"银行存款"账户贷方,期末余额在借方。

(二)银行存款的核对

出纳人员至少每月一次将银行存款日记账与银行送来的对账单逐笔进行核对。理论上讲,二者不论是发生额还是余额都应完全一致,若双方余额不符,则可能是双方账目或其中一方出现错误,或者是存在"未达账项"。无论是记录有误,还是有"未达账项",都应编制"银行存款余额调节表"进行调节,使双方余额相等。

四、其他货币资金的内容及核算

其他货币资金包括外埠存款、银行汇票存款、银行本票存款、信用证存款和存出投资款等。企业应设置"其他货币资金"账户核算各类其他货币资金的增减变动及结存情况,并按"外埠存款"、"银行汇票存款"、"银行本票存款"、"信用证存款"、"信用卡存款"、"存出投资款"等进行明细核算。

五、主要外币业务的核算

(一)外币业务的核算

在会计实务中,依据记账本位币的不同,分为统账制与分账制,在我国主要采用前者。企业发生外币兑换业务时,一方面应当以交易实际采用的汇率,即银行买入价或卖出价折算人民币账户金额的增加或减少;另一方面按照当日的即期汇率折算外币账户金额的减少或增加;将两者之间的折算差额计入当期损益。企业以外币购进或出口原材料、商品和设备,或者借入或借出外币资金时,应当采用交易当日的即期汇率将外币折算为记账本位币,同时按照折算金额记录相关的外币货币性项目。

(二)汇兑损益的账务处理

在资产负债表日,企业应当分别对外币货币性项目和外币非货币性项目进行处理:

1. 外币货币性项目采用资产负债表日的即期汇率进行折算。因资产负债表日即期汇率与初始确认或前一资产负债表日即期汇率不同而产生的汇兑差额,若满足资本化条件的,计入相关资产价值,否则计入当期汇兑损益(财务费用),同时调增或调减外币货币性项目的记账本位币金额。

2. 对于以历史成本计量的外币非货币性项目,已在交易发生日按即期汇率折算,资产负债表日不应改变其记账本位币金额,因此不产生汇兑差额;对于以公允价值计量的股票、基金等外币非货币性项目,如果期末的公允价值以外币反映,则应当先将该外币按照公允价值确定当日的即期汇率折算为记账本位币金额,再与原记账本位币金额进行比较,其差额作为公允价值变动损益,记入当期损益。

本 章 难 点

- 银行支付的结算方式
- 外币业务的核算
- 汇兑损益的核算

练 习 题

一、思考题

1. 什么是货币资金？包括哪些内容？

2. 简述货币资金的特点，以及如何对其进行管理和内部控制。

3. 简述各种银行支付结算方式的主要内容，并指出哪些适用于同城，哪些适用于异地。

4. 什么是未达账项？它有哪几类？如何编制"银行存款余额调节表"？

5. 简述其他货币资金的内容及其账务处理。

6. 简述外币业务的核算特点，以及如何对汇兑损益进行账务处理。

二、单项选择题

1. 下列项目不属于其他货币资金的是（　　）。

A. 银行本票存款　　　　　　　　B. 银行汇票存款

C. 银行存款　　　　　　　　　　D. 外埠存款

E. 信用证存款

2. 我国会计实务中的现金是指企业的（　　）。

A. 库存现金、银行存款和有价证券

B. 库存现金　　　　　　　　　　C. 库存现金和银行存款

D. 库存现金、银行存款、有价证券和其他货币资金

3. 商业汇票的承兑期限由交易双方协商，但最长不超过（　　）个月。

A. 12　　　　　　B. 1　　　　　　C. 3　　　　　　D. 6

4. 对于银行已入账而企业尚未入账的未达账款，企业应当（　　）。

A. 待有关结算凭证到达后入账

　　B. 根据银行对账单的金额入账

　　C. 根据"银行存款余额调节表"入账

　　D. 根据对账单,自制凭证入账

5. 根据国务院颁布的《现金管理暂行条例》的规定,开户单位的结算起点在( )元以下的零星支出可用现金支付。

　　A. 1 000　　　　　B. 100　　　　　C. 500　　　　　D. 1 500

6. 企业的现金短款,无法查明原因,应转入( )。

　　A. 营业外支出　　　　　　　　B. 不做账务处理

　　C. 管理费用　　　　　　　　　D. 营业费用

7. 企业的现金长款,确实无法查明原因的,应转入( )。

　　A. 营业外收入　　　　　　　　B. 冲减营业费用

　　C. 不做账务处理　　　　　　　D. 冲减管理费用

8. 银行汇票采用记名方式,其提示付款期限为( )个月。

　　A. 3　　　　　　　B. 1　　　　　　C. 6　　　　　　D. 9

9. 企业存放在银行的信用卡存款,应通过( )科目进行核算。

　　A. 银行存款　　　　　　　　　B. 在途货币资金

　　C. 其他货币资金　　　　　　　D. 库存现金

三、多项选择题

1. 下列关于现金管理制度正确的是( )。

　　A. 不得坐支现金　　　　　　　B. 不以"白条"抵库

　　C. 不得公账私存　　　　　　　D. 不私设"小金库"

　　E. 不得以现金支付工资

2. 银行结算方式中可用于异地结算的有( )。

　　A. 银行本票　　　　　　　　　B. 支票

　　C. 汇兑　　　　　　　　　　　D. 银行汇票

3. 根据国家《银行结算办法》的规定,银行存款可以分为( )。

　　A. 基本存款账户　　　　　　　B. 一般存款账户

　　C. 临时存款户　　　　　　　　D. 专用账户

4. 下列属于外币货币性项目的有( )。

　　A. 银行存款　　　　　　　　　B. 交易性金融资产

　　C. 现金　　　　　　　　　　　D. 长期借款

　　E. 应付债券

5. 企业银行存款日记账与银行对账单不一致的主要原因有( )。

A. 企业已付银行未付　　　　　B. 银行已付企业未付

C. 企业已收银行未收　　　　　D. 银行已收企业未收

6. 下列属于外币非货币性项目的是(　　)。

A. 长期股权投资　　　　　B. 固定资产　　　　　C. 无形资产

D. 应付账款　　　　　E. 持有至到期投资

7. 根据现金管理规定,下列各项允许使用现金的是(　　)。

A. 向个人收购农副产品支付的价款

B. 采购原材料支付的价款

C. 支付给职工的工资及津贴

D. 按照规定发给个人的科技进步奖

E. 差旅人员随身携带的差旅费

四、计算及会计处理题

(一)现金和银行存款收支业务的核算

1. 厦门某模具厂在工商银行厦门市某支行开立账户,账号为590008,2013年9月1日该账户的期初余额为68 000元,"库存现金"账户的期初余额为320元。

2. 2013年9月份,该公司发生下列各项现金收付和结算业务:

(1)1日,销售部门交来产品零星销售收入的现金计1 200元(其中增值税额为174.36元)。次日,将该笔收入送存银行(送款单No.017)。

(2)4日,通过银行汇给职工陈强回程差旅费1 000元(信汇No.118)。

(3)5日,开出现金支票(No.59003)从银行提取现金2 000元备用。

(4)9日,银行转来厦门市邮电局委托收款支款通知(No.6181)支付本月水电费5 000元。

(5)10日,出纳员姚静开出现金支票(No.419)向银行提取现金53 000元,以备发本月职工工资。同日,发放本月职工工资53 000元。

(6)17日,接银行通知(托收承付结算凭证No.1036、收账通知联)销售给莆田鞋厂的货款37 500元(其中,增值税额为5 448.72元)已入账。

(7)23日,预付给泉州机器厂的货款9 000元,现由银行转来该厂专用发票、运杂费账单和银行汇票第四联,计7 750元(其中,增值税额为1 126元),并将本次结算的余额1 250元以特种转账收入传票(No.893)通知转入结算户。

(8)27日,银行转来省金属材料公司委托收款付款通知联(No.964)和专用发票等计7 944元(其中,增值税额为1 154.26元),经审核无误,当即支付(未入库材料列在"在途物资"账户)。

(9)30日,根据厦门运输公司开具的运费收据,开出转账支票(No.076)支付市内的材料运费250元(列入"管理费用"账户)。

(10)30日,开出转账支票(No.077)支付前欠市显示器件厂货款3 500元。

(11)月末银行送来对账单。

要求:

(1)根据以上经济业务编制会计分录,登记现金日记账和银行存款日记账,并结出库存现金日记账和银行存款日记账的余额。

(2)根据工商银行结算户对账单核对企业银行存款日记账,编制银行存款余额调节表。

表2-1 中国工商银行(厦门市某支行)对账单

单位:厦门某模具厂　　　　　　　　　　　　　　　　　　账号:590008 第1页

2013年		摘要	凭证		收入	√	付出	√	收或付	余额	复核盖章
月	日		种类	序号							
9	1	月初余额							收	68 000	
	2		送	017	1 200						
	4		信汇	108			1 000				
	5		现	59003			2 000				
	9		委收	6181			5 000				
	10		现	419			53 000				
	17		托收	1036	37 500						
	23		特转	0893	1 250						
	27		委收	964			7 944				
	30		转	077			3 500				
	30		转	6754			1 350				
	30		委收	7004	23 000					57 156	

表 2—2　**库存现金日记账**

2013 年		凭证 字号	摘要	收入	付出	结余
月	日					
9	1		月初余额			320

表 2—3　**银行存款日记账**

开户行:中国工商银行厦门市某支行　　　　　　　　　　　　　　　　账号:590008

2013 年		凭证字号	摘要	结算凭证		收入	付出	结余
月	日			种类	号数			
9	1		月初余额					68 000

表 2—4 银行存款余额调节表

银行账号　　　　　　　　　2013 年　月　日

项　目	金　额	项　目	金　额
企业日记账		银行对账单余额	
调整后余额		调整后余额	

（二）外币收付业务及汇兑损益的核算

某企业对本月发生的外币业务按当日的市场汇率折合为人民币记账。该企业 2010 年 12 月 31 日有关账户余额如表 2—5（单位：元）。

表 2—5

账户名称	期初外币金额	汇率	期初人民币金额
银行存款——美元户	US $ 30 000	6.6	￥198 000
应收账款——美元户	US $ 100 000	6.6	￥660 000
应付账款——美元户	US $ 70 000	6.6	￥462 000
长期借款（工程项目尚未达到预定可使用状态）	US $ 40 000	6.6	￥264 000

该企业 2011 年 1 月份发生下列经济业务：

（1）该企业收回客户前欠货款 60 000 美元存入银行，当日市场汇率为 1 美元＝6.4 元人民币。

（2）将 20 000 美元存款兑换为人民币存款，兑换当日汇率为：买价 1 美元＝6.1 元人民币，卖价 1 美元＝6.3 元人民币，当日市场汇率为 1 美元＝6.2 元人民币。

（3）用银行存款 20 000 美元偿还应付账款，当日市场汇率为 1 美元＝6.6 元人民币。

（4）用银行存款 20 000 美元归还长期借款，当日市场汇率为 1 美元＝6.5 元人民币。

2011 年 1 月 31 日国家公布的汇率为 1 美元＝6.59 元人民币。

要求：

(1)根据上述经济业务编制会计分录。

(2)计算 2011 年 1 月 31 日各账户的汇兑损益,并编制期末汇兑损益的会计分录。

(三)其他货币资金的核算

某企业 2012 年 4 月份发生以下业务:

(1)从银行存款账户中将 2 500 元汇入南昌工商银行开立采购专户作为临时采购款。

(2)企业为取得银行本票,用以向华夏公司购货,将款项 700 元从银行账户转作银行本票存款。

(3)采购员从南昌用采购专户付款购入原材料 1 500 元,增值税额 255 元,材料尚未验收入库。

(4)委托银行开出信用证 US＄3 100,拟向某国黎诺公司购买设备,当日汇率为 1 美元＝6.48 元人民币,该款项已转存信用证保证金专户。

要求:根据上述经济业务编制会计分录。

第三章　　应收及预付款项

┌─────────────────────┐
│　学习目的与要求　│
└─────────────────────┘

通过本章学习，理解应收及预付款项的性质与确认条件；熟悉应收及预付款项的内容；掌握应收及预付款项的初始计量及后续计量；重点掌握应收账款减值准备的计量和应收票据贴现的计算方法，以及预付账款和其他应收款的账务处理程序；明确加强对应收及预付款项的核算工作对于企业加速债权的收回、提高资金利用效率的重要意义。

本章重点

一、应收账款的确认与计量

（一）应收账款的确认

应收账款是指企业在日常的经营活动中，以赊销的方式销售商品或提供劳务而应向购货单位或接受劳务单位收取的款项，它通常属于一年内收回的短期债权。

由于应收账款的确认与营业收入的确认紧密相关。按照我国会计准则的规定，只有当销售商品收入同时满足下列条件时才能确认为应收账款：（1）企业已将商品所有权上的主要风险和报酬转移给购货方；（2）企业既没有保留通常与所有权相联系的继续管理权，也没有对已售出的商品实施有效控制；（3）收入的金额能够可靠地计量；（4）相关的经济利益很可能流入企业；（5）相关的已发生或将发生的成本能够可靠地计量。

（二）应收账款的计量

在激烈的市场竞争中，企业有时为了及早回笼资金，会采取销售折扣政策，还可能对已售商品实行折让或退回制度等。

1. 商业折扣

商业折扣是指企业可以从商品价目单上规定的价格中扣减一定数额的价款，扣减后的净额才是实际销售价格。它是企业的一种促销手段，通常用百分比来表示，如10％、15％、20％等。

2. 现金折扣

现金折扣是指企业为了鼓励客户在规定的期限内早日偿还货款而给予的一种折扣优惠。折扣条件通常写成："2/10,1/20,n/30"的方式，分别表示：10天内付款按照售价的2％予以折扣；在10天～20天内付款，则按照售价的1％予以折扣；在20天～30天内付款，则不给折扣。确认方法有总价法和净价法两种。

在我国实务中，一般采用总价法对现金折扣进行核算。

3. 销售退回及销售折让

销售退回是指企业销售的商品，因为商品的品种、质量不符合购销合同要求或其他原因，而被购货方部分或全部退回的现象。销售折让指的是由于企业销售的商品在品种、质量上不符合购销合同的要求或其他原因，而给予购货方减让部分价款的行为。

二、应收账款的核算

企业应设置"应收账款"账户，该账户借方反映企业应收账款金额的增加，贷方反映企业应收账款金额的减少，不单独设置"预收账款"账户的企业，预收的款项可在"应收账款"的贷方予以反映。企业"应收账款"期末借方余额反映企业应收但尚未收回的款项，期末贷方余额反映企业向购货单位预收的款项。

三、应收账款减值损失

（一）应收账款减值损失的测试

根据2006年2月15日颁布的企业会计准则的相关规定，企业应在资产负债表日对以公允价值计量且其变动计入当期损益的金融资产以外的金融资产的账面价值进行检查、分析，当减值事实存在，则需要对减值金额进行确认。

（二）应收账款减值损失的核算

1. 直接转销法

直接转销法是指企业在日常经营活动中，不考虑应收账款可能发生的减值损失，而是在实际发生坏账时，按实际发生的损失计入当期损益，同时冲销应收账款的一种方法。设置"坏账损失"账户对实际发生的损失进行确认。

2.备抵法

备抵法是指按期估计坏账损失,同时建立坏账准备金,待坏账损失实际发生时,以其发生额冲销坏账准备金的方法。设置"坏账准备"、"资产减值损失"账户,估计坏账损失的方法主要有应收账款余额百分比法、账龄分析法和销货百分比法三种。

四、应收账款的融通

应收账款的融通是指企业在应收账款到期前将合法的应收账款凭证作为担保品来筹措资金的一种方法,具体有应收账款抵借和应收账款让售两种形式。其中应收账款抵借分为一般抵借和特定抵借,而应收账款让售分为无追索权出售和有追索权出售两种方式。

五、应收票据的计量与核算

对于不带息的商业汇票,其到期金额与其票面金额一致;对于带息的商业汇票,其到期金额=商业汇票的票面金额+商业汇票的利息,其中,商业汇票利息是出票人使用货币资金的成本,商业汇票的利息计算方法如下:

商业汇票利息=商业汇票的票面价值×票面利率×票据期限

票据期限根据"算头不算尾"或"算尾不算头"的原则计算。企业应设置"应收票据"账户根据不同的经济业务进行核算。

六、应收票据贴现的核算

将应收票据进行贴现实际是企业融通资金的一种形式,应收票据贴现净额和贴现息的计算公式如下:

应收票据到期值=应收票据的票面金额×(1+票面利率×票据期限)

应收票据贴现息=应收票据到期值×贴现率×贴现期

贴现净额=应收票据到期值-应收票据贴现息

应收票据贴现分为不带追索权的应收票据贴现和带追索权的应收票据贴现两种。

1.不带追索权的应收票据贴现

按实际收到的贴现款,借记"银行存款"账户,按贴现票据的账面金额,贷记"应收票据"账户,按贴现票据已经计提的利息,贷记"应收利息"账户,差额部分则借记(收到的贴现款小于应收票据账面金额及应收利息之和)或贷记(收到的

贴现款大于应收票据账面金额及应收利息之和）"财务费用"账户。

2.带追索权的应收票据贴现

企业采取这种方式进行票据贴现,在实务中有两种处理方法:

第一种是将贴现企业的这项或有负债,在资产负债表中以应收票据的备抵账户反映,设置"应收票据贴现"账户。在进行贴现时,借记"银行存款"账户,同时贷记"应收票据贴现"、"应收利息"账户,差额部分则借记或贷记"财务费用"账户。当票据付款人按期偿还票款时,则借记"应收票据贴现"账户,贷记"应收票据"账户。若票据付款人到期无法偿还票款,则借记"应收账款"账户,贷记"银行存款"账户或"短期借款"账户。

第二种方法是将票据贴现产生的负债单独以"短期借款"账户核算。借记"银行存款"账户,贷记"短期借款"账户。若付款人到期偿还票款,则借记"短期借款"账户,贷记"应收票据"、"应收利息"账户,差额部分借记或贷记"财务费用"账户;若付款人到期无法偿还票款,则借记"短期借款"账户,贷记"应收票据"、"应收利息"账户,差额部分借记或贷记"财务费用"账户,同时,贴现企业应反映对付款人的债权,借记"应收账款"账户,贷记"银行存款"账户或"短期借款"账户。

我国企业会计准则规定采用第二种方法进行处理。

本章难点

- 应收账款的确认及计价
- 应收账款减值损失的计量与核算
- 应收票据的计量与核算
- 应收票据贴现的核算

练习题

一、思考题

1.简述应收及预付款项所包含的内容,以及如何确认应收账款。

2.什么是商业折扣、现金折扣、销售退回及销售折让?如何进行账务处理?

3.如何对应收账款进行减值测试?如何核算应收账款的减值损失?

4.简述直接转销法和备抵法的账务处理过程。

5.简述备抵法下三种处理方法各自的优缺点。

6.什么是应收票据贴现？贴现净额和贴现息如何计算？

7.应收票据贴现如何进行会计处理？

8.其他应收款的主要内容是什么？该如何进行会计处理？

二、单项选择题

1.如果企业的预付账款不多,可以不设置"预付账款"账户,而将预付的款项计入(　　)。

　　A."应收账款"账户的贷方　　　　B."应付账款"账户的贷方

　　C."应收账款"账户的借方　　　　D."应付账款"账户的借方

2.根据(　　)的不同,可以将商业汇票分为商业承兑汇票和银行承兑汇票。

　　A.承兑人　　　　　　　　　　　　B.票据持有人

　　C.付款人　　　　　　　　　　　　D.收款人

3.如果一张票据的出票日期为 6 月 27 日,30 天到期,则票据的到期日为(　　)。

　　A.7 月 28 日　　　　　　　　　　B.7 月 27 日

　　C.7 月 26 日　　　　　　　　　　D.7 月 29 日

4.采用销货百分比法提取坏账准备时,企业应按(　　)。

　　A.年末赊销总额提取　　　　　　　B.月末赊销总额提取

　　C.半年末赊销总额提取　　　　　　D.季末赊销总额提取

5.某企业将票据进行贴现时,贴现净额应等于(　　)。

　　A.应收票据到期值-应收票据贴现息

　　B.应收票据到期值

　　C.应收票据到期值-应收票据利息

　　D.应收票据面值-应收票据贴现息

6.某企业 2010 年 3 月 26 日销售一批货物,取得销售收入 10 000 元,付款条件为"2/10,1/20,n/30",适用的增值税税率为 17%,购货方于 2010 年 4 月 10 日付款,则给予购货方的现金折扣为(　　)元。(假定计算现金折扣时考虑增值税)

　　A.100　　　　　B.234　　　　　C.117　　　　　D.200

7.如果企业不单独设置"备用金"账户,那么企业内部各部门、各单位周转使用的备用金,应通过(　　)账户进行核算。

　　A.应收账款　　　　　　　　　　　B.预付账款

　　C.现金　　　　　　　　　　　　　D.其他应收款

8.一张票面为 6 000 元、利率为 10%的 6 个月的带息应收票据,企业已持有 4 个月,现按 12%的贴现率进行贴现,则该贴现息为( )元。

  A. 126   B. 252   C. 210   D. 105

9.一张票面为 100 000 元、利率为 10%的 6 个月带息应收票据,企业已持有 4 个月,现按 12%的贴现率进行贴现,则该贴现净额为( )元。

  A. 102 900   B. 100 800   C. 103 000   D. 105 000

10.下列应收、暂付款项中,不通过"其他应收款"账户核算的是( )。

  A.应向职工收取的各种垫付款项   B.应向购货方收取的代垫运杂费

  C.应收保险公司的赔款   D.应收出租包装物的租金

11.某企业 2010 年年初"坏账准备"账户的贷方余额为 30 000 元,2010 年年末"应收账款"账户余额为 350 万元,该企业按应收账款余额的 3‰计提坏账准备,则该企业年末应计提的坏账准备为( )元。

  A. -19 500   B. 0   C. 10 500   D. 19 500

12.某企业于 2010 年 2 月 28 日签发的一张为期 3 个月的票据,其到期日为( )。

  A. 5 月 30 日   B. 5 月 31 日

  C. 5 月 29 日   D. 5 月 28 日

13.某公司为一般纳税人,2010 年 9 月 10 日赊销一批商品,价款共计 30 000 元,可以享受 10%的商业折扣,增值税税率为 17%,付款条件为"2/10,n/30"。公司还代垫了 300 元的运费,按总价法核算,该公司此笔业务的应收账款入账金额为( )。

  A. 27 300   B. 31 258.2   C. 31 890   D. 35 400

14.某公司采用应收账款余额百分比法计提坏账准备,按应收账款余额的 3‰计提当年的坏账准备。2010 年年末,"坏账准备"账户的贷方余额为 3 450 元,2011 年,应收 A 公司的货款 2 750 元,经确认为坏账,应予注销。2011 年年末,"应收账款"账户的借方余额为 1 680 000 元。则该公司 2011 年应计提的坏账准备为( )。

  A. 5 040   B. 4 340   C. 1 590   D. 2 290

15.若预付账款无法收回,则应转入( )账户。

  A.其他应付款   B.应付账款

  C.其他应收款   D.应收账款

三、多项选择题

1.以下哪些可以表明应收账款发生减值( )。

A. 发行方或债务人发生严重财务困难

B. 债务人违反了合同条款,如偿付利息或本金发生违约或逾期等

C. 债务人很可能倒闭或进行其他财务重组

D. 因发行方发生重大财务困难,该金融资产无法在活跃市场继续交易

E. 权益工具投资的公允价值发生严重或非暂时性下跌

2. 应收票据的贴现息与下列( )因素有关。

A. 应收票据到期值   B. 贴现利率

C. 银行存款利率   D. 贴现期

3. 在下列各项中,不按其计提坏账准备的项目有( )。

A. 应收账款   B. 应收股利

C. 预付账款   D. 应收票据

E. 其他应收款

4. 下列项目中,可以作为应收账款的入账价值有( )。

A. 商业折扣   B. 代垫运杂费

C. 增值税销项税额   D. 增值税进项税额

E. 销售商品价款

5. 下列票据中不通过"应收票据"账户进行会计核算的有( )。

A. 商业承兑汇票   B. 银行承兑汇票

C. 银行汇票   D. 银行本票

E. 支票

6. 如果带息票据的票面利率与贴现率相等,关于票面贴现净额,下列说法中错误的是( )。

A. 一定大于票据面值   B. 可能小于票据面值

C. 一定小于票据面值   D. 可能大于票据面值

E. 与贴现期长短无关

四、计算及会计处理题

1. 信诚有限公司为一般纳税人,适用 17% 的增值税税率,不考虑除增值税外的其他税种,2011 年度该公司发生以下业务:

①6 月 5 日,销售一批商品给海商公司,专用发票列明的商品价格为 45 000 元,增值税额为 7 650 元,当日已向银行办妥托收手续。

②6 月 21 日,销售一批商品给新原公司,专用发票列明的商品价格为 34 000元,增值税额为 5 780 元,从银行存款中支付代垫包装运杂费 650 元(代垫运费发票已转交新原公司),货款尚未收取。

③6 月 23 日,接到银行通知,收到海商公司支付的货款 52 123.5 元,余款为让渡给对方的现金折扣。

④8 月 2 日,向光华公司赊销一批商品,专用发票列明的商品价格为 200 000 元,增值税额为 34 000 元,货款尚未收到,10 月 8 日,信诚公司收到光华公司的货款,发生销售折让 11 700 元(含税金额)。

⑤11 月 1 日,向华夏公司赊销一批商品,价税合计 117 000 元,该公司规定的现金折扣条件为 2/10,n/30。11 月 8 日,该公司收到华夏公司的货款。

要求:根据上述经济业务编制会计分录(现金折扣按总价法核算,假定计算现金折扣时考虑增值税)。

2.信诚公司采用应收账款余额百分比法计提坏账准备,按应收账款余额的 3％计提当年的坏账准备,2008 年年末,"坏账准备"账户的贷方余额为 350 元,

①2009 年,应收 A 公司的货款 1 870 元,经确认为坏账,应予注销。

②2009 年末,"应收账款"账户的借方余额为 1 860 000 元。

③2010 年末,"应收账款"账户的借方余额为 1 570 000 元。

④2011 年,A 公司的财务状况好转,上年注销的货款 1 870 元全额收回。

要求:根据上述经济业务编制会计分录。

3.A 公司由于业务经营不佳,资金紧缺,公司为了尽快筹得资金,于 2011 年 3 月 1 日将一笔对 B 公司 180 000 元的应收账款向当地银行抵押,以应收账款金额的 75％向银行取得借款,期限为 6 个月。按照抵借合同的规定,银行按应收账款的 2％收取手续费,利息费用为年利率 15％,到期时本金利息一次偿还。当日,A 企业将实际收到的 131 400 元存入银行存款账户。5 月 19 日,A 公司收到 B 公司偿还的 130 000 存入银行。经过一段时间的经营得当,A 公司财务出现好转,并于 2011 年 9 月 1 日归还银行借款和利息。

要求:根据上述经济业务编制会计分录。

4.A 公司是增值税一般纳税人,适用的增值税税率为 17％。2010 年 8 月 2 日销售一批化妆品给 C 超市,货款 175 000 元(不含税),该批化妆品成本为 48 000 元。2010 年 9 月 1 日,将该笔应收账款以带追索权的方式出售给一家融通公司,该融通公司收取 4％的手续费,并按应收账款的面值扣留 15％。2010 年 12 月 28 日,由于产品质量问题发生销售退回 23 400 元(含税金额)。期末 A 公司按该笔应收账款余额的 3％计提坏账准备,实际发生坏账损失 3 300 元。2011 年 2 月 6 日该企业与融通公司进行结算,假设 C 超市不能如期还款,A 公司银行账户有足够的余额还款。

要求:根据上述经济业务按照借款业务进行账务处理。

5.A 公司系上市公司,属于增值税一般纳税人,适用的增值税税率为 17％,

商品的销售价格均不含增值税,不考虑增值税以外的税费。A公司2011年度发生以下经济业务:

①3月1日,销售一批货物给B公司,货款50 000元,增值税8 500元,产品成本为42 000元,产品已经发出,同日,收到B公司开出的商业承兑汇票,3个月到期,票面利率为10%,面值为58 500元。

②4月1日,将该商业承兑汇票到银行进行贴现,贴现息率为6%,贴现净额已存入银行。银行对贴现票据有追索权。

③6月1日,票据到期,收到银行通知,付款单位无力支付已贴现的商业承兑汇票,款项已从A公司的银行存款账户中收取。

要求:根据上述经济业务编制会计分录。

第四章　　　　　　存　货

学习目的与要求

　　通过本章学习,理解存货的性质与确认条件;了解存货的分类情况;掌握存货的初始计量、发出的计价方法、存货的期末计量;以原材料为例,掌握工业企业实际成本法与计划成本法下的存货核算;以库存商品为例,掌握商业企业存货核算的两类方法;掌握包装物、低值易耗品等其他存货的核算内容及其方法;掌握存货清查的方法与账务处理。

本章重点

一、存货的性质与确认条件

　　存货,是指企业在日常活动中持有以备出售的产成品或商品、处在生产过程中的在产品、在生产过程或提供劳务过程中耗用的材料和物料等。

　　某个项目要确认为存货,首先要符合存货的定义,在此前提下,应当同时满足以下两个条件才能予以确认:一是与该存货有关的经济利益很可能流入企业,二是该存货的成本能够可靠地计量。

二、存货的初始计量

　　存货按照成本进行初始计量。存货成本包括采购成本、加工成本和其他成本。

　　1. 存货的采购成本

　　存货的采购成本包括购买价款、相关税费以及其他可归属于存货采购成本的费用,例如运输费、装卸费、保险费、采购过程的仓储费、途中合理损耗和入库前挑选整理费等。

2.加工存货的成本

企业通过进一步加工取得的存货主要包括产成品、半成品、委托加工物资等,其成本由采购成本和加工成本构成。某些存货还包括使存货达到目前场所和状态所发生的其他成本,如可直接认定的产品设计费用等。其中的采购成本是由所使用或消耗的原材料采购成本转移而来的。

3.其他方式取得的存货的成本

企业取得存货的其他方式主要包括接受投资者投资、非货币性资产交换、债务重组、企业合并等。企业取得的其他来源的存货也应当按成本入账。

4.通过提供劳务取得的存货

企业提供劳务的,所发生的从事劳务提供人员的直接人工和其他直接费用以及可归属的间接费用,计入存货成本。

5.不计入存货成本的相关费用

不计入存货成本的费用包括:非正常消耗的直接材料、直接人工及制造费用,仓储费用,不能归属于使存货达到目前场所和状态的其他支出。

三、存货发出的计量

根据对存货成本流动的不同假设,制造业企业存货发出的计价方法主要有个别计价法、先进先出法、移动加权平均法和月末一次加权平均法四种。企业应当根据各类存货的实物流转方式、存货的性质、企业管理的要求等实际情况,合理地选择发出存货成本的计算方法,以合理地确定当期发出存货的实际成本。

四、存货的期末计量

(一)成本与可变现净值孰低法的含义

"成本与可变现净值孰低法"是指对期末存货按照成本与可变现净值两者中较低者计价的方法,即:当存货的成本低于可变现净值时,存货按成本计价;当可变现净值低于成本时,存货按可变现净值计价。

(二)可变现净值的确定

1.估计售价的确定

(1)为执行销售合同或者劳务合同而持有的存货,应当以产成品或者商品的合同价格作为其可变现净值的计量基础。

(2)如果企业持有存货的数量多于销售合同订购数量,超出部分存货的可变现净值,应当以一般销售价格作为计量基础。

（3）没有销售合同或劳务合同约定的存货，其估计售价应当以产成品或商品的一般销售价格或原材料的市场价格作为计量基础。

2.材料存货可变现净值的确定

（1）对于用于生产而持有的材料等，如果用其生产的产成品的可变现净值预计高于产成品的生产成本，则该材料应当按照材料成本计量。

（2）如果材料价格的下降表明产成品的可变现净值低于产成品的生产成本，则该材料应当按材料的可变现净值计量，即需要计提跌价准备。应特别注意的是，材料的可变现净值应通过用其生产的产成品的估计售价和产成品的预计销售费用及相关税费来计算。

（三）"成本与可变现净值孰低法"的应用

会计期末，企业运用"成本与可变现净值孰低法"计量存货时，对于存货成本高于可变现净值的差额，应计提存货跌价准备，并计入当期损益；存货成本低于可变现净值时，则不需要计提存货跌价准备。

五、原材料按实际成本计价的核算

原材料按实际成本计价方法进行核算时，材料收发的会计凭证、材料的总分类账户和明细分类账户均采用实际成本计价进行核算。设置："原材料"账户和"在途物资"账户。

1.外购原材料的账务处理

企业外购材料的采购成本，应包括购买价款、相关税费、运输费、装卸费、保险费、运输途中的合理损耗、入库前的整理挑选费用以及其他可以归属于采购成本的费用。企业购进材料时，可能会使款项结算和材料验收入库在时间上产生三种情况，其处理方法也有所不同。

2.委托加工材料的账务处理

为了核算企业委托外单位加工的各种材料的实际成本，一般应单独设置"委托加工物资"账户。在会计处理上主要包括发出加工材料、支付加工费用和税金、收回加工物资和剩余物资等几个环节。

3.发出原材料的账务处理

企业购入的原材料主要是用于产品生产，此外，也有少量的原材料被其他部门领用、对外销售或投资等。企业发出材料时，应按发出材料的不同用途和实际成本，借记"生产成本"、"制造费用"、"管理费用"、"其他业务成本"等账户，贷记"原材料"账户。

六、原材料按计划成本计价的核算

原材料按计划成本计价方法进行日常收发核算的特点是：材料的收发凭证、明细分类账和总分类账，全部按计划成本计价。材料的实际成本与计划成本的差异通过"材料成本差异"账户核算。账户的设置有"原材料"账户、"材料采购"账户和"材料成本差异"账户。

计算公式如下：

$$本期材料成本差异率 = \frac{期初结存材料的成本差异 + 本期验收入库材料的成本差异}{期初结存材料的计划成本 + 本期验收入库材料的计划成本} \times 100\%$$

本期发出材料应负担的成本差异＝发出材料的计划成本×材料成本差异率

发出材料的实际成本＝发出材料的计划成本＋发出材料应负担的成本差异

结存材料应负担的成本差异＝结存材料的计划成本×材料成本差异率

结存材料的实际成本＝结存材料的计划成本＋结存材料应负担的成本差异

七、商品

商品是指企业为销售或加工后销售而储存的各种库存商品，主要包括库存的外购商品、自制商品产品、存放在门市部准备出售的商品、委托其他单位代管代销的商品、发出展览的商品以及寄存在外库或存放在仓库的商品等。

（一）工业企业的库存商品

工业企业的库存商品主要是指产成品。企业应设置"库存商品"账户。一般采用实际成本法进行核算；产成品种类比较多的企业，也可以采用计划成本法进行核算。

（二）商品流通企业的库存商品

商品流通企业的库存商品主要是指外购或委托加工完成验收入库用于销售的各种商品。商品流通企业的商品一般用"库存商品"账户核算。在实务中，批发商品库存的核算一般采用数量、金额双重核算的方法；零售商品库存的核算一般采用金额核算方法。具体可以分为四种方法：数量进价金额核算法、数量售价金额核算法、进价金额核算法和售价金额核算法。

八、其他存货

（一）包装物

包装物是指为包装本企业商品而储备的各种包装容器，如桶、箱、瓶、坛、袋等。它包括以下四类：

1. 生产经营过程中用于包装产品、作为产品组成部分的包装物。

2. 随同商品出售不单独计价的包装物。

3. 随同商品出售但单独计价的包装物。

4. 出租或出借给购买单位使用的包装物。

（二）低值易耗品

低值易耗品是指不能作为固定资产的各种用具物品，如工具、管理用具、玻璃器皿，以及在经营过程中周转使用的包装容器等。

（三）包装物和低值易耗品的会计处理

企业购入、自制、委托外单位加工等验收入库的包装物和低值易耗品，应按成本作为入账价值。发出的包装物和低值易耗品，应当采用一次转销法或五五摊销法进行摊销，计入相关资产的成本或当期损益。如果对相关包装物和低值易耗品计提了存货跌价准备，还应结转已计提的存货跌价准备，冲减相关资产的成本或当期损益。

九、存货清查

企业应定期或不定期地进行存货清查，以做到账实相符，加强财产的安全完整。

对于查明的各项存货盘盈应作为会计差错，通过"以前年度损益调整"账户进行处理。对于存货盘亏和毁损，应设置"待处理财产损溢——待处理流动资产损溢"账户核算，查明原因后分别转入"管理费用"、"其他应收款"、"营业外支出"等账户，结转后"待处理财产损溢——待处理流动资产损溢"账户无余额。

本章难点

- 存货外购成本的确定
- 存货发出计量方法的选择与应用
- 存货的期末计量
- 原材料按计划成本法计价的核算

练 习 题

一、思考题

1. 简述存货的确认条件及分类情况。

2. 外购存货的入账价值应包括什么?

3. 简述各种发出存货计价方法对期末存货价值和本期损益的影响。选择发出存货计价方法应考虑哪些因素?

4. 如何理解成本与可变现净值孰低法?

5. 简述原材料按实际成本和按计划成本核算的优缺点。

6. 简述存货跌价准备的计提条件。

7. 简述一次摊销法和五五摊销法。

8. 存货期末清查如何进行会计处理?

二、单项选择题

1. 在工业企业中,下列各项不应包括在"存货"项目的是(　　　)。

   A. 生产成本　　　　　　　　　B. 分期收款发出商品

   C. 为在建工程购入的工程物资　　D. 正在运输途中的材料

2. 工业企业一般纳税人的下列支出中,不构成存货采购成本的有(　　　)。

   A. 运输途中的合理损耗　　　　　B. 支付给运输部门的运费(已扣增值税)

   C. 支付的增值税　　　　　　　　D. 入库前的挑选整理费

   E. 支付的进口关税

3. 下列项目中,不属于存货发出的核算方法的是(　　　)。

   A. 零售价法　　　　　　　　　B. 移动加权平均法

   C. 先进先出法　　　　　　　　D. 后进先出法

4. 某工业企业为增值税一般纳税人,原材料采用计划成本核算,A材料计划成本每吨为20元。本期购进A材料6 000吨,收到的增值税专用发票上注明的价款总额为102 000元,增值税额为17 340元。另发生运杂费用1 400元,途中保险费用359元。原材料运抵企业后验收入库原材料5 995吨,运输途中合理损耗5吨。购进A材料发生的成本差异为(　　　)元。

   A. 1 199　　　　B. －1 199　　　　C. 16 141　　　　D. －16 141

5. 某工业企业为增值税一般纳税人,适用的增值税税率为17%。该企业委托甲公司(增值税一般纳税人)代为加工一批属于应税消费品的原材料(非金银首饰),该批委托加工原材料收回后用于继续加工应税消费品。发出原材料实际成本为620万元,支付的不含增值税的加工费为100万元,增值税额为17万元,代收代交的消费税额为80万元。该批委托加工原材料已验收入库,其实际成本为( )万元。

    A. 737   B. 720   C. 800   D. 817

6. 某工业企业为增值税一般纳税人,收购免税农产品一批,支付购买价款100万元,另发生各种运杂费用共计20万元。按照税法规定,该购入的农产品按照13%的税率计算抵扣进项税额。则该批农产品的入账价值为( )万元。

    A. 120   B. 100   C. 107   D. 104.4

7. 某商品流通企业为增值税一般纳税人,本期采购100万元商品,增值税17万元,运输和保险等各项进货费用10万元(金额较大)。该商品本期出售60%,则本期末应结转的主营业务成本和应结存的存货成本分别为( )万元。

    A. 60,40   B. 66,44   C. 76.2,50.8   D. 70,40

8. 某工业企业11月1日存货结存数量为100件,单价为5元;11月2日发出存货70件;11月6日购进存货120件,单价4.8元;11月10日发出存货100件。在对存货发出采用移动加权平均法的情况下,11月10日结存存货的实际成本为( )元。

    A. 240   B. 246   C. 242   D. 248

9. 甲商业批发企业采用毛利率法计算期末存货成本。某类商品本月月初成本总额为2 000万元,本月购货成本为1 800万元,本月销售收入为4 500万元。甲类商品上月的毛利率为20%。该类商品在本月末的成本为( )万元。

    A. 200   B. 900   C. 2 900   D. 3 600

10. 乙零售企业采用零售价法计算期末存货成本。该企业本月月初存货成本为5 000万元,售价总额为8 000万元;本月购货成本为10 000万元,售价总额为16 000万元;本月销售总额为18 000万元。该企业月末存货成本为( )万元。

    A. 5 000   B. 3 750   C. 6 000   D. 3 000

11. 丙工业企业月初库存原材料计划成本为10 000元,材料成本差异贷方余额为200元,本月10日购入原材料的实际成本为41 500元,计划成本为40 000元。本月发出材料计划成本为30 000元。本月发出材料应负担的材料成本差异是( )元。

    A. 超支差异720   B. 超支差异780

    C. 节约差异720   D. 节约差异780

12. 甲公司对期末存货采用成本与可变现净值孰低法计价。2009 年 11 月 20 日,与乙公司签订了一份不可撤销的销售合同。双方约定,2010 年 3 月 10 日,甲公司按每台 55 万元的价格向乙公司提供 A 设备 6 台。2009 年 12 月 31 日,甲公司 A 设备的账面价值(成本)为 416 万元,数量为 8 台,单位成本为 52 万元。2009 年 12 月 31 日,A 设备的市场销售价格为 52 万元/台。假定 A 设备每台的销售费用和税金为 1 万元。2009 年 12 月 31 日甲公司应记录 A 设备的账面价值为( )万元。

    A. 416   B. 414   C. 426   D. 432

13. 乙公司对期末存货采用成本与可变现净值孰低法计价。20×9 年 12 月 31 日库存自制半成品的实际成本为 30 万元,预计进一步加工所需费用为 15 万元,预计销售费用及税金为 6 万元。该半成品加工完成后的产品预计销售价格为 50 万元。假定该公司以前年度未计提存货跌价准备。20×9 年 12 月 31 日该项存货应计提的跌价准备为( )万元。

    A. 0   B. 9   C. 20   D. 1

14. 20×9 年,丙公司根据市场需求的变化,决定停止生产 M 产品。为减少不必要的损失,决定将原材料中专门用于生产 M 产品的外购 A 材料全部出售,20×9 年 12 月 31 日其成本为 100 万元,数量为 20 吨。据市场调查,D 材料的市场销售价格为 5.5 万元/吨,同时销售 D 材料可能发生的销售费用及税金 1 万元/吨。20×9 年 12 月 31 日 D 材料的账面价值为( )万元。

    A. 110   B. 100   C. 90   D. 99

15. 丁企业为商品流通企业,发出存货采用加权平均法结转成本,按单项存货计提跌价准备;存货跌价准备在结转成本时结转。该企业 20×9 年年初库存甲产品 1 000 件,其实际成本为 300 万元,已计提的存货跌价准备为 20 万元。20×9 年该企业未发生任何与甲产品有关的进货,甲产品当期售出 400 件。20×9 年 12 月 31 日,该企业对甲产品进行检查时发现,库存甲产品均无不可撤销合同,其市场销售价格为每件 0.28 万元,预计销售每件产品还将发生销售费用及相关税金 0.005 万元。假定不考虑其他因素的影响,该企业 20×9 年 12 月 31 日对甲产品计提的存货跌价准备为( )万元。

    A. 3   B. 15   C. -3   D. 0

三、多项选择题

1. 属于包装物核算范围的是( )。

A. 借入的包装物

B. 随同产品出售而不单独计价的包装物

C. 随同产品销售单独计价的包装物

D. 用于包装产品,作为产品组成部分的包装物

E. 出租或出借给购买单位使用的包装物

2. 下列各种包装物在领用和摊销其价值时,应计入"销售费用"账户的有(　　)。

A. 生产中用于包装产品作为产品组成部分的包装物

B. 随同产品出售单独计价的包装物

C. 随同产品出售不单独计价的包装物

D. 出租给购买单位使用的包装物

E. 出借给购买单位使用的包装物

3. 计算存货可变现净值时,应从预计售价中扣除的项目有(　　)。

A. 出售前发生的行政管理人员的工资

B. 存货的账面成本

C. 销售过程中发生的销售费用

D. 出售前进一步加工的加工费用

4. 企业发生的下列费用应当在发生时确认为当期损益,不计入存货成本的是(　　)。

A. 非正常消耗的直接材料费和直接人工费

B. 非正常消耗的制造费用

C. 仓储费用(不包括在生产过程中为达到下一个生产阶段所必需的费用)

D. 不能归属于使存货达到目前场所和状态的其他支出

E. 归属于使存货达到目前场所和状态的其他支出

5. 甲公司是增值税一般纳税人,委托外单位加工一批材料(属于应税消费品,且为非金银首饰)。该批原材料加工收回后用于连续生产应税消费品。A公司发生的下列各项支出中,会增加收回物资实际成本的是(　　)。

A. 加工费　　　　　　　　　　B. 增值税

C. 发出材料的实际成本　　　　D. 受托方代收代交的消费税

6. 下列情形中,存货的可变现净值为零的有(　　)。

A. 已过期且无转让价值的存货

B. 生产中已不需要,并且已无使用价值和转让价值的存货

C. 企业使用该项存货生产的产品成本大于产品的销售价格

D. 已霉烂变质的存货

7. 企业对于已计入待处理财产损溢的存货盘亏或毁损事项进行处理时,应当计入管理费用的有(　　)。

A. 因收发计量原因造成的存货盘亏净损失

B. 因核算差错造成的存货盘亏净损失

C. 因定额内损耗造成的存货盘亏净损失

D. 因管理不善造成的存货净损失

E. 因自然灾害造成的存货毁损净损失

8. "材料成本差异"账户贷方可以用来登记( )。

A. 购进材料实际成本小于计划成本的差额

B. 购进材料实际成本大于计划成本的差额

C. 发出材料应负担的超支差异

D. 发出材料应负担的节约差异

9. 下列税费中,应作为存货价值入账的有( )。

A. 小规模纳税人购入存货时支付的增值税

B. 进口商品应支付的关税

C. 收回后用于直接对外销售的委托加工应税消费品支付的消费税

D. 一般纳税人购入存货时支付的增值税

E. 商业企业购买商品时支付的运费

10. 乙公司本期发生了如下与存货相关的业务,其中处理正确的有( )。

A. 待加工材料 X 在资产负债表日的账面成本高于市场售价,按二者的差额计提跌价准备

B. 待销售商品 Y 在资产负债表日已发生跌价,但因该商品已经有订购合同且以合同价计算可变现价值高于成本,未计提减值准备

C. 待销售商品 M 在资产负债表日发生跌价,在可预见未来价格可以很快回升,未计提减值准备

D. 待加工材料 N 在资产负债表日发生跌价,但因该材料加工的产品可变现净值高于成本,未计提减值准备

E. 已经计提跌价准备的库存 P 产品因可变现净值回升,冲减已经计提的跌价准备

四、计算及会计处理题

1. 思明公司为增值税一般纳税企业,材料按计划成本计价核算。甲材料计划单位成本为每公斤 10 元。该公司 20×9 年 11 月份有关资料如下:

(1)"原材料"账户月初余额 50 000 元,"材料成本差异"账户月初借方余额 500 元。

(2)11 月 6 日,从外地某公司购入甲材料 4 000 公斤,增值税专用发票注明

的材料价款为 38 000 元,增值税额 6 460 元,另外向运输部门支付运杂费 600 元,上述款项均已用银行存款支付,材料尚未到达。

(3)11 月 8 日,上述购入的甲材料到达,验收入库时发现短缺 20 公斤,经查明为途中定额内自然损耗。按实收数量验收入库。

(4)11 月 20 日,从本地某企业购入甲材料 3 000 公斤,增值税专用发票注明的材料价款为 31 500 元,增值税额 5 355 元,材料已按购买数量验收入库,但款项尚未支付。

(5)11 月 30 日,汇总本月发料凭证,本月共发出甲材料 8 000 公斤。其中 6 000公斤用于产品生产,1 000 公斤被车间一般消耗,1 000 公斤被管理部门领用。

要求:根据上述业务编制相关的会计分录。

2.思明公司委托乙企业加工用于连续生产的应税消费品(非金银首饰),思明公司、乙企业均为增值税一般纳税人,适用的增值税税率均为 17%,适用的消费税税率为 10%,思明公司对原材料按实际成本进行核算,收回加工后的 A 材料用于继续生产应税消费品——B 产品。有关资料如下:

(1)20×9 年 11 月 2 日,思明公司发出加工材料 A 材料一批,实际成本为 600 000 元。

(2)20×9 年 11 月 20 日,思明公司以银行存款支付乙企业加工费 120 000元(不含增值税)以及相应的增值税和消费税;

(3)20×9 年 11 月 25 日思明公司以银行存款支付往返运杂费 10 000 元;

(4)20×9 年 11 月 30 日,A 材料加工完成,已收回并验收入库,思明公司收回的 A 材料用于生产合同所需的 B 产品 1 000 件,B 产品合同价格 1 100元/件。

(5)20×9 年 12 月 31 日,库存的 A 材料预计市场销售价格为 70 万元,预计销售所需的销售税金及费用为 1 万元。加工成 B 产品估计至完工尚需发生加工成本 45 万元,预计销售 B 产品所需的税金及费用为 2 万元。

要求:

(1)编制思明公司委托加工材料的有关会计分录。

(2)计算思明公司 20×9 年 12 月 31 日对库存的 A 材料应计提的存货跌价准备,并编制有关会计分录。

3.思明公司是增值税一般纳税企业,其存货按单项存货、按年计提跌价准备。2013 年 12 月 31 日期末存货有关资料如下:

(1)甲产品 200 件,每件成本是 100 元,账面余额 20 000 元。当日市场售价为 102 元/件,预计销售税费为每件 1 元。

(2)乙产品 300 件,每件成本是 505 元,账面余额 151 500 元。当日市场销售价格为每件 500 元。思明公司已经与某企业签订了一份不可撤销的销售合同,约定在 2014 年 2 月 20 日向该企业销售乙产品 200 件,合同价格为每件 510 元。乙产品预计销售费用及税金为每件 4 元。

(3)专门用于生产丙产品的 A 材料 1 000 公斤,每公斤采购成本是 98 元,账面余额 98 000 元。现有 A 材料可用于生产 700 件丙产品,用 A 材料加工成丙产品后预计尚需要发生成本 30 000 元。当日 A 材料市场销售价格为每公斤 99 元,丙产品为每件 178 元。A 材料预计销售费用及税金为每公斤 1.2 元,丙产品预计销售费用及税金为每件 1.5 元。

另外,2013 年 1 月 1 日甲产品存货跌价准备余额为 500 元,对其他存货未计提存货跌价准备;2013 年销售甲产品结转存货跌价准备 400 元。

要求:计算思明公司 2013 年 12 月 31 日应计提或转回的存货跌价准备,并编制相关的会计分录。

第五章　　　　　　　　　　金融资产

通过本章学习，理解金融资产的定义和性质；掌握金融资产的分类；重点掌握以公允价值计量且其变动计入当期损益的金融资产、持有至到期投资、可供出售金融资产的初始计量、后续计量和终止确认及其相应的账务处理；掌握持有至到期投资与可供出售金融资产之间的重分类调整；了解金融资产减值损失的确认，掌握各类金融资产减值损失的计量。

本章重点

一、金融资产的定义与性质

金融资产属于企业资产的重要组成部分，主要包括：库存现金、应收账款、应收票据、其他应收款项、股权投资、债券投资、衍生工具形成的资产等。

金融资产作为一项资产，它和存货、固定资产、无形资产等其他资产相比，存在着一些区别。这是因为，控制存货、固定资产、无形资产等能够创造产生现金或另一金融资产流入的机会，但不会引起收取现金或其他金融资产的现时权利；而金融资产则能够获得收取现金或另一金融资产的现时权利，这是金融资产和其他资产相区别的重要之处。企业通过对金融资产的管理，可以满足其自身的投资策略和风险管理的要求。

二、金融资产的分类

企业应当结合自身业务特点和风险管理要求，将取得的金融资产在初始确

认时划分为以下四类:

1.以公允价值计量且其变动计入当期损益的金融资产,包括交易性金融资产和指定为以公允价值计量且其变动计入当期损益的金融资产;

2.持有至到期投资;

3.贷款和应收款项;

4.可供出售金融资产。

上述分类一经确定,不得随意变更。

企业在初始确认时将某金融资产或某金融负债划分为以公允价值且其变动计入当期损益的金融资产后,不能重分类为其他类金融资产;其他类金融资产也不能重分类为以公允价值计量且其变动计入当期损益的金融资产或金融负债。

持有至到期投资、贷款和应收款项、可供出售金融资产等三类金融资产之间,也不得随意重分类。

三、以公允价值计量且其变动计入当期损益的金融资产

（一）以公允价值计量且其变动计入当期损益的金融资产的确认

以公允价值计量且其变动计入当期损益的金融资产可以分为交易性金融资产和指定为以公允价值计量且其变动计入当期损益的金融资产。

交易性金融资产,主要是指企业为了近期内出售而持有的金融资产。具体而言,当金融资产满足下列条件之一的,应当划分为交易性金融资产:(1)取得该金融资产的目的,主要是为了近期内出售;(2)属于进行集中管理的可辨认金融工具组合的一部分,且有客观证据表明企业近期采用短期获利方式对该组合进行管理;(3)属于衍生工具。

符合下列条件之一的金融资产,可以在初始确认时指定为以公允价值计量且其变动计入当期损益的金融资产:(1)该指定可以消除或明显减少由于该金融资产的计量基础不同所导致的相关利得或损失在确认或计量方面不一致的情况;(2)企业风险管理或投资策略的正式书面文件已载明,该金融资产组合或该金融资产和金融负债组合,以公允价值为基础进行管理、评价并向关键管理人员报告。

（二）以公允价值计量且其变动计入当期损益的金融资产的计量

1.初始计量

交易性金融资产和指定为以公允价值计量且其变动计入当期损益的金融资产在初始计量时,应当在企业取得该金融资产时,按照所取得的金融资产的公允价值作为初始确认金额,而相关的交易费用在发生时直接计入当期损益。其中,交易费用主要指可以直接归属于购买、发行或处置金融工具而新增的外部费用。

新增的外部费用,是指企业不购买、发行或处置金融工具就不会发生的费用。交易费用包括支付给代理机构、咨询公司、券商等的手续费和佣金及其他必要支出,但不包括债券溢价、折价、融资费用、内部管理成本以及其他与交易不直接相关的费用。

2.后续计量

(1)收到相应的应收股利和应收利息时

企业持有的交易性金融资产和指定为以公允价值计量且其变动计入当期损益的金融资产如果收到应获得的债券利息或现金股利等,应当按照取得的利息或现金股利,计入投资收益。

(2)资产负债表日公允价值发生变动时

在资产负债表日,如果交易性金融资产以及指定为以公允价值计量且其变动计入当期损益的金融资产的公允价值发生变动,那么应当将其在资产负债表日的公允价值与其原账面余额的差额直接计入当期损益("公允价值变动损益"账户)。

3.终止确认

当企业将交易性金融资产和指定为以公允价值计量且其变动计入当期损益的金融资产出售时,应当终止确认该金融资产投资。企业应当按照该金融资产的公允价值与其账面余额之间的差额确认为投资收益,同时调整公允价值变动损益。

四、持有至到期投资

(一)持有至到期投资的确认

持有至到期投资,是指到期日固定、回收金额固定或可确定,且企业有明确意图和能力持有至到期的非衍生金融资产。例如企业从二级市场上购入的固定利率国债、浮动利率公司债券等,只要它们符合持有至到期投资条件的,可以划分为持有至到期投资。持有至到期投资有以下显著特点:(1)到期日固定,回收金额固定或可确定;(2)有明确意图持有至到期;(3)有能力将金融资产持有至到期。

(二)持有至到期投资的计量

1.持有至到期投资的初始计量

当企业取得持有至到期投资时,应当按照取得时的公允价值和相关交易费用之和作为初始投资成本。支付的价款中包含的已到付息期但尚未领取的债券利息,应单独确认为应收项目。

在初始取得的持有至到期投资为债券投资时,往往会产生企业持有至到期投资的溢价或折价。持有至到期投资的溢价或折价是指持有至到期投资的初始投资成本与债券面值之间的差额,是发行方为了以后多付(或少付)的利息而事先给予的补偿(或付出的代价)。其计算公式为:

持有至到期投资溢价(折价)=(持有至到期投资公允价值+相关交易费用)-债券面值

持有至到期投资的溢价或折价应当在企业的后续计量中进行摊销。如果持有至到期投资存在溢价或折价,则意味着持有至到期投资的票面利率和实际利率不一致。实际利率,是指将金融资产在预期存续期间或适用的更短期间内的未来现金流量,折现为该金融资产当前账面价值所使用的利率。

企业在初始确认持有至到期投资时,就应当计算确定实际利率,并在其预期存续期间或适用的更短期间内保持不变。在确定实际利率时,应当在考虑金融资产所有合同条款(包括提前还款权、看涨期权、类似期权等)的基础上预计未来现金流量,但不应当考虑未来信用损失。同时应当在考虑持有至到期投资的获得成本以及溢价或折价等的基础上确定实际利率。金融资产的未来现金流量或存续期间无法可靠预计时,应当采用该金融资产在整个合同期内的合同现金流量。

2.持有至到期投资的后续计量

持有至到期投资在其持有期间应当采用实际利率法,在资产负债表日按照摊余成本进行计量。实际利率法,是指按照金融资产(含一组金融资产)的实际利率计算其摊余成本及各期利息收入或利息费用的方法。

金融资产的摊余成本,是指该金融资产的初始确认金额经下列调整后的结果:(1)扣除已偿还的本金;(2)加上或减去采用实际利率法将该初始确认金额与到期日金额(通常为面值)之间的差额进行摊销形成的累计摊销额;(3)扣除已发生的减值损失。

具体来说,关于溢折价的摊销,应当根据以下公式进行计算:

本期的溢(折)价摊销=应收利息(面值×票面利率)-上期摊余成本×实际利率

本期未摊销溢(折)价=上期未摊销溢(折)价-本期溢(折)价摊销

本期摊余成本=上期摊余成本-本期溢价摊销

或者本期摊余成本=上期摊余成本+本期折价摊销

3.持有至到期投资的期末计量

在资产负债表日,如果企业对持有至到期投资测试的结果表明该项投资发生了减值,应当按其账面价值与预计未来现金流量现值之间差额计算并确认减值损失。在预计未来现金流量的现值时,应当按照该项投资的原实际利率折现确定。同时,持有至到期投资发生减值后,利息收入应当按照减值损失时对未来现金流量进行折现采用的折现率作为利率计算确认。减值转回后的持有至到期投资账面价值不应当超过假定不计提减值准备情况下该持有至到期投资在转回日的摊余成本。

持有至到期的终止确认有两种情况，一是持有的债券到期，收取该投资现金流量的合同权利终止；二是企业因持有投资的意图或能力发生改变，使某项投资不再符合持有至到期投资的标准。

持有至到期投资在到期日收回时，债券的溢折价已经在持有期间摊销完毕，只需要转销该投资的成本和应收未收的利息即可。持有至到期投资作为一项以摊余成本计量的金融资产，在发生减值、摊销或终止确认时产生的利得或损失应当计入当期损益。

五、可供出售金融资产

（一）可供出售金融资产的确认

可供出售金融资产，是指初始确认时即被指定为可供出售的非衍生金融资产，以及除下列各类资产以外的非衍生金融资产：(1)贷款和应收款项；(2)持有至到期投资；(3)以公允价值计量且其变动计入当期损益的金融资产。

通常情况下，可供出售金融资产公允价值能够可靠地计量。

（二）可供出售金融资产的计量

1.可供出售金融资产的初始计量

可供出售金融资产应当按取得该金融资产的公允价值和相关交易费用之和作为初始确认金额。支付的价款中包含的已到付息期但尚未领取的债券利息或已宣告但尚未发放的现金股利，应单独确认为应收项目。

2.可供出售金融资产的后续计量

可供出售金融资产持有期间取得的利息或现金股利，应当计入投资收益。

资产负债表日，可供出售金融资产应当以公允价值计量，且公允价值变动计入资本公积（其他资本公积）。

3.可供出售金融资产的终止确认

可供出售金融资产投资出售时，应终止确认该投资。处置可供出售金融资产时，应将取得的价款与该金融资产账面价值之间的差额，计入投资损益；同时，将原直接计入所有者权益的公允价值变动累计额对应处置部分的金额转出，计入投资损益。

可供出售金融资产公允价值变动形成的利得或损失，除减值损失和外币货币性金融资产形成的汇兑损益外，应当直接计入所有者权益，在该金融资产终止确认时转出，计入当期损益。可供出售外币货币性金融资产形成的汇兑损益，应当计入当期损益。

采用实际利率法计算的可供出售金融资产的利息,应当计入当期损益;可供出售权益工具投资的现金股利,应当在被投资单位宣告发放股利时计入当期损益。但以上计量不包括与套期保值有关的金融资产。

(三)持有至到期投资与可供出售金融资产之间的重分类调整

企业因持有意图或能力发生改变,使某项投资不再适合划分为持有至到期投资的,应当将其重分类为可供出售金融资产,并以公允价值进行后续计量。重分类日,该投资的账面价值与公允价值之间的差额计入所有者权益,在该可供出售金融资产发生减值或终止确认时转出,计入当期损益。

此外,因持有意图或能力发生改变,或可供出售金融资产的公允价值不再能够可靠计量,或可供出售金融资产持有期限已超过"两个完整的会计年度",使金融资产不再适合按照公允价值计量时,企业可以将该可供出售金融资产改按成本或摊余成本计量,该成本或摊余成本为重分类日该金融资产的公允价值或账面价值。

六、金融资产减值

(一)金融资产减值判断和测试

企业应当在资产负债表日对以公允价值计量且其变动计入当期损益的金融资产以外的金融资产的账面价值进行检查,有客观证据表明该金融资产发生减值的,应当计提减值准备。

表明金融资产发生减值的客观证据,是指金融资产初始确认后实际发生的、对该金融资产的预计未来现金流量有影响,且企业能够对该影响进行可靠计量的事项。

对于企业有证据表明金融资产可能发生减值的,企业应当对资产是否发生减值进行测试。其中,对单项金额重大的金融资产应当单独进行减值测试,如有客观证据表明其已发生减值,应当确认减值损失,计入当期损益。对单项金额不重大的金融资产,可以单独进行减值测试,或包括在具有类似信用风险特征的金融资产组合中进行减值测试。

(二)金融资产减值的计量

1.以摊余成本计量的金融资产减值损失的计量

以摊余成本计量的金融资产主要包括持有至到期投资、贷款和应收款项以及一部分可供出售金融资产。当以摊余成本计量的金融资产发生减值时,应当将该金融资产的账面价值减记至预计未来现金流量(不包括尚未发生的未来信用损失)现值,减记的金额确认为资产减值损失,计入当期损益。即企业确定以摊余成本计量的金融资产发生减值时,应当按照减值的金额,借记"资产减值损失"账户,贷记"贷款损失准备"、"持有至到期投资减值准备"等账户。

对以摊余成本计量的金融资产确认减值损失后,如有客观证据表明该金融资产价值已恢复,且客观上与确认该损失后发生的事项有关(如债务人的信用评级已提高等),原确认的减值损失应当予以转回,计入当期损益。但是,该转回后的账面价值不应当超过假定不计提减值准备情况下该金融资产在转回日的摊余成本。同时,已计提减值准备的持有至到期投资价值以后得以恢复的,应在原已计提的减值准备金额内,按恢复增加的金额,借记"持有至到期减值准备"账户,贷记"资产减值损失"账户。

2. 可供出售金融资产减值损失的计量

分析判断可供出售金融资产是否发生减值,应当注重该金融资产公允价值是否持续下降。通常情况下,如果可供出售金融资产的公允价值发生较大幅度下降,或在综合考虑各种相关因素后,预期这种下降趋势属于非暂时性的,可以认定该可供出售金融资产已发生减值,应当确认减值损失。

可供出售金融资产发生减值时,即使该金融资产没有终止确认,原直接计入所有者权益的因公允价值下降形成的累计损失,应当予以转出,计入减值损失。该转出的累计损失,为可供出售金融资产的初始取得成本扣除已收回本金和已摊销金额、当前公允价值和原已计入损益的减值损失后的余额。

对于已确认减值损失的可供出售金融资产,在随后会计期间内公允价值已上升且客观上与确认原减值损失事项有关的,应按原确认的减值损失,借记"可供出售金融资产(公允价值变动)"账户,贷记"资产减值损失"账户;但可供出售金融资产为股票等权益工具投资的(不含在活跃市场上没有报价、公允价值不能可靠计量的权益工具投资),借记"可供出售金融资产(公允价值变动)"账户,贷记"资本公积——其他资本公积"账户。

本章难点

- 金融资产的分类
- 各类金融资产初始计量的核算
- 采用实际利率确定金融资产摊余成本的方法
- 各类金融资产后续计量的核算
- 不同类金融资产转换的核算
- 金融资产减值损失的核算

练 习 题

一、思考题

1.简述金融资产的定义和分类。

2.什么是以公允价值计量且其变动计入当期损益的金融资产？它可以分为哪两类？这两类有什么区别？

3.哪些金融资产可以确认为以公允价值计量且其变动计入当期损益的金融资产？该金融资产的初始入账价值包括哪些？应当如何进行后续计量和终止确认？

4.持有至到期投资的确认条件包括哪些？它与以公允价值计量且其变动计入当期损益的金融资产在计量上有什么不同？

5.什么是实际利率法？什么是金融资产的摊余成本？

6.哪些金融资产可以划分为可供出售金融资产？可供出售金融资产的初始计量、后续计量和终止确认应当如何进行账务处理？

7.在什么情况下，持有至到期投资与可供出售金融资产之间可以进行重分类调整？如何进行重分类调整的会计处理？

8.哪些金融资产需要计提减值损失？哪些证据能够表明金融资产可能发生减值？对于可能发生减值的金融资产，企业应当如何对减值损失进行测试？

9.各类金融资产发生减值损失后应当如何计量？对于发生减值损失后的各类金融资产，是否可以转回其减值损失？

二、单项选择题

1.下列说法中不正确的是（   ）。

  A.交易性金融资产主要是指企业为了近期内出售而持有的金融资产

  B.以公允价值计量且其变动计入当期损益的金融资产包括交易性金融资产

  C.以公允价值计量且其变动计入当期损益的金融资产和交易性金融资产是同一概念

  D.直接指定为公允价值计量且其变动计入当期损益的金融资产，主要是指企业基于风险管理、战略投资需要等所做的指定

2.关于可供出售金融资产的计量，下列说法中正确的是（   ）。

A. 应当按照取得该金融资产的公允价值作为初始确认金额

B. 应当按取得该金融资产的公允价值和相关交易费用之和作为初始确认金额

C. 持有期间取得的利息或现金股利,应当冲减成本

D. 资产负债表日,可供出售金融资产应当以公允价值计量,且公允价值变动计入当期损益

3. 关于交易性金融资产的计量,下列说法中正确的是( )。

A. 应当按取得该金融资产的公允价值和相关交易费用之和作为初始确认金额

B. 应当按取得该金融资产的公允价值作为初始确认费用,相关交易费用在发生时计入当期损益

C. 资产负债表日,企业将金融资产的公允价值变动计入当期所有者权益

D. 处置该金融资产时,其公允价值与初始入账金额之间的差额应确认为投资收益,不调整公允价值变动损益

4. A公司于2011年4月5日从证券市场上购入B公司发行在外的股票100万股作为交易性金融资产,每股支付价款10元,含已宣告但尚未发放的现金股利1元,另支付交易费用10万元,A公司交易性金融资产取得时的入账价值为( )万元。

　　A. 900　　　　　　B. 1 000　　　　　C. 910　　　　　　D. 1 010

5. A公司于2011年4月5日从证券市场上购入B公司发行在外的股票100万股作为可供出售金融资产,每股支付价款10元,含已宣告但尚未发放的现金股利1元,另支付交易费用10万元,A公司可供出售金融资产取得时的入账价值为( )万元。

　　A. 1 010　　　　　B. 1 000　　　　　C. 900　　　　　　D. 910

6. A公司于2011年11月11日从证券市场上购入B公司发行在外的股票200万股作为交易性金融资产,每股支付价款5元,另支付相关费用30万元,2011年12月31日,该股票市价为每股5.25元,则2011年12月31日应确认的公允价值变动损益为( )万元。

　　A. 损失50　　　　B. 收益50　　　　C. 收益20　　　　D. 损失20

7. A公司于2011年11月11日从证券市场上购入B公司发行在外的股票200万股作为可供出售金融资产,每股支付价款5元,另支付相关费用30万元,2011年12月31日,该股票市价为每股5.25元,2011年12月31日应确认的资本公积为( )万元。

　　A. 0　　　　　　　B. 借方50　　　　C. 借方20　　　　D. 贷方20

8. A 公司 2011 年 6 月 10 日购入 B 上市公司股票 200 万股并划分为交易性金融资产,共支付款项 2 680 万元,其中包括已宣告但尚未发放的每 10 股 3.5 元现金股利和交易费用 10 万元。6 月 30 日该股票市价为每股 13.4 元,该公司当日对该项交易应确认的公允价值变动损益为( )万元。

    A. 0   B. 40   C. −70   D. 80

9. 关于金融资产的重分类,下列说法正确的是( )。

    A. 交易性金融资产和持有至到期投资之间不能进行重分类

    B. 交易性金融资产可以和可供出售金融资产之间进行重分类

    C. 持有至到期投资可以随意和可供出售金融资产之间进行重分类

    D. 交易性金融资产在符合一定条件时可以和持有至到期投资之间进行重分类

10. 关于金融资产减值,以下说法错误的是( )。

    A. 企业应当在资产负债表日对交易性金融资产的账面价值进行检查,有客观证据表明该交易性金融资产发生减值的,应当计提减值准备

    B. 企业对单项金额重大的金融资产应当单独进行减值测试,如有客观证据表明其已发生减值,应当确认减值损失、计入当期损益

    C. 企业对单项金额不重大的金融资产,可以单独进行减值测试,或包括在具有类似信用风险特征的金融资产组合中进行减值测试

    D. 对于已包括在某金融资产组合中的某项特定资产,一旦有客观证据表明其发生了减值,则应当将其从该组合中分出来,单独确认减值损失

11. 以下关于金融资产计量的说法错误的是( )。

    A. 持有至到期投资发生减值时应当将该金融资产的账面价值减记至预计未来现金流量现值,减记的金额确认为资产减值损失,计入当期损益

    B. 对以摊余成本计量的金融资产确认减值损失后,如有客观证据表明该金融资产价值已恢复,且客观上与确认该损失后发生的事项有关,原确认的减值损失应当予以转回,计入当期损益

    C. 可供出售金融资产发生减值时,即使该金融资产没有终止确认,原直接计入所有者权益的因公允价值下降形成的累计损失,应当予以转出,计入减值损失

    D. 对于已确认减值损失的股票类可供出售金融资产,在随后会计期间内公允价值已上升且客观上与确认原减值损失事项有关的,应按原确认的减值损失,借记"可供出售金融资产(公允价值变动)"账户,贷记"资产减值损失"账户

12. M公司于2011年1月1日以600万元的价格购进N公司当日发行的面值为550万元的公司债券。其中债券的买价为595万元,相关税费为5万元。公司债券票面利率为8%,期限为5年,一次还本付息。M公司将其划分为持有至到期投资,则M公司计入"持有至到期投资——利息调整"科目的金额为( )万元。

    A. 550   B. 45   C. 50   D. 5

三、多项选择题

1. 下列项目中,属于金融资产的有( )。

    A. 现金   B. 持有至到期投资

    C. 应付款项   D. 应收款项

    E. 贷款

2. 下列项目中,可作为交易性金融资产的有( )。

    A. 企业以赚取差价为目的的从二级市场购入的股票

    B. 企业以赚取差价为目的的从二级市场购入的债券

    C. 企业以赚取差价为目的的从二级市场购入的基金

    D. 到期日固定、回收金额固定或可确定,且企业有明确意图和能力持有至到期的非衍生金融资产

3. 下列项目中,可作为持有至到期债券投资的有( )。

    A. 企业从二级市场购入的固定利率国债

    B. 企业从二级市场上购入的浮动利率公司债券

    C. 购入的股权投资

    D. 符合持有至到期投资条件的期限较短(1年以内)的债券投资

4. 关于金融资产的重分类,下列说法正确的有( )。

    A. 以公允价值计量且其变动计入当期损益的金融资产不能重分类为可供出售金融资产

    B. 以公允价值计量且其变动计入当期损益的金融资产可以重分类为可供出售金融资产

    C. 可供出售金融资产不能重分类为以公允价值计量且其变动计入当期损益的金融资产

    D. 可供出售金融资产可以重分类为以公允价值计量且其变动计入当期损益的金融资产

5. 关于金融资产的初始计量,下列说法正确的是( )。

    A. 交易性金融资产应当按照取得时的公允价值作为初始确认金额,相关

的交易费用在发生时计入当期损益

B. 持有至到期投资应当按取得时的公允价值和相关交易费用之和作为初始确认金额

C. 可供出售金融资产应当按取得该金融资产的公允价值和相关交易费用之和作为初始确认金额

D. 可供出售金融资产应当按照取得时的公允价值作为初始确认金额,相关的交易费用在发生时计入当期损益

6. 关于金融资产的后续计量,下列说法中正确的是(　　)。

A. 资产负债表日,企业应将以公允价值计量且其变动计入当期损益的金融资产变动计入当期损益

B. 持有至到期投资在持有期间应当按照摊余成本和实际利率计算确认利息收入,计入投资收益

C. 资产负债表日,可供出售金融资产应当以公允价值计量,且其公允价值变动计入资本公积

D. 资产负债表日,可供出售金融资产应当以公允价值计量,且其公允价值变动计入当期损益

7. 关于金融资产的处置,下列说法中正确的有(　　)。

A. 处置交易性金融资产时,应将取得的价款与该金融资产账面价值之间的差额计入当期损益

B. 处置持有至到期投资时,应将所取得价款与该投资账面价值之间的差额计入投资收益

C. 处置可供出售金融资产时,应将取得的价款与该金融资产账面价值之间的差额,计入投资收益,同时,将原直接计入所有者权益的公允价值变动累计额对应处置部分的金额转出,计入投资收益

D. 处置金融资产时,应将取得的价款与该金融资产账面价值之间的差额,计入资本公积

8. A 公司购入 B 公司 20 万股作为可供出售金融资产,以下哪些情况能够表明该金融资产可能发生减值(　　)。

A. B 公司发生严重财务困难

B. A 公司可能倒闭或进行其他财务重组

C. B 公司违反了合同条款,如偿付利息或本金发生违约或逾期等

D. B 公司由于连续三年亏损,其股票被迫退出股票交易市场

9. 下列各项关于资产期末计量的表述正确的是(　　)。

A. 持有至到期投资按照市场价格计量

B. 固定资产按照市场价格计量

C. 交易性金融资产按照公允价值计量

D. 应收账款按照账面价值与预计未来现金流量现值孰低计量

E. 存货按照成本与可变现净值孰低计量

10. 下列各项中,应确认投资收益的事项包括( )。

A. 交易性金融资产在资产负债表日公允价值和账面价值的差额

B. 可供出售金融资产在资产负债表日公允价值和账面价值的差额

C. 持有至到期投资在持有期间摊余成本和实际利率计算的利息收入

D. 购买交易性金融资产发生的相关交易费用

E. 处置可供出售金融资产公允价值与初始入账金额的差额

四、计算及会计处理题

1. 2010 年 4 月 10 日,A 公司以 720 万元(含已宣告但尚未领取的现金股利 20 万元)购入 B 公司 200 万股作为交易性金融资产,另支付手续费 10 万元,5 月 1 日,A 公司收到现金股利 20 万元。2010 年 6 月 30 日该股票每股市价为 3.2 元。2010 年 8 月 5 日,B 公司宣告分派现金股利,每股分派 0.3 元,8 月 15 日,A 公司收到分派的现金股利。至 2010 年 12 月 31 日,A 公司仍持有该交易性金融资产,期末每股市价为 3.6 元。2011 年 1 月 3 日以 730 万元出售该交易性金融资产。假定 A 公司每年 6 月 30 日和 12 月 31 日对外提供财务报告。

要求:

(1)编制上述经济业务的会计分录。

(2)计算该交易性金融资产的累计损益。(金额单位以"万元"表示)

2. A 公司于 2009 年 1 月 2 日从证券市场上购入 B 公司于 2008 年 1 月 1 日发行的债券,该债券 4 年期,票面利率为 4%、每年 1 月 5 日支付上年度的利息,到期日为 2012 年 1 月 1 日,到期日一次归还本金和最后一期利息。A 公司购入债券的面值 1 000 万元,实际支付价款 992.77 万元,另支付相关费用 20 万元。A 公司购入后将其划分为持有至到期投资。购入债券的实际利率为 5%。假定按年计提利息。

要求:编制 A 公司从 2009 年 1 月 1 日—2012 年 1 月 1 日上述有关业务的会计分录。(金额单位以"万元"表示,保留小数点后两位)

3. 2010 年 5 月 10 日,A 公司以 600 万元购入 B 公司股票 60 万股作为可供出售金融资产,另支付手续费 10 万元。2010 年 6 月 30 日该股票每股市价 9.5 元。2010 年 8 月 10 日,B 公司宣告分派现金股利,每股 0.2 元,8 月 20 日,A 公司收到分派的现金股利。到 2010 年 12 月 31 日,A 公司仍持有该可供出售金融资产,期末每股市价为 10.5 元。2011 年 1 月 3 日以 640 万元出售该可供出售金融资产。假定 A 公司每年 6 月 30 日和 12 月 31 日对外提供财务报告。

要求:

(1)编制上述经济业务的会计分录。

(2)计算可供出售金融资产的累计损益。(金额单位以"万元"表示)

4.2013 年 1 月 1 日,A 公司从市场上购入 B 公司于 2012 年 1 月 1 日发行的 5 年期债券,划分为可供出售金融资产,面值为 2 000 万元,票面年利率为 5%,实际利率为 4%,每年 1 月 5 日支付上年度的利息,到期日一次归还本金和最后一次利息。实际支付价款 2 172.60 万元(含交易费用 6 万元),假定按年计提利息。其他交易如下:

(1)2013 年 1 月 5 日收到利息 100 万元。

(2)2013 年 12 月 31 日,该债券的公允价值为 2 035 万元。

(3)2014 年 1 月 5 日收到利息 100 万元。

(4)2014 年 12 月 31 日,该债券的预计未来现金流量现值为 1 920 万元并将继续下降。

(5)2015 年 1 月 5 日收到利息 100 万元。

(6)2015 年 12 月 31 日,该债券的公允价值回升至 1 940 万元。

(7)2016 年 1 月 5 日收到利息 100 万元。

(8)2016 年 1 月 15 日,甲公司将该债券全部出售,收到款项 1 960 万元存入银行。

要求:编制 A 公司从 2013 年 1 月 1 日至 2016 年 1 月 15 日上述有关业务的会计分录。

5.2011 年 1 月 1 日,甲公司支付价款 1 100 万元(含交易费用),从活跃市场购入乙公司当日发行的面值为 1 000 万元、5 年期的不可赎回债券。该债券票面年利率为 10%,利息按单利计算,到期一次还本付息,实际年利率为 6.4%。当日,甲公司将其划分为持有至到期投资,按年确认投资收益。2011 年 12 月 31 日,该债券未发生减值迹象。2012 年 1 月 1 日,该债券市价总额为 1 200 万元。当日,为筹集生产线扩建所需资金,甲公司出售债券的 80%,将扣除手续费后的款项 955 万元存入银行;该债券剩余的 20%重分类为可供出售金融资产。

要求:

(1)编制 2011 年 1 月 1 日甲公司购入该债券的会计分录。

(2)计算 2011 年 12 月 31 日甲公司该债券投资收益、应计利息和利息调整摊销额,并编制相应的会计分录。

(3)计算 2012 年 1 月 1 日甲公司售出该债券的损益,并编制相应的会计分录。

(4)计算 2012 年 1 月 1 日甲公司该债券剩余部分的摊余成本,并编制重分类为可供出售金融资产的会计分录。

第六章 长期股权投资与投资性房地产

学习目的与要求

通过本章学习,了解投资的概念及分类;理解长期股权投资的初始计量,尤其是合并方式下的长期股权投资的计量;掌握长期股权投资后续计量中的成本法与权益法的概念、特点、适用范围及具体的会计处理;掌握长期股权投资成本法与权益法转换的处理,尤其是追溯调整方法的运用;熟悉长期股权投资的期末计价和处置的会计处理;理解投资性房地产的概念和范围;掌握投资性房地产的确认、计量及会计处理,注意历史成本与公允价值计量在投资性房地产中的应用。

本章重点

一、长期股权投资的相关概念

长期股权投资,通常是企业为了参与或控制被投资单位的财务和经营决策,实现企业战略目的而进行的投资。

长期股权投资包括以下几类:

1.企业持有的能够对被投资单位实施控制的权益性投资,即对子公司的投资。

2.企业持有的能够与其他合营方一同对被投资单位实施共同控制的权益性投资,即对合营企业的投资。

3.企业持有的能够对被投资单位施加重大影响的权益性投资,即对联营企业的投资。

二、长期股权投资的初始计量

(一)企业合并形成的长期股权投资的初始计量

1.同一控制下的企业合并

合并方以支付现金、转让非现金资产或承担债务方式作为合并对价的,应当在合并日按照被合并方所有者权益在最终控制方合并财务报表中的账面价值的份额作为长期股权投资的初始投资成本。长期股权投资初始投资成本与支付的现金、转让的非现金资产以及所承担债务账面价值之间的差额,应当调整资本公积(资本溢价或股本溢价);资本公积(资本溢价或股本溢价)不足冲减的,调整留存收益。

合并方以发行权益性证券作为合并对价的,应当在合并日按照被合并方所有者权益在最终控制方合并财务报表中的账面价值的份额作为长期股权投资的初始投资成本,按照发行股份的面值总额作为股本,长期股权投资初始投资成本与所发行股份面值总额之间的差额,应当调整资本公积(资本溢价或股本溢价);资本公积(资本溢价或股本溢价)不足冲减的,调整留存收益。

2.非同一控制下的企业合并

非同一控制下的企业合并中,购买方应当区别下列情况计量合并成本:

(1)一次交换交易实现的企业合并,合并成本为购买方在购买日为取得对被购买方的控制权而付出的资产、发生或承担的负债以及发行的权益性证券的公允价值。

(2)通过多次交换交易分步实现的企业合并,合并成本为购买日之前所持被购买方股权投资的账面价值与购买日新增投资成本之和。

(3)购买方为进行企业合并发生的各项直接相关费用计入当期损益。

(4)在合并合同或协议中对可能影响合并成本的未来事项作出约定的,购买日如果估计未来事项很可能发生,并且对合并成本的影响金额能够可靠计量的,购买方应当将其计入合并成本。

(二)除企业合并以外其他方式取得长期股权投资的初始计量

(1)以支付现金取得的长期股权投资,应当按照实际支付的购买价款作为初始投资成本。

(2)以发行权益性证券取得的长期股权投资,应当按照发行权益性证券的公允价值作为初始投资成本。

(3)投资者投入的长期股权投资,应当按照投资合同或协议约定的价值作为初始投资成本,但合同或协议约定价值不公允的除外。

三、长期股权投资的成本法

（一）成本法的概念及其适用范围

成本法是指长期股权投资按初始投资成本计价的方法，主要适用于投资企业能够对被投资单位实施控制的长期股权投资。

（二）成本法的核算内容

1.初始投资或追加投资时，按照初始投资成本或追加投资后的初始投资成本，作为长期股权投资的账面价值。

2.被投资单位宣告分派现金股利或利润时，确认为当期投资收益，企业确认投资收益后，应当考虑长期股权投资是否发生减值。

四、长期股权投资的权益法

（一）权益法的概念及其适用范围

权益法是指长期股权投资以初始投资成本计量后，根据持有期间内投资企业享有被投资单位所有者权益份额的变动对投资的账面价值进行调整的方法，主要适用于投资企业对被投资单位具有共同控制或重大影响的长期股权投资。

（二）权益法的核算内容

1.企业进行初始投资或追加投资

企业进行初始投资或追加投资时，投资企业应当按照初始投资或追加投资后的初始投资成本增加长期股权投资的账面价值，借记"长期股权投资（投资成本）"账户，贷记"银行存款"等相关账户。

如果长期股权投资的初始投资成本大于投资时应享有被投资单位可辨认净资产公允价值份额的，不要求调整长期股权投资的成本；如果长期股权投资的初始投资成本小于投资时应享有被投资单位可辨认净资产公允价值份额的，应借记"长期股权投资（投资成本）"账户，贷记"营业外收入"账户。

2.被投资单位宣告分派股利

（1）自被投资单位分得的现金股利或利润未超过已确认投资损益的，应抵减长期股权投资的账面价值。

（2）自被投资单位取得的现金股利或利润超过已确认投资收益，同时也超过了投资以后被投资单位实现的账面净利润中本企业按持股比例应享有的部分，该部分金额作为投资成本的收回。

（三）投资后被投资单位所有者权益发生变动

1.投资后被投资单位发生净损益的会计处理如下：

（1）被投资单位发生亏损时，投资企业应当按照应享有被投资单位净亏损的份额,确认投资损益并调整长期股权投资的账面价值,但是应当以长期股权投资的账面价值以及其他实质上构成对被投资单位净投资的长期权益减记至零为限,投资企业负有承担额外损失义务的除外。

(2)被投资单位实现净利润的,投资企业应享有的收益分享额首先应当弥补登记在备查簿中的未确认的亏损分担额,然后减记已确认预计负债的账面余额、恢复其他实质上构成对被投资单位净投资的长期权益及长期股权投资的账面价值,同时确认投资收益。

2.投资企业对于被投资单位除净损益以外所有者权益的其他变动,在持股比例不变的情况下,应按照持股比例计算应享有或承担的部分,调整长期股权投资的账面价值,同时增加或减少资本公积(其他资本公积)。

五、成本法与权益法的转换

(一)权益法转为成本法

投资企业因追加投资等原因对被投资单位形成控制的,应当改按成本法核算。

(二)成本法转为权益法

投资企业因减少投资等原因,能够对被投资单位实施共同控制或重大影响但不构成控制的,应当改按权益法核算,并对过去的业务进行追溯调整。

六、长期股权投资的期末计价与处置

(一)长期股权投资的期末计价

企业应当定期对其持有的长期股权投资进行减值测试,至少应于每期末(资产负债表日)进行一次。如果出现长期股权投资减值迹象的,应当对其可收回金额进行估计。如果可收回金额小于长期股权投资的账面价值,就应当进行减值的会计处理,并且该减值损失不得转回。

(二)长期股权投资的处置

处置长期股权投资,其账面价值与实际取得价款的差额,应当计入当期损益,并将原计入资本公积账户的金额转入投资收益账户。部分处置某项长期股权投资时,应按该项投资的总平均成本确定其处置部分的成本,并按相应比例结转已计提的减值准备和资本公积账户。

七、长期股权投资的披露

投资企业应当在附注中披露与长期股权投资有关信息。

八、投资性房地产

投资性房地产,是指为赚取租金或资本增值,或两者兼有而持有的房地产。投资性房地产通常包括以下三类:1.已出租的土地使用权;2.持有并准备增值后转让的土地使用权;3.企业拥有并已出租的建筑物。

（一）投资性房地产的初始计量

企业取得的投资性房地产,应当按照取得时的成本进行初始计量。

（二）投资性房地产的后续支出

满足投资性房地产确认条件的,应当计入投资性房地产成本;不满足投资性房地产确认条件的,应当在发生时计入当期损益。

（三）投资性房地产的后续计量

后续计量通常应当采用成本模式,满足特定条件的情况下也可以采用公允价值模式。

对于投资性房地产中的建筑物而言,如果采用成本模式进行计量,其计提折旧的方法与固定资产完全一致。而对于投资性房地产中的土地使用权而言,其摊销方法与无形资产完全一致。

在有确凿证据表明投资性房地产的公允价值能够持续可靠取得的情况下,可以对投资性房地产采用公允价值模式进行后续计量。

对于采用公允价值计量模式的投资性房地产,平时不计提折旧,也不进行摊销,应当以资产负债表日投资性房地产的公允价值为基础调整其账面价值,公允价值与账面价值之间的差额计入当期损益。

企业对投资性房地产的计量模式一经确定,不得随意变更。从成本模式转为公允价值模式,视为会计政策变更,应当进行追溯调整。

值得注意的是,企业已采用公允价值模式计量的投资性房地产,不得从公允价值模式转为成本模式。

（四）投资性房地产的转换

1.其他资产转换为按成本模式计量的投资性房地产

企业将其他资产转换为按成本模式计量的投资性房地产时,通常按照其他资产的账面价值作为投资性房地产的账面价值,同时结转相关的存货跌价准备、固定资产减值准备或无形资产减值准备等。

2.其他资产转换为按公允价值模式计量的投资性房地产

自用房地产或存货转换为采用公允价值模式计量的投资性房地产,该项投资性房地产应当按照转换日的公允价值计量。转换日的公允价值小于原账面价值的,其差额计入当期损益;转换日的公允价值大于原账面价值的,其差额作为资本公积(其他资本公积),计入所有者权益。处置该项投资性房地产时,原计入所有者权益(资本公积)的部分应当转入处置当期损益。

3.采用成本模式计量的投资性房地产转换为其他资产

在成本模式下,应当将房地产转换前的账面价值作为转换后的入账价值。

4.采用公允价值模式计量的投资性房地产转换为其他资产

采用公允价值模式计量的投资性房地产转换为自用房地产时,应当以其转换当日的公允价值作为自用房地产的账面价值,公允价值与原账面价值的差额计入当期损益。

(五)投资性房地产的处置

当投资性房地产被处置,或者永久退出使用且预计不能从处置中取得未来经济利益时,应当终止确认该项投资性房地产。

企业在出售采用公允价值模式计量的投资性房地产时,应将投资性房地产累计公允价值变动转入其他业务收入,即借记或贷记"公允价值变动损益"账户,贷记或借记"其他业务收入"账户。

本章难点

· 长期股权投资的成本法
· 长期股权投资的权益法
· 长期股权投资成本法与权益法的转换
· 投资性房地产的计量
· 投资性房地产与其他资产转换的会计处理

练　习　题

一、思考题

1.简述投资的概念及分类。

2.长期股权投资的初始计量包括哪些情况?

3.简述长期股权投资核算成本法的概念、适用范围及核算要点。

4.简述长期股权投资核算权益法的概念、适用范围及核算要点。

5.简述长期股权投资核算的成本法与权益法转换时追溯调整法的适用范围

和会计处理。

　　6.长期股权投资期末减值的判断条件有哪些？

　　7.什么是投资性房地产？投资性房地产主要包括哪些内容？

　　8.投资性房地产是如何进行确认和计量的？

　　9.简述投资性房地产与其他资产转换的种类及会计处理的要点。

二、单项选择题

　　1.2013年1月1日,甲公司以银行存款720万元对乙公司投资,持有乙公司股权的60%。乙公司可辨认净资产公允价值总额为1 000万元。2013年3月12日,乙公司宣告分配2012年现金股利200万元,2013年乙公司实现净利润300万元,假定取得投资时点被投资单位各资产公允价值等于账面价值,双方采用的会计政策、会计期间相同,长期股权投资没有发生减值。则2013年末甲公司"长期股权投资"的账面余额是(　　)万元。

　　　　A.600　　　　　　B.780　　　　　　C.720　　　　　　D.900

　　2.长期股权投资采用权益法核算时,在持股比例不变的情况下,被投资单位除净损益以外所有者权益的增加,企业按持股比例计算应享有的份额,借记的科目是(　　)。

　　　　A.长期股权投资——其他资本公积

　　　　B.长期股权投资——其他权益变动

　　　　C.长期股权投资——股权投资准备

　　　　D.长期股权投资——损益调整

　　3.长期股权投资采用成本法核算时,长期股权投资的初始投资成本小于投资时应享有被投资单位可辨认净资产公允价值份额的,应(　　)。

　　　　A.贷记"投资收益"　　　　　　　　B.贷记"资本公积——其他资本公积"

　　　　C.不做处理　　　　　　　　　　　　D.贷记"长期股权投资——其他权益变动"

　　4.甲公司2011年1月1日对乙公司初始投资成本为230万元,占乙公司股本的30%,乙公司可辨认净资产公允价值为1 000万元,采用权益法核算。当年乙公司实现净利润300万元,2012年乙公司发生净亏损1 200万元(不存在长期应收款、预计负债的内容),2013年乙公司实现净利润300万元,假定取得投资时点被投资单位各资产公允价值等于账面价值,双方采用的会计政策、会计期间相同。则2013年末甲公司长期股权投资的账面价值是(　　)万元。

　　　　A.120　　　　　　B.50　　　　　　C.165　　　　　　D.0

　　5.出售采用权益法核算的长期股权投资时,按处置长期股权投资的投资成本比例结转原计入资本公积的金额,转入的会计科目是(　　)。

A.长期股权投资——投资成本　　　B.资本公积——其他资本公积

C.营业外收入　　　　　　　　　　D.投资收益

6.甲公司 2012 年 1 月 1 日对乙公司初始投资成本为 230 万元,占乙公司股本的 30%,乙公司可辨认净资产公允价值为 1 000 万元,采用权益法核算。当年乙公司实现净利润 300 万元,2013 年乙公司发生净亏损 1 400 万元,假定甲公司存在长期应收乙公司款项 20 万元,则 2013 年末甲公司正确的会计分录是(　　)。

A. 借:投资收益　　　　　　　　　　　　　　410

　　贷:长期股权投资——损益调整　　　　　　　　　390

　　　　长期应收款　　　　　　　　　　　　　　　　20

B. 借:投资收益　　　　　　　　　　　　　　420

　　贷:长期股权投资——损益调整　　　　　　　　　390

　　　　预计负债　　　　　　　　　　　　　　　　30

C. 借:投资收益　　　　　　　　　　　　　　420

　　贷:长期股权投资——损益调整　　　　　　　　　420

D. 借:投资收益　　　　　　　　　　　　　　390

　　贷:长期股权投资——损益调整　　　　　　　　　390

7.甲公司 2012 年 4 月 1 日对乙公司初始投资成本为 937.5 万元(含支付的相关税费 7.5 万元),占乙公司股本的 90%,采用成本法核算。乙公司 2012 年 6 月 3 日宣告分配 2011 年现金股利 150 万元,当年乙公司实现净利润 600 万元(假设每月均衡);2013 年 5 月 6 日,宣告分配 2012 年现金股利 750 万元;当年乙公司实现净利润 900 万元(假设每月均衡)。假定长期股权投资没有发生减值。甲公司 2013 年确认的投资收益是(　　)万元。

A.750　　　　B.0　　　　C.675　　　　D.405

8.2013 年 1 月 1 日 A 公司取得 B 公司 40%的股权,且具有重大影响,按权益法核算。取得长期股权投资时,某项长期资产的账面价值为 100 万,A 公司确认的公允价值为 140 万,2013 年 12 月 31 日,该资产的可收回金额为 80 万,B 公司确认了 20 万减值损失。2013 年 B 公司实现净利润 600 万,假设两个公司的会计期间和会计政策相同。则 A 公司应确认的投资收益是(　　)万元。

A.240　　　　B.256　　　　C.224　　　　D.216

9.对于同一控制下的企业合并,合并方以承担债务作为合并对价的,应当在合并日按照(　　)作为长期股权投资的初始投资成本。

A.承担债务的公允价值　　　　　　B.承担债务的账面价值

C.取得被合并方所有者权益账面价值

D. 取得被合并方所有者权益账面价值的份额

10. 甲公司和乙公司为两个独立的市场主体,2013 年 9 月 10 日,乙公司经审计的净资产公允价值为 20 000 万元,甲公司以评估的实物资产 10 000 万元(账面价值为 9 000 万元)对乙公司进行投资,同时以银行存款支付审计、法律等相关费用 100 万元,拥有乙公司 54% 的股权。则甲公司长期股权投资的初始入账价值是( )万元。

    A. 10 000   B. 10 100   C. 10 800   D. 10 900

11. 甲公司 2012 年 1 月 1 日,以银行存款投资于乙公司,占乙公司 10% 的股份,并准备长期持有,采用成本法核算。乙公司于 2012 年 4 月 2 日宣告分派 2011 年度的现金股利 10 000 元。2012 年乙公司实现净利润 40 000 元,2013 年 4 月 10 日乙公司宣告分派 2012 年现金股利 20 000 元。甲公司 2013 年确认应收股利时应确认的投资收益为( )元(假设投资时公允价值与账面价值一致)。

    A. 3 000   B. 2 000   C. 4 000   D. 0

12. 下列长期股权投资应该采用成本法核算的有( )。

    A. 对被投资企业实施控制

    B. 对被投资企业具有重大影响

    C. 拥有被投资企业控制权股份的 20%～50%

    D. 对被投资企业具有共同控制

13. 投资企业确认被投资单位发生的净亏损,在长期股权投资账面价值减至零后,如果存在其他约定义务的,应( )。

    A. 冲减长期股权投资   B. 计入预计负债

    C. 冲减长期应收款   D. 计入营业外支出

14. 企业取得长期股权投资,实际支付的价款或对价中包含的已宣告但尚未发放的现金股利或利润,应计入( )。

    A. 长期股权投资   B. 应收股利

    C. 财务费用   D. 投资收益

15. 2012 年 9 月 1 日,甲公司投资乙公司 200 万元,投资比例 10%,按成本法核算。2012 年乙公司实现净利润 250 万元。2013 年 5 月 2 日乙公司分派 2012 年现金股利 100 万元。甲公司应确认的投资收益( )万元。

    A. 20   B. 25   C. 15   D. 10

16. 甲公司和 A 公司同属某企业集团内的企业。2013 年 7 月 20 日,甲公司以其发行的普通股 1 000 万股(面值为每股 1 元,市价为每股 6 元)取得 A 公司 70% 的普通股权,并准备长期持有。A 公司于 2013 年 7 月 20 日的所有者权益账面价值总额为 9 000 万元,可辨认净资产的公允价值为 9 500 万元。甲公司取得 A 公司股份时的初始投资成本为(　　)万元。

　　A. 1 000　　　　　B. 6 750　　　　　C. 6 300　　　　　D. 6 000

17. 根据《企业会计准则第 2 号——长期股权投资》的规定,长期股权投资采用权益法核算时,下列各项不会引起长期股权投资账面价值减少的是(　　)。

　　A. 被投资单位宣告发放现金股利

　　B. 被投资单位对外捐赠

　　C. 被投资单位发生净亏损

　　D. 被投资单位计提盈余公积

18. 下列属于投资性房地产的有(　　)。

　　A. 企业经营性出租用的办公楼

　　B. 房地产开发企业销售的或为销售而正在开发的商品房和土地

　　C. 企业生产经营用的厂房、车间

　　D. 企业生产经营用的办公楼

19. 投资性房地产进行初始计量时,其不正确的处理方法有(　　)。

　　A. 采用公允价值模式和成本模式进行后续计量的投资性房地产均应按实际成本进行初始计量

　　B. 采用公允价值模式进行后续计量的投资性房地产,取得时按公允价值进行初始计量

　　C. 自建投资性房地产的成本为建造该项资产达到预定可使用状态前的必要支出

　　D. 外购投资性房地产的成本包括买价、相关税费和可直接归属于该资产的其他支出

20. 某房地产开发商于 2013 年 2 月,将作为存货的商品房转换为采用公允价值模式计量的投资性房地产,转换日的商品房账面余额为 200 万元,已计提跌价准备 30 万元,该项房产在转换日的公允价值 240 万元,则转换日记入"投资性房地产"科目的金额是(　　)万元。

　　A. 240　　　　　B. 100　　　　　C. 170　　　　　D. 200

21. 甲公司 2013 年 1 月将采用成本模式计量的投资性房地产转为自用固定资产,转换日该固定资产的公允价值为 200 万元,转换日之前"投资性房地产"科目余额为 230 万元,"投资性房地产累计折旧"科目金额为 20 万元,则转换日"固定资产"账户的入账金额为(　　)万元。

　　A. 230　　　　　B. 200　　　　　C. 30　　　　　D. 210

22. 甲公司将采用公允价值模式计量的投资性房地产转为自用固定资产,转

换日该投资性房地产的公允价值为 230 万元,转换日之前"投资性房地产——成本"科目余额为 200 万元,"投资性房地产——公允价值变动"科目借方余额为 20 万元,则转换日该固定资产的入账价值为(　　)万元。

　　A. 210　　　　　　B. 200　　　　　　C. 220　　　　　　D. 230

23. 某房地产开发商于 2013 年 10 月,将作为存货的商品房转换为采用公允价值模式计量的投资性房地产,转换日的商品房账面余额为 200 万元,已计提跌价准备 40 万元,该项房产在转换日的公允价值 170 万元,则转换日记入"公允价值变动损益"科目的金额是(　　)万元。

　　A. 0　　　　　　　B. 160　　　　　　C. 10　　　　　　　D. 170

24. 采用成本模式计量的作为投资性房地产的建造物计提的累计折旧,应贷记的会计科目(　　)。

　　A. 投资性房地产累计折旧　　　　　B. 投资性房地产

　　C. 累计折旧　　　　　　　　　　　D. 累计摊销

三、多项选择题

1. 企业的长期股权投资采用权益法核算的,其正确的会计处理为(　　)。

　　A. 长期股权投资的初始投资成本大于投资时应享有被投资单位可辨认净资产公允价值份额的,不调整已确认的初始投资成本

　　B. 长期股权投资的初始投资成本大于投资时应享有被投资单位可辨认净资产公允价值份额的,应调减初始投资成本

　　C. 长期股权投资的初始投资成本小于投资时应享有被投资单位可辨认净资产公允价值份额的,应调增初始投资成本

　　D. 长期股权投资的初始投资成本小于投资时应享有被投资单位可辨认净资产公允价值份额的,不调整已确认的初始投资成本

　　E. 长期股权投资的初始投资成本大于投资时应享有被投资单位可辨认净资产公允价值份额的,应记入商誉

2. 下列事项中,投资企业不应确认为投资收益的有(　　)。

　　A. 成本法核算的被投资企业宣告发放投资后产生累计净利润分配的现金股利

　　B. 权益法核算的初始投资成本小于占被投资单位可辨认净资产公允价值份额

　　C. 权益法核算的被投资企业宣告发放的现金股利

　　D. 出售长期股权投资时,实际收到的金额与其账面余额及尚未领取的现金股利或利润的差额

E. 出售采用权益法核算的长期股权投资时,结转原记入"资本公积——其他资本公积"科目的金额

3. 采用权益法核算时,不会引起长期股权投资账面价值增减变动的事项有(　　)。

A. 被投资单位实际发放股票股利

B. 被投资单位因增资扩股等原因而增加的资本(或股本)溢价

C. 被投资企业股东会宣告分派股票股利

D. 实际收到已宣告的现金股利

E. 计提长期投资减值准备

4. 下列各项中,应采用权益法核算的有(　　)。

A. 对子公司投资

B. 对合营企业投资

C. 对联营企业投资

D. 对被投资单位不具有控制、共同控制或重大影响,且在活跃市场中没有报价、公允价值不能可靠计量的权益性投资

E. 对被投资单位不具有控制、共同控制或重大影响,但在活跃市场中有报价、公允价值能可靠计量的权益性投资

5. 同一控制下的企业合并,合并方以发行权益性证券作为合并对价的,应当在合并日按照取得被合并方所有者权益账面价值的份额作为长期股权投资的初始投资成本,按照发行股份的面值总额作为股本,长期股权投资初始投资成本与所发行股份面值总额之间的差额,可能调整的项目有(　　)。

A. 资本公积——股本溢价　　　　　　B. 盈余公积

C. 未分配利润　　　　　　　　　　　D. 商誉

E. 资本公积——其他资本公积

6. 下列事项中可以计入当期损益的有(　　)。

A. 非同一控制下企业合并取得长期股权投资时,发生的审计费、评估费等

B. 同一控制下的企业合并,合并方为进行企业合并发生的各项直接相关费用,包括为进行企业合并而支付的审计费用、评估费用、法律服务费用

C. 长期股权投资采用成本法核算,投资企业按被投资单位宣告分派的利润或现金股利确认的应享有的份额

D. 长期股权投资采用权益法核算,投资企业应享有的被投资单位实现的净损益的份额

E. 非同一控制下企业合并,付出的资产的公允价值与账面价值的差额

7.企业采用权益法核算时,下列事项中将引起长期股权投资账面价值发生增减变动的有(　　)。

　A.长期股权投资的初始投资成本小于投资时应享有被投资单位可辨认净资产公允价值份额

　B.计提长期股权投资减值准备

　C.被投资单位资本公积发生变化

　D.获得股份有限公司分派的股票股利

　E.长期股权投资的初始投资成本大于投资时应享有被投资单位可辨认净资产公允价值份额

8.权益法下,下列各项中不会引起投资企业资本公积增减变动的有(　　)。

　A.被投资企业产生的资本溢价

　B.被投资企业接受现金捐赠

　C.被投资企业可供出售金融资产公允价值变动

　D.被投资企业处置交易性金融资产

　E.被投资企业发放股票股利

9.处置长期股权投资时,下列项目中会影响投资收益的有(　　)。

　A.长期股权投资账面余额

　B.长期股权投资减值准备

　C.取得的转让价款

　D.权益法下计入所有者权益的金额

　E.已宣告但尚未发放的现金股利

10.下列属于投资性房地产的有(　　)。

　A.已出租的土地使用权

　B.已经营性出租的建筑物

　C.持有并准备增值后转让的土地使用权

　D.自用房地产

　E.作为存货的房地产

11.投资性房地产的转换日确定的方法正确的是(　　)。

　A.投资性房地产转为自用房地产,其转换日为房地产达到自用状态,企业开始将房地产用于生产商品、提供劳务或者经营管理的日期

　B.作为存货的房地产改为出租,其转换日为租赁期开始日

　C.作为自用建筑物停止自用改为出租,其转换日为租赁期开始日

　D.作为土地使用权停止自用改为出租,其转换日为租赁期开始日

　E.自用土地使用权停止自用,改用于资本增值,其转换日为自用土地使

用权停止自用后确定用于资本增值的日期

四、计算及会计处理题

1.2012年1月1日,甲公司出资2 000万元,取得了乙公司20%的控股权,假如购买股权时乙公司的账面净资产公允价值为11 000万元,按照成本法核算。2012年5月12日,乙公司宣告发放上年度股利50万元,甲公司可以得到10万元。2013年3月,乙公司宣告发放股利70万元,假设2012年乙公司全年利润为70万元;2014年4月,乙公司宣告发放股利80万元。2013年乙公司全年利润为90万元。假定长期股权投资没有减值迹象。

要求:编制有关会计分录。(计量单位以"万元"表示)

2.A公司于2013年1月1日以银行存款5 000万元取得B联营企业30%的股权,采用权益法核算长期股权投资,2013年1月1日B联营企业可辨认净资产的账面价值为15 000万元,公允价值为17 000万元,取得投资时被投资单位的固定资产公允价值为4 000万元,账面价值为2 000万元,固定资产的预计使用年限为10年,净残值为零,按照直线法计提折旧。B联营企业其他可辨认资产的账面价值与公允价值相等。2013年度利润表中净利润为1 000万元。双方采用的会计政策、会计期间相同,不考虑所得税因素。

要求:编制2013年1月1日和2013年12月31日有关会计分录。(计量单位以"万元"表示)

3.甲公司2011—2013年有关投资业务如下:

(1)甲公司2011年1月1日以银行存款对乙公司投资,初始投资成本为2 500万元,占乙公司表决权资本比例的60%,采用成本法核算,2011年1月1日乙公司净资产的公允价值和账面价值均为5 000万元。

(2)2011年2月15日乙公司宣告分配2010年度现金股利600万元。

(3)2011年3月2日收到现金股利。2011年乙公司实现净利润1 000万元。

(4)2012年2月20日乙公司宣告分配2011年度现金股利800万元。

(5)2012年3月10日收到现金股利。2012年乙公司实现净利润1 500万元。

(6)2013年1月1日甲公司转让对乙公司全部投资的50%,转让后甲公司占乙公司表决权资本比例的30%,并对乙公司具有重大影响,采用权益法核算该项投资。当日收到银行存款1 320万元。假定取得转换时点被投资单位各资产公允价值等于账面价值,双方采用的会计政策、会计期间相同,没有其他应记入资本公积的交易或事项。

(7)2013 年乙公司实现净利润 1 200 万元。

要求:编制相关会计分录。(计量单位以"万元"表示)

4.A 公司于 2011 年 1 月 1 日以银行存款 1 000 万元购入 B 公司发行在外股数的 30%,另支付相关交易税费 10 万元。A 公司采用权益法核算此项投资。2011 年 1 月 1 日 B 公司可辨认净资产公允价值为 3 000 万元。取得投资时 B 公司的固定资产公允价值为 400 万元,账面价值为 300 万元,固定资产的预计使用年限为 10 年,净残值为零,按照直线法计提折旧。2011 年 1 月 1 日 B 公司的无形资产公允价值为 150 万元,账面价值为 100 万元,无形资产的预计使用年限为 5 年,净残值为零,按照直线法摊销。2011 年 B 公司实现净利润 400 万元,提取盈余公积 40 万元。2012 年 B 公司发生亏损 4 000 万元,2012 年 B 公司增加资本公积 200 万元。2013 年 A 公司实现净利润 520 万元。2014 年 1 月 1 日 A 公司将持有的 B 公司股份数的 50% 对外出售,取得转让价款 70 万元。假定不考虑所得税和其他事项。

要求:完成 A 公司上述有关投资业务的会计分录。(计量单位以"万元"表示)

5.2013 年 1 月 1 日,甲公司以银行存款 2 000 万元取得乙公司发行在外股数的 10%,采用成本法核算。2013 年 1 月 1 日乙公司可辨认净资产的公允价值和账面价值均为 19 200 万元。2013 年 3 月 15 日,乙公司宣告发放 2012 年度现金股利 600 万元,2013 年 4 月 1 日,收到乙公司发放的现金股利 60 万元。2013 年度乙公司实现净利润 2 000 万元,没有其他应计入资本公积的交易或事项,假定甲乙公司采用的会计政策、会计期间相同。

2014 年 1 月 1 日,甲公司又以银行存款 3 200 万元取得乙公司发行在外股数的 15%,累计持股比例达到 25%,可以对乙公司施加重大影响,改为权益法核算。2014 年 1 月 1 日乙公司可辨认净资产公允价值为 21 000 万元。假定甲公司按照净利润的 10% 提取盈余公积。

要求:编制甲公司股权投资相关会计分录。

6.黄河房地产公司于 2011 年 12 月 31 日将一建筑物对外出租并采用成本模式计量。租期为 3 年,每年 12 月 31 日收取租金 600 万元。出租时,该建筑物的成本为 5 000 万元,已提折旧 500 万元,已提减值准备 200 万元,尚可使用年限为 10 年。黄河公司对该建筑物采用年限平均法计提折旧,无残值。2012 年 12 月 31 日该建筑物的公允价值减去处置费用后的净额为 4 000 万元,预计未来现金流量现值为 3 900 万元。2013 年 12 月 31 日该建筑物的公允价值减去处置费用后的净额为 3 200 万元,预计未来现金流量现值为 3 300 万元。2014 年 12 月 31 日该建筑物的公允价值减去处置费用后的净额为 2 900 万元,预计未来现金流量现值为2 980万元。2014年12月31日租赁期满,将投资性房地产转为自用房地产投入行政管理部门使用。假定转换后建筑物的折旧方法、预计折旧年限和预计净残值未发生变化。2015年12月31日该建筑物的公允价值减去处置费用后的净额为2 304万元,预计未来现金流量现值为2 300万元。2016年1月5日将该建筑物对外出售,收到2 292万元存入银行。假定不考虑相关税费。

　　要求:编制上述经济业务的会计分录。(计量单位以"万元"表示)

　　7. 大地房地产公司于2011年1月1日将一幢商品房对外出租并采用公允价值模式计量,租期为3年,每年12月31日收取租金150万元,出租时,该幢商品房的成本为3 000万元,公允价值为3 200万元,2011年12月31日,该幢商品房的公允价值为3 150万元,2012年12月31日,该幢商品房的公允价值为3 120万元,2013年12月31日,该幢商品房的公允价值为3 050万元,2014年1月2日将该幢商品房对外出售,收到3 080万元存入银行。

　　要求:编制大地公司上述经济业务的会计分录(假定按年确认公允价值变动损益和确认租金收入)。(计量单位以"万元"表示)

第七章　　　　　　　固定资产

学习目的与要求

　　通过本章学习,应明确固定资产的概念与特征及确认条件;熟悉固定资产的分类;掌握固定资产取得时的计量及账务处理,尤其应重点掌握融资租入固定资产的计量和相关账务处理;掌握固定资产折旧方法的计算与运用及账务处理;明确固定资产后续支出的处理原则及应用;掌握固定资产终止确认的条件及相关账务处理;熟悉固定资产清查的方法及清查结果的处理方法;掌握固定资产期末计价的方法与运用及账务处理。

本章重点

一、固定资产的概念与特征

　　固定资产,是指企业为生产商品、提供劳务、出租或经营管理而持有的,使用寿命超过一个会计年度的有形资产。常见的固定资产形式有各种房屋及建筑物、机器设备、运输设备、工具器具和管理用具等。

　　从固定资产的定义看,固定资产具有以下三个特征:

　　1.固定资产是为生产商品、提供劳务、出租或经营管理而持有;

　　2.固定资产使用寿命超过一个会计年度;

　　3.固定资产为有形资产。

二、固定资产的确认

　　某项资产只有在符合固定资产定义的前提下,并同时满足下列条件的,才能确认为固定资产:一是与该项固定资产有关的经济利益很可能流入企业;二是该固定资产的成本能够可靠地计量。

三、固定资产的分类

1.按经济用途分类,可分为生产经营用固定资产和非生产经营用固定资产。

2.按使用情况分类,可以分为使用中固定资产、未使用固定资产和不需用固定资产。

3.按所有权分类,可以分为自有固定资产和融资租入的固定资产。

4.综合分类。会计实务中,常常按固定资产的经济用途和使用情况进行综合分类,即分为七大类:生产经营用固定资产、非生产经营用固定资产、经营租出固定资产、未使用固定资产、不需用固定资产、土地、融资租入固定资产。

四、固定资产的计量

(一)固定资产的计价基础

固定资产的计价基础一般有以下三种:

1.原始价值。原始价值简称原值或原价,是指购建的固定资产在达到预计可使用状态之前所发生的一切合理的、必要的支出。原始价值是固定资产的基本计价基础。

2.折余价值。折余价值也称净值,是指固定资产原始价值减去其累计折旧后的净额,它反映的是固定资产尚未损耗的价值。

3.现值。现值即折现价值,是指固定资产在其预计使用期间和最终处置中所产生的未来现金流入量的折现金额。

(二)固定资产的成本构成

固定资产的成本构成,是指固定资产成本所包括的内容。从理论上讲,它应包括企业为购建某项固定资产达到预定可使用状态前所发生的一切合理的、必要的支出。

对于特定行业的特定固定资产,确定其成本时,还应考虑预计弃置费用因素,如核电站核废料的处置等。

五、固定资产的取得

(一)外购的固定资产

企业外购的固定资产,包括购入不需要安装的固定资产和需要安装的固定资产两类。需要说明的是,我国从 2009 年开始对增值税进行转型改革,允许企业新购入的机器设备所含进项税额在销项税额中抵扣。即:除专门用于非增值税应税项目、免税项目等的机器设备进项税额不得抵扣外,包括混用的机器设备在内的其他机器设备进项税额均可抵扣。

1.购入不需要安装的固定资产

企业购入不需要安装的固定资产时,按照实际支付的全部价款、相关税费、运杂费等全部支出,借记"固定资产"账户,按照允许抵扣的增值税额,借记"应交税费——应交增值税(进项税额)";贷记"银行存款"或"应付账款"等账户。

2.购入需要安装的固定资产

企业购入需要安装的固定资产,在会计核算上,购入的固定资产以及发生的安装费用等均应通过"在建工程"账户核算;安装完毕达到固定资产预定可使用状态时,再由"在建工程"账户转入"固定资产"账户。

3.外购固定资产的特殊情形

(1)购入多项没有单独标价的固定资产

企业若以一笔款项购入多项没有单独标价的固定资产,应按各项固定资产的公允价值比例对总成本进行分配,分别确定各项固定资产的入账价值。

(2)超过正常信用条件延期付款购入固定资产

企业超过正常信用条件购买固定资产的经济业务事项,实质上具有融资性质,购入固定资产的成本不能以各期付款额之和确定,而应以购买价款的现值为基础确定。

购入固定资产时,按购买价款的现值,借记"固定资产"或"在建工程"账户,按照允许抵扣的增值税额,借记"应交税费——应交增值税(进项税额)";按应支付的金额,贷记"长期应付款"账户;按其差额,借记"未确认融资费用"账户。未确认融资费用的金额,要在信用期内采用实际利率法进行摊销,摊销金额除满足借款费用资本化条件的应当计入固定资产成本外,其余均应在信用期间内确认为财务费用,计入当期损益。

(二)自行建造的固定资产

自行建造的固定资产按实施方式的不同可分为自营工程和出包工程两种。

1.自营工程

企业通过自营方式建造的固定资产,其入账价值应当按照该项资产达到预定可使用状态前所发生的必要支出确定。

企业自营工程主要通过"工程物资"和"在建工程"账户进行核算。"工程物资"账户核算用于在建工程的各种物资的实际成本。"在建工程"账户核算企业为工程所发生的各项实际支出,以及改扩建工程等转入的固定资产净值,本账户可按"建筑工程"、"安装工程"、"在安装设备"、"待摊支出"以及单项工程等进行明细核算。

2.出包工程

出包工程的成本由建造该项固定资产达到预定可使用状态前所发生的必要支出构成,包括建筑工程支出、安装工程支出,以及需分摊计入各固定资产价值的待摊支出。

(三)投资者投入的固定资产

企业接受投资者投入的房屋、机器设备、运输工具等固定资产,按照投资合同或协议约定的价值入账,但是合同或协议约定的价值不公允的除外。

(四)融资租入固定资产

1.租赁相关的几个概念

(1)租赁。它是指在约定的期间内,出租人将资产使用权让渡给承租人以获取租金的协议。

(2)融资租赁与经营租赁。它是指实质上转移了与资产所有权有关的全部风险和报酬的租赁。其所有权最终可能转移,也可能不转移。符合下列一项或数项标准的,应当认定为融资租赁:

①在租赁期届满时,租赁资产的所有权转移给承租人。

②承租人有购买租赁资产的选择权,所订立的购买价款预计将远低于行使选择权时租赁资产的公允价值,因而在租赁开始日就可以合理确定承租人将会行使这种选择权。

③即使资产的所有权不转移,但租赁期占租赁资产使用寿命的大部分。这里的大部分是指租赁期占租赁开始日租赁资产使用寿命的75%以上(含75%,下同)。

④承租人在租赁开始日的最低租赁付款额现值,几乎相当于租赁开始日租赁资产公允价值;出租人在租赁开始日的最低租赁收款额现值,几乎相当于租赁开始日租赁资产公允价值。这里的"几乎相当于"掌握在90%以上。

⑤租赁资产性质特殊,如果不作较大改造,只有承租人才能使用。

经营租赁,是指除融资租赁以外的其他租赁。

(3)租赁期。它是指租赁合同规定的不可撤销的租赁期间。

(4)最低租赁付款额。它是指在租赁期内,承租人应支付或可能被要求支付的款项(不包括或有租金和履约成本),加上由承租人或与其有关的第三方担保的资产余值。承租人有购买租赁资产选择权,所订立的购买价款预计将远低于行使选择权时租赁资产的公允价值,因而在租赁开始日就可以合理确定承租人将会行使这种选择权的,购买价款应当计入最低租赁付款额。

(5)最低租赁收款额。它是指最低租赁付款额加上独立于承租人和出租人的第三方对出租人担保的资产余值。

(6)担保余值、资产余值与未担保余值。担保余值，就承租人而言，是指由承租人或与其有关的第三方担保的资产余值；就出租人而言，是指就承租人而言的担保余值加上独立于承租人和出租人的第三方担保的资产余值。资产余值，是指在租赁开始日估计的租赁期届满时租赁资产的公允价值。未担保余值，是指租赁资产余值中扣除就出租人而言的担保余值以后的资产余值。

2.融资租赁中承租人的会计处理

承租企业应将融资租入的资产作为一项固定资产入账，同时确认相应的负债，并采用与自有固定资产相一致的折旧政策计提折旧。能够合理确定租赁期届满时取得租赁资产所有权的，应当在租赁资产使用寿命内计提折旧。无法合理确定租赁期届满时能够取得租赁资产所有权的，应当在租赁期与租赁资产使用寿命两者中较短的期间内计提折旧。

为与企业自有固定资产相区别，企业应对融资租入的固定资产单独设置"融资租入固定资产"明细账户进行核算。企业应在租赁期开始日，将租赁开始日租赁资产的公允价值与最低租赁付款额现值两者中较低者，作为租入固定资产的入账价值；将最低租赁付款额作为长期应付款的入账价值，其差额作为未确认融资费用。

未确认融资费用应当在租赁期内各个期间采用实际利率法进行分摊，摊销额除满足资本化条件的应当计入固定资产成本外，均应当在租赁期间内确认为财务费用，计入当期损益。

此外，承租人在租赁谈判和签订租赁合同过程中发生的，可归属于租赁项目的手续费、律师费、差旅费、印花税等初始直接费用，也应当计入租入固定资产的价值。或有租金应当在实际发生时计入当期损益。

(五)存在弃置义务的固定资产

某些特殊行业在确定固定资产成本时，还应当考虑预计弃置费用，将其现值计入相关固定资产成本。

(六)其他方式取得的固定资产

固定资产的取得除上述情形外，还可以通过债务重组、非货币性交易等方式取得固定资产。

(1)投资者投入固定资产的成本，应当按照投资合同或协议约定的价值确定，但合同或协议约定价值不公允的除外。

(2)非货币性资产交换、债务重组等方式取得的固定资产的成本，应当分别按照《企业会计准则第7号——非货币性资产交换》、《企业会计准则第12号——债务重组》、《企业会计准则第20号——企业合并》等的规定确定。

(3)盘盈固定资产的成本，通过"以前年度损益调整"科目核算。

六、固定资产折旧

（一）固定资产折旧的概念与性质

所谓折旧，是指在固定资产使用寿命期内，按照确定的方法对应计折旧额进行系统分摊。应计折旧额，是指应当计提折旧的固定资产的原价扣除其预计净残值后的金额。已计提减值准备的固定资产，还应当扣除已计提的固定资产减值准备累计金额。固定资产损耗分为有形损耗和无形损耗两种。

（二）固定资产折旧的范围

固定资产准则规定：除以下情况外，企业应对所有固定资产计提折旧：

1.已提足折旧仍继续使用的固定资产；

2.按照规定单独估价作为固定资产入账的土地。

我国固定资产准则还规定：固定资产应当按月计提折旧。当月增加的固定资产，当月不计提折旧，从下月起计提折旧；当月减少的固定资产，当月仍计提折旧，从下月起不计提折旧。

（三）影响固定资产折旧的因素

在确定固定资产的折旧费用时，需要考虑以下因素：固定资产原值、固定资产预计净残值、固定资产预计使用寿命、已计提的减值准备额。

（四）固定资产折旧的方法

企业应当根据与固定资产有关的经济利益的预期实现方式，合理选择固定资产折旧方法。可选用的折旧方法包括年限平均法、工作量法、双倍余额递减法和年数总和法等。

1.年限平均法

年限平均法也称直线法，是指按照固定资产的预计使用年限平均计提折旧的方法。其计算公式为：

$$固定资产年折旧额 = \frac{固定资产原值 - 预计净残值}{预计使用年限}$$

$$= \frac{固定资产原值 \times (1 - 预计净残值率)}{预计使用年限}$$

$$固定资产年折旧率 = \frac{1 - 预计净残值率}{预计使用年限} \times 100\%$$

2.工作量法

工作量法是按固定资产预计完成的工作量或工作时数计算折旧的方法。工作量法一般适用于一些专用设备，工作量因设备不同可按里程、工作小时或工作台班等来计算。其计算公式为：

$$单位工作量折旧额 = \frac{固定资产原值 - 预计净残值}{预计总工作量}$$

$$= \frac{固定资产原值 \times (1 - 预计净残值率)}{预计总工作量}$$

某项固定资产月折旧额 = 该项固定资产当月实际工作量 × 单位工作量折旧额

3. 加速折旧法

加速折旧法是相对于年限平均法而言的,在这种方法下,固定资产的使用早期多提折旧,后期少提折旧。由于其计提的折旧额呈逐年递减的趋势,所以又称为递减折旧法。

实务中应用最广泛的加速折旧法有双倍余额递减法和年数总和法两种。

(1) 双倍余额递减法

双倍余额递减法是在不考虑固定资产预计净残值的情况下,以每期期初固定资产账面净值为基础,以直线折旧率的两倍为折旧率,计算各年固定资产折旧额的方法。其计算公式为:

年折旧率 = 2 ÷ 预计使用年限 × 100%

年折旧额 = 期初固定资产净值 × 年折旧率

应当注意的是,采用双倍余额递减法时,应当在预计使用年限到期前的两年内,将固定资产账面净值扣除预计净残值后的余额平均摊销,即在最后两年改为直线法。

(2) 年数总和法

年数总和法又称合计年限法,是用固定资产原值减去预计净残值后的净额,再乘以一个逐年递减的分数来计算折旧额的一种方法。该分数是折旧率,其分子为某年年初固定资产尚可使用的年数,其分母为该固定资产预计使用的年数逐年之和。具体计算公式如下:

年折旧率 = 年初尚可使用的年限 ÷ 预计使用年限的年数总和

$$= 年初尚可使用的年限 ÷ [n(n+1) ÷ 2]$$

年折旧额 = (固定资产原值 - 预计净残值) × 年折旧率

(五) 固定资产折旧的会计处理

企业按月计提的固定资产折旧额,应当按谁受益谁承担的原则,根据固定资产的使用部门或用途计入相关成本或费用,借记"制造费用"、"管理费用"、"其他业务成本"等账户,贷记"累计折旧"账户。

(六) 固定资产预计使用寿命等的复核

企业至少应当于每年年度终了时,对固定资产的使用寿命、预计净残值和折旧方法进行复核。使用寿命预计数、预计净残值数与原先估计数有差异的,应当调整固定资产使用寿命和预计净残值。与固定资产有关的经济利益预期实现方式有重大改变的，应当改变固定资产折旧方法。固定资产使用寿命、预计净残值和折旧方法的改变应当作为会计估计变更，按照会计估计变更的有关规定进行处理。

七、固定资产的后续计量

固定资产在使用过程中发生的更新改造支出、修理费用等称为固定资产后续支出。

对于固定资产后续支出，企业应根据实质重于形式原则进行资本化或费用化处理。

（一）资本化的后续支出

固定资产的后续支出如果能够可靠地计量，且与之相关的经济利益很可能流入企业，应当判断为符合资本化确认条件，计入固定资产成本，同时将被替换部分的账面价值扣除。

（二）费用化的后续支出

固定资产的后续支出，若不符合资本化确认条件，应当根据不同情况分别在发生时计入当期损益。

八、固定资产的处置

（一）固定资产终止确认的条件

企业固定资产满足下列条件之一的，应当予以终止确认：一是该固定资产处于处置状态，二是该固定资产预期通过使用或处置不能产生经济利益。

（二）持有待售固定资产的预计净残值

企业持有待售的固定资产，应当对其预计净残值进行调整，使预计净残值能够反映其公允价值减去处置费用后的金额，但不得超过其账面价值。原账面价值高于预计净残值的差额，应作为资产减值损失计入当期损益。持有待售固定资产从划归为持有待售之日起应停止计提折旧和减值准备。

（二）固定资产的出售、报废和毁损

企业出售、报废固定资产或发生固定资产毁损，应当将处置收入扣除账面价值和相关税费后的金额计入当期损益。其中固定资产的账面价值是指固定资产原值扣减累计折旧和累计减值准备后的金额。固定资产处置一般通过"固定资产清理"账户核算。

九、固定资产的清查

通常盘盈的固定资产，作为前期会计差错处理；盘亏或毁损的固定资产，先通过"待处理财产损溢——待处理固定资产损溢"账户核算,在减去过失人或者保险公司等赔款和残料价值之后,计入当期营业外支出。

十、固定资产的期末计价

(一)固定资产减值
固定资产减值,是指固定资产的可收回金额低于其账面价值。

(二)可收回金额的确定
可收回金额是指固定资产的公允价值减去处置费用后的净额与其预计未来现金流量的现值两者之间的较高者。

(三)固定资产减值的会计处理原则
1.当资产减值测试的结果表明,固定资产的可收回金额低于其账面价值时,企业应当按可收回金额低于账面价值的差额计提固定资产减值准备,并计入当期损益。
2.固定资产减值准备一旦计提,在以后期间不得转回。

(四)固定资产减值的会计处理
企业应设置"固定资产减值准备"账户核算企业固定资产的减值准备,该账户属于"固定资产"的调整账户。贷方登记计提的固定资产减值准备,借方登记处置固定资产时同时转销的减值准备。期末贷方余额,反映企业已计提但尚未转销的固定资产减值准备。

(五)固定资产减值准备对折旧的影响
已计提减值准备的固定资产,应当按照该固定资产的账面价值以及尚可使用寿命重新计算确定折旧率、折旧额和折旧方法。因计提减值准备而对折旧产生的影响,应采用"未来适用法"。

本章难点

- 超过正常信用条件延期付款购入固定资产的初始计量与账务处理
- 自行建造固定资产的初始计量与账务处理
- 融资租赁的判断及承租人对融资租入固定资产的账务处理
- 固定资产折旧方法的理解与应用
- 固定资产后续支出处理原则的理解与应用
- 固定资产期末可收回金额的确定及减值的判断与处理

练 习 题

一、思考题

1. 简述固定资产的概念及分类情况。

2. 固定资产的计价基础有哪些？

3. 简述不同方式下取得固定资产的成本构成内容。

4. 如何区别经营租赁和融资租赁？

5. 如何确定固定资产的使用寿命？估计其使用寿命时应考虑哪些因素？

6. 简述固定资产各种折旧方法及如何选择。

7. 哪些迹象表明固定资产可能已发生了减值？

8. 固定资产终止确认的条件是什么？如何确定持有待售固定资产的预计净残值？

二、单项选择题

1. 下列各项中,属于未使用固定资产的是( )。

    A. 未使用的房屋建筑物   B. 修理停用的机器设备

    C. 季节性停用的设备   D. 改扩建停用的设备

2. 如果企业购买固定资产的价款超过正常信用条件延期支付,实质上具有融资性质的,下列说法中正确的是( )。

    A. 固定资产的成本以购买价款的现值为基础确定

    B. 固定资产的成本以购买价款为基础确定

    C. 实际支付的价款与购买价款的现值之间的差额,无论是否符合资本化条件,均应当在信用期间内计入当期损益

    D. 实际支付的价款与购买价款的现值之间的差额,无论是否符合资本化条件,均应当在信用期间内资本化

3. 下列项目,不应计入固定资产入账价值的是( )。

    A. 固定资产达到预定可使用状态前发生的符合资本化条件的借款利息

    B. 固定资产购入过程中发生的运杂费

    C. 固定资产达到预定可使用状态后至竣工算前发生的借款利息

    D. 固定资产改扩建过程中领用的、用于生产产品的原材料的价值

4. 某企业是增值税一般纳税人,采用自营方式建造一条生产线,实际领用工

程物资 117 万元(含增值税)。另外领用本企业所生产的产品一批,账面价值为 50 万元,该产品适用的增值税税率为 17%,计税价格为 60 万元,在建工程人员应付职工薪酬 57 万元。假定该生产线已达到预定可使用状态,不考虑除增值税以外的其他相关税费,该生产线的入账价值为(　　)万元。

    A. 207　　　　　B. 217.2　　　　　C. 234.2　　　　　D. 232.5

5. 企业接受投资者投入的固定资产,应该按照(　　)作为固定资产的入账价值。

    A. 投资方该固定资产的原始价值

    B. 投资合同或协议约定的价值(但合同或协议约定的价值不公允的除外)

    C. 该项固定资产的重置成本

    D. 投资方该固定资产的账面价值

6. 下列各项不需要在年度终了时进行复核的是(　　)。

    A. 折旧方法　　　　　　　　　　B. 折旧范围

    C. 使用寿命　　　　　　　　　　D. 预计净残值

7. 对于单项工程报废或毁损净损失,不可能发生的会计处理是(　　)。

    A. 计入继续施工的工程成本　　　B. 计入营业外支出

    C. 计入长期待摊费用　　　　　　D. 计入当期管理费用

8. 下列各项固定资产不应计提折旧的是(　　)。

    A. 季节性停用的大型设备　　　　B. 融资租入固定资产

    C. 已提足折旧仍在使用的大型设备　　D. 经营性出租的固定资产

9. 某企业为增值税一般纳税人,2009 年 3 月 20 日购置一台需要安装的生产设备,取得的增值税专用发票上注明的设备买价 500 000 元,增值税 85 000元,支付的运杂费 1 000 元。设备安装时领用工程用材料物资 1 000 元,购进该批物资时支付的增值税额为 170 元,设备安装时支付有关人员工资费用 1 500元。假定已安装完毕交付使用,该固定资产的入账价值为(　　)元。

    A. 503 500　　　B. 602 500　　　C. 588 500　　　D. 588 670

10. 某企业一台机器设备账面原值为 300 000 元,预计净残值率为 5%,预计使用年限为 5 年,采用年数总和法计提年折旧。该设备在使用 3 年 6 个月后提前报废,报废时发生清理费用 3 000 元,取得残值收入 40 000 元。假设不考虑其他税费,则该设备报废对企业当期税前利润的影响额为(　　)元。

    A. 减少 16 000　　B. 增加 16 000　　C. 减少 3000　　D. 增加 3 000

11. 某企业与租赁公司签订了一份融资租赁固定资产的合同。合同规定:租赁期为 8 年,每年年末支付租金 100 万元,承租人担保的资产余值为 30 万元,与承租人有关的 A 公司担保余值为 20 万元,租赁期间,履约成本共 40 万元,或有

租金 30 万元。就承租人而言,最低租赁付款额为(　　)万元。

    A. 920　　　　　B. 150　　　　　C. 800　　　　　D. 850

12. 有关固定资产业务中所发生的下列费用,不属于费用化支出的是(　　)。

    A. 固定资产修理费用　　　　　　　B. 固定资产改扩建支出

    C. 固定资产达到预定可使用状态后发生的借款利息

    D. 经营租赁租入固定资产支付的租金

13. 某设备的账面原价为 900 万元,预计使用年限为 5 年,预计净残值为 15 万元,按双倍余额递减法计提折旧,该设备在第 4 年应计提的折旧额为(　　)万元。

    A. 89.7　　　　　B. 97.2　　　　　C. 95.58　　　　　D. 77.76

14. 根据《企业会计准则——固定资产》的规定,企业对未使用的固定资产也应计提折旧,计提的折旧计入当期(　　)。

    A. 制造费用　　　　　　　　　　　B. 营业费用

    C. 管理费用　　　　　　　　　　　D. 财务费用

15. 某企业出售一栋建筑物,账面原价 1 000 000 元,已使用两年,已提折旧 100 000 元,出售时发生清理费用 20 000 元,出售价格 900 000 元。销售不动产的营业税税率为 5%,该企业出售此建筑物发生的净损益为(　　)元。

    A. 净收益 20 000　　　　　　　　B. 净损失 65 000

    C. 净损失 25 000　　　　　　　　D. 净损失 20 000

16. 企业购买固定资产的价款超过正常信用条件延期支付时发生的未确认融资损益,应当在信用期间内采用实际利率法进行摊销,摊销金额不满足借款费用资本化条件的,应当在信用期间内确认为(　　)。

    A. 销售费用　　　　　　　　　　　B. 管理费用

    C. 财务费用　　　　　　　　　　　D. 固定资产

17. 某项固定资产的账面原价为 600 000 元,预计使用年限为 5 年,预计净残值率为 5%,按年数总和法计提折旧。若该项固定资产在使用的第 3 年末,因技术陈旧等原因首次计提减值准备,金额为其净值的 10%,则该项固定资产在第 3 年末的账面价值为(　　)元。

    A. 129 600　　　　　B. 182 000　　　　　C. 136 800　　　　　D. 108 000

18. 某设备固定资产原值 100 万元,已提折旧 50 万元,未计提减值准备。现准备将其出售,不再计提折旧和减值测试。如果该设备的公允价值减去处置费用后的金额为 48 万元,则应计提(　　)万元的减值损失。

    A. 0　　　　　B. 2　　　　　C. −2　　　　　D. 52

19. 某项固定资产的账面原价为 80 000 元,预计使用年限为 5 年,预计净残值为 5 000 元,按年数总和法计提折旧。若该项固定资产在使用的第 3 年末,公司在进行检查时发现,该设备有可能发生减值,现时的公允价值减去处置费用后的净额为 17 000 元,未来 2 年内持续使用以及使用寿命结束时的处置中形成的现金流量现值为 18 000 元,则该项固定资产在第 3 年末的账面价值为( )元。

    A. 20 000   B. 17 000   C. 18 000   D. 15 000

    20. 某企业 2009 年 12 月期初固定资产原值 10 000 万元。12 月增加了一项固定资产入账价值为 700 万元;同时 12 月减少了固定资产原值 350 万元;则 12 月份该企业应提折旧的固定资产原值为( )万元。

    A. 10 350   B. 10 700   C. 9 650   D. 10 000

三、多项选择题

    1. 下列选项中,构成自营在建工程成本的有( )。

    A. 企业辅助生产部门为基建工程提供的修理劳务

    B. 在建工程由于正常原因造成的报废净损失

    C. 施工过程中发生的各项待摊支出

    D. 工程项目在达到预定可使用状态之前进行试车发生的试车支出

    E. 工程完工后发生的工程物资处置净收益

    2. 影响固定资产折旧的因素主要有( )。

    A. 固定资产的预计使用寿命   B. 固定资产取得时的原始价值

    C. 固定资产的净残值   D. 已计提的固定资产减值准备

    E. 固定资产的修理费用

    3. 下列与融资租入固定资产入账价值确认有关的是( )。

    A. 租赁开始日最低收款额

    B. 租赁开始日租赁资产的公允价值

    C. 租赁开始日最低租赁收款额的现值

    D. 租赁开始日最低租赁付款额的现值

    E. 初始直接费用

    4. 关于固定资产的会计处理,下列说法中正确的有( )。

    A. 固定资产盘亏造成的损失,应当计入当期损益

    B. 与固定资产有关的后续支出,不符合资本化确认条件的,应当计入当期损益

    C. 固定资产后续支出计入固定资产成本的,应当终止确认被替换部分的账面价值

    D. 确定特殊行业的特定固定资产成本时,应当考虑预计弃置费用因素

    5. 下列各项,应通过"固定资产清理"账户借方核算的有( )。

A. 转入清理的固定资产的账面价值

B. 发生的清理费用

C. 出售固定资产的价款

D. 由保险公司或过失人赔偿的损失额

E. 残料价值和变价收入

6. 下列固定资产不应计提折旧的有（　　）。

A. 融资租入的固定资产

B. 已提足折旧仍继续使用的固定资产

C. 未提足折旧提前报废的固定资产

D. 经营租入的固定资产

E. 当月购入并投入使用的固定资产

F. 已达到预定使用状态但尚未办理竣工决算的建筑物

7.《企业会计准则——固定资产》第二十二条规定，企业应当对持有待售固定资产的预计净残值进行调整。下列说法正确的有（　　）。

A. 从划归为持有待售之日起停止计提折旧和减值测试，处置时再处理

B. 将持有待售固定资产的预计净残值调为公允价值减去处置费用

C. 如果公允价值减去处置费用之差小于原账面价值，则将原账面价值调整到预计的公允价值减去处置费用之差额。

D. 如果公允价值减去处置费用之差大于原账面价值，则不调整原账面价值

E. 固定资产的原账面价值大于预计净残值，应作为资产减值损失计入当期损益

8. 下列各项中，会引起固定资产账面价值发生变化的有（　　）。

A. 计提固定资产折旧　　　　B. 计提固定资产减值准备

C. 固定资产改扩建支出　　　D. 固定资产日常修理费用

E. 固定资产大修理费用

9. 企业在预计固定资产使用寿命时，应当考虑的因素有（　　）。

A. 预计有形损耗和无形损耗　　B. 预计生产能力或实物产量

C. 预计的清理净损益　　　　　D. 法律或类似规定对资产使用的限制

10. 下列各项中，影响固定资产清理净损益的有（　　）。

A. 盘盈固定资产的账面价值　　B. 盘亏固定资产的账面价值

C. 报废固定资产的清理费用　　D. 转让不动产应缴的营业税

四、计算及会计处理题

1. 甲公司为增值税一般纳税企业，2009 年 5 月 15 日购入需要安装的生产

设备一台,购买价格 200 万元,增值税专用发票中载明的税款为 34 万元,保险及运杂费共计 6 万元,上述款项已全部通过银行转账支付。购入后直接投入安装,安装过程中领用原材料 20 万元,另用银行存款 14 万元支付安装费用。该设备于 2009 年 6 月 30 日投入使用。甲公司按年数总和法计提折旧,该设备预计可使用 5 年,预计净残值为 15 万元。假设企业在 2010 年 12 月 31 日将设备出售,得款 140 万元存入银行,支付清理费用 2 万元,假设处置中不考虑增值税及其他相关税费。

要求:作出购入、安装生产设备、2009 年末与 2010 年末计提折旧、出售设备的账务处理。(计量单位以"万元"表示)

2.乙公司为增值税一般纳税企业,2008 年 1 月 1 日(尚未进行增值税改制)从丙公司购入大型机器设备作为固定资产使用,该设备已收到并投入使用。购货合同规定,该设备的总价款为 6 000 万元(含增值税),分 2 年支付,2008 年 12 月 31 日支付 4 000 万元,2009 年 12 月 31 日支付 2 000 万元。假设所采用的折现率为 8%,不考虑其他税费。

要求:

(1)确定该固定资产的入账价值,计算未确认融资费用的金额,并作出购买该设备的账务处理。

(2)按实际利率法分摊未确认融资费用,并作出相关账务处理。(计量单位以"万元"表示,保留小数点后两位)

3.丙公司属于增值税一般纳税企业,适用的增值税税率为 17%。丙公司 2010 年至 2013 年与固定资产有关的业务资料如下:

(1)2010 年 10 月,丙公司在生产经营期间以自营方式建造一条生产线。2010 年 10 月 11 日购入工程物资,取得的增值税专用发票上注明的价款为 1 100 万元,增值税额为 187 万元,发生保险费 39 万元,款项均以银行存款支付;工程物资已经入库。

(2)2010 年 10 月 15 日,丙公司开始以自营方式建造该生产线,当日领用工程物资,价值 1 139 万元。安装期间领用生产用原材料,实际成本为 50 万元,该原材料未计提存货跌价准备;发生安装工人薪酬 35.2 万元;没有发生其他相关税费。

工程建造过程中,由于突降暴雨造成部分工程毁损,该部分实际成本为 25 万元,未计提在建工程减值准备;可从保险公司取得赔偿款 5 万元,该赔偿款尚未收到。

工程达到预定可使用状态前进行联合试车,领用生产用实际成本为 10 万元的原材料一批(未计提存货跌价准备)。工程试运转生产的产品完工后入库,该

库存商品的估计售价(不含增值税)为 20 万元。

(3)2010 年 12 月 31 日,该生产线达到预定可使用状态,当日投入使用。该生产线预计使用年限为 5 年,预计净残值为 29.2 万元,采用直线法计提折旧。

(4)2011 年 12 月 31 日,丙公司在对该生产线进行检查时发现其发生减值。该生产线当日公允价值减去处置费用后净额为 930 万元;预计该生产线在未来 4 年内现金流量现值为 935 万元。

(5)2012 年 1 月 1 日,该生产线预计尚可使用年限为 4 年,预计净残值为 25 万元,仍采用直线法计提折旧。

(6)2012 年 6 月 30 日,生产线停止使用,丙公司采用出包方式对其进行改良。改良过程中,丙公司以银行存款支付工程总价款 78.75 万元。

(7)2012 年 8 月 20 日,改良工程完工验收合格并于当日投入使用,预计尚可使用年限为 5 年,预计净残值为 15 万元,采用直线法计提折旧。2012 年 12 月 31 日,该生产线未发生减值。

(8)2013 年 4 月 20 日,丙公司与丁公司达成协议,将该固定资产出售给丁公司,售价为 800 万元,增值税率为 17%。2013 年 4 月 30 日,丙公司与丁公司办理完毕财产移交手续,开出增值税发票并收到价款,不考虑其他相关税费。

要求:

(1)编制 2010 年 10 月 11 日购入一批工程物资的会计分录。

(2)编制 2010 年建造生产线有关会计分录。

(3)编制 2010 年 12 月 31 日该生产线达到预定可使用状态的会计分录。

(4)计算 2011 年度该生产线计提折旧额,并编制相应的会计分录。

(5)计算 2011 年 12 月 31 日该生产线应计提的固定资产减值准备金额,并编制相应的会计分录。

(6)计算 2012 年度该生产线改良前计提的折旧额,并编制相应的会计分录。

(7)编制 2012 年 6 月 30 日该生产线转入改良时的会计分录。

(8)计算 2012 年 8 月 20 日改良工程达到预定可使用状态后该生产线的成本,并编制相应的会计分录。

(9)计算 2012 年度该生产线改良后计提的折旧额,并编制相应的会计分录。

(10)编制 2013 年 4 月 30 日出售该生产线相关的会计分录。

(金额以"万元"为单位)

4.2011 年 12 月 10 日,甲公司与乙租赁公司签订了一份租赁合同。合同主要条款如下:

(1)租赁标的物:A 生产设备。

(2)起租日:2011 年 12 月 31 日。

(3)租赁期:2011 年 12 月 31 日至 2013 年 12 月 31 日。

(4)租金支付:2012 年和 2013 年每年末支付租金 500 万元。

(5)租赁期满时,A 生产设备的估计余值为 50 万元,其中甲公司担保的余值为 50 万元。

(6)A 生产设备为全新设备,2011 年 12 月 31 日的公允价值为 961.20 万元,预计使用年限为 3 年。

(7)租赁年内含利率为 6%。

(8)2013 年 12 月 31 日,甲公司将 A 生产设备归还给乙租赁公司。

A 生产设备于 2011 年 12 月 31 日运抵甲公司,当日投入使用。甲公司当日的资产总额为 2 000 万元,其固定资产均采用直线法计提折旧,与租赁有关的未确认融资费用采用实际利率法在相关资产的折旧期限内摊销。

要求:

(1)判断该租赁的类型,并说明理由。

(2)作出甲公司在起租日的相关账务处理。

(3)作出甲公司在 2012 年年末和 2013 年年末与租金支付以及其他与租赁事项相关的账务处理(假定相关事项均在年末进行账务处理)。(计量单位以"万元"表示,保留小数点后两位)

第八章　无形资产及其他资产

学习目的与要求

通过本章学习,应明确无形资产的概念、内容、特征及确认条件;掌握无形资产的初始计量及账务处理,尤其应重点掌握内部研发费用的确认和计量;掌握无形资产的后续计量及处置的处理;明确商誉只在非同一控制下的企业合并中才会确认与计量;了解其他长期资产的内容;熟悉长期待摊费用的内容及账务处理。

本章重点

一、无形资产的概念与特征

无形资产,是指企业拥有或者控制的没有实物形态的可辨认非货币性资产。与其他资产相比,无形资产一般具有如下特征:

1. 没有实物形态;
2. 具有可辨认性;
3. 属于非货币性长期资产;
4. 创造未来经济利益的能力不确定。

二、无形资产的确认

某项资产只有在符合无形资产定义的前提下,并同时满足下列条件的,才能确认为无形资产:一是与该项无形资产有关的经济利益很可能流入企业,二是该无形资产的成本能够可靠地计量。

三、无形资产的内容

无形资产主要包括专利权、非专利技术、商标权、著作权、特许经营权、土地使用权等。

四、无形资产的初始计量

无形资产应当按照成本进行初始计量。

(一)外购的无形资产

外购无形资产的成本,包括购买价款、相关税费以及直接归属于使该项资产达到预定用途所发生的其他支出。

(二)融资取得的无形资产

如果购买无形资产的价款超过正常信用条件延期支付,实质上具有融资性质的,无形资产的成本应以购买价款的现值为基础确定。实际支付的价款与确认的成本之间的差额,记入"未确认融资费用"账户,并应在信用期间采用实际利率法进行摊销,符合资本化条件的应予以资本化,不符合资本化条件的记入当期"财务费用"。

(三)自行研究开发的无形资产

企业内部研究开发项目发生的支出,应当区分研究阶段支出与开发阶段支出两个部分分别进行核算。研究阶段的支出全部费用化,计入当期损益。开发阶段的支出,满足资本化确认条件的,应予以资本化,在支出发生时先记入"研发支出——资本化支出"账户,在研发项目达到预定用途时结转确认为"无形资产";不符合资本化确认条件的,计入当期损益,在支出发生时先记入"研发支出——费用化支出"账户,到期末再将其结转记入"管理费用"。

如果确实无法区分研究阶段的支出和开发阶段的支出,应将其所发生的研发支出费用化,计入当期损益。

(四)接受投资的无形资产

投资者投入的无形资产的成本,应当按照投资合同或协议约定的价值确定,但合同或协议约定价值不公允的除外。

(五)非货币性资产交换、债务重组取得的无形资产

企业通过非货币性资产交换、债务重组方式取得无形资产的会计处理参见教材第十一章的有关论述。

(六)政府补助取得的无形资产

通过政府补助取得的无形资产成本,应当按照《企业会计准则第16号——政府补助》的规定确定。

（七）土地使用权

企业有偿取得的土地使用权通常应确认为无形资产。按照实际支付的价款，借记"无形资产"账户，贷记"银行存款"等账户。当土地使用权用于自行开发建造厂房等地上建筑物时，相关的土地使用权账面价值不转入在建工程成本，而仍作为无形资产进行核算。有关的土地使用权与地上建筑物分别按照其应摊销或应折旧年限进行摊销、提取折旧。但下列情况除外：

1.房地产开发企业取得的土地使用权用于建造对外出售的房屋建筑物，相关的土地使用权应当计入所建造的房屋建筑物成本。

2.企业外购房屋建筑物所支付的价款应当在地上建筑物与土地使用权之间进行分配；难以合理分配的，应当全部作为固定资产处理。

同时需要注意的是：用于出租或增值目的的土地使用权，不属于本章无形资产的范围，应转为"投资性房地产"进行核算。

五、无形资产的后续计量

（一）无形资产后续计量的原则

无形资产初始确认和计量后，在其后使用期间内应以成本减去累计摊销额和累计减值损失后的余额计量。要确定无形资产在使用过程中的累计摊销额，首先应分析判断其使用寿命。只有使用寿命有限的无形资产才需要在估计的使用寿命内采用系统合理的方法进行摊销；对于使用寿命不确定的无形资产则不需要摊销。

（二）使用寿命有限的无形资产

使用寿命有限的无形资产，应在其预计的使用寿命内采用系统合理的方法对其应摊销金额进行摊销。

1.应摊销金额的确定

应摊销金额是指无形资产的成本扣除其预计残值后的金额。已计提减值准备的无形资产，还应扣除无形资产减值准备的累计计提金额。

2.无形资产摊销期限的确定

无形资产的摊销期限自其可供使用时（即达到预定用途）开始，至终止确认时止。

3.无形资产的摊销方法

无形资产摊销可以采用的方法有直线法、产量法等。对某项无形资产摊销所使用的方法，应能反映与该项资产有关的经济利益的预期实现方式，并一致地运用于不同会计期间。无法可靠确定预期实现方式的，应当采用直线法摊销。

4.摊销期限和摊销方法的变更

企业应当至少于每年年度终了时,对无形资产的使用寿命及未来经济利益的实现方式进行复核。与以前估计不同的,应当改变摊销期限和摊销方法。

企业对无形资产进行摊销的金额一般应当计入当期损益。自用无形资产的摊销金额计入"管理费用";出租无形资产的摊销金额计入"其他业务成本"。某项无形资产包含的经济利益若能通过所生产的产品或其他资产实现的,其摊销金额应计入相关资产的成本。

(三)使用寿命不确定的无形资产

对于使用寿命不确定的无形资产,在持有期间内不需要摊销,但需要至少于每一会计期末进行减值测试。如经减值测试表明已发生减值,则需要计提相应的减值准备。

六、无形资产的处置

(一)无形资产的出租

无形资产的出租,是指将无形资产的使用权让渡给他人,企业仍保留对无形资产的所有权。企业出租无形资产取得的租金收入,应确认为"其他业务收入";出租无形资产的摊销额和发生的其他支出记入"其他业务成本"。

(二)无形资产的出售

无形资产的出售,是指企业将无形资产的所有权让渡给他人。企业出售无形资产,应当将取得的价款与该项无形资产账面价值的差额,作为处置非流动资产的利得或损失,记入当期营业外收支。

(三)无形资产的报废

如果某项无形资产因已被其他新技术所代替或不再受法律保护等,预期将不能为企业带来未来经济利益,不再符合无形资产的定义,则应将其报废并予以转销。转销时,应按照已计提的累计摊销,借记"累计摊销"账户;按照已计提的减值准备,借记"无形资产减值准备"账户;按无形资产的成本,货记"无形资产"账户;按其差额,借记"营业外支出"账户。

七、无形资产的期末计价

(一)无形资产减值

无形资产减值,是指无形资产的可收回金额低于其账面价值。企业在期末应当对无形资产逐项进行检查,判断资产是否存在可能发生减值的迹象,对于存在减值现象的无形资产,应当进行减值测试,计算可收回金额。将无形资产的账面价值与其可收回金额进行比较,可收回金额低于账面价值的,则要确认资产减值损失和计提无形资产减值准备。反之,如果某项无形资产的可收回金额高于其账面价值,该资产就没有发生减值,不需要确认资产减值损失和计提无形资产减值准备。

(二)无形资产减值的会计处理原则

1.当资产减值测试的结果表明,无形资产的可收回金额低于其账面价值时,企业应当按可收回金额低于账面价值的差额计提无形资产减值准备,并计入当期损益。

2.无形资产减值准备一旦计提,在以后期间不得转回。

(三)无形资产减值的会计处理

企业应设置"无形资产减值准备"账户核算企业无形资产的减值准备,该账户属于"无形资产"的调整账户。贷方登记计提的无形资产减值准备,借方登记处置无形资产时同时转销的减值准备。期末贷方余额,反映企业已计提但尚未转销的无形资产减值准备。

(四)无形资产减值准备对摊销的影响

减值准备的计提将会影响到无形资产的账面价值,进而影响到无形资产的摊销。已计提减值准备的无形资产,应当按照计提减值准备后该无形资产的账面价值以及尚可使用寿命重新确定摊销期限和摊销方法。因计提减值准备而对摊销产生的影响,应采用"未来适用法"。

八、商誉

(一)商誉的性质

传统意义上的商誉包括企业自创商誉和外购商誉两种情形。但按照我国2006年会计准则的规范,企业自创商誉并不确认,自创过程中发生的各项支出直接计入当期损益。

商誉具有如下特征:

1.商誉是一项不可辨认的资产,它与作为整体的企业有关,因而不能单独存在,也不能与企业其他各种可辨认的资产分开来单独出售。

2.有助于形成商誉的个别因素,不能用任何方法或公式进行单独的计价。因此,商誉的价值,只有在把企业作为一个整体来看时才能加以确定。

3.在企业合并时所确认的商誉的未来经济利益,可能与建立商誉过程中所发生的成本没有关系,商誉的存在,未必一定有为建立它而发生的成本。

(二)商誉的计量

1.商誉的初始计量

按照企业合并准则的规定,商誉只在非同一控制下的企业合并中确认。购买方对合并成本大于合并中取得的被购买方可辨认净资产公允价值份额的差额,应当确认为商誉;但合并成本小于所取得的净资产公允价值,不确认为商誉,而是计入合并当期损益。

商誉的计算公式为:

商誉的入账价值=购买成本-(被购买企业可辨认资产公允价值-被购买企业负债公允价值-被购买企业或有负债公允价值)

2.商誉的期末计价

(1)商誉期末计价的基本要求

企业合并中形成的商誉,在企业持续经营期间,不进行摊销,而是在每年年度终了时进行减值测试。由于商誉不能独立于其他资产产生现金流量,其减值测试必须结合相关的资产组或资产组组合。相关的资产组或者资产组组合应当是能够从企业合并的协同效应中受益的资产组或者资产组组合,不应当大于企业所确定的报告分部。

对于已经分摊商誉的资产组或资产组组合,不论是否存在资产组或资产组组合可能发生减值的迹象,每年都应当通过比较包含商誉的资产组或资产组组合的账面价值与可收回金额进行减值测试。

企业进行资产减值测试,对于因企业合并形成的商誉的账面价值,应当自购买日起按照合理的方法分摊至相关的资产组;难以分摊至相关的资产组的,应当将其分摊至相关的资产组组合。

(2)商誉减值测试的方法和会计处理

在对包含商誉的相关资产组或者资产组组合进行减值测试时,如与商誉相关的资产组或者资产组组合存在减值迹象的,应当按照下列步骤处理:

首先,对不包含商誉的资产组或者资产组组合进行减值测试,计算可收回金额,并与相关账面价值相比较,确认相应的减值损失。

其次,再对包含商誉的资产组或者资产组组合进行减值测试,比较这些相关资产组或者资产组组合的账面价值(包括所分摊的商誉的账面价值部分)与其可收回金额,如相关资产组或者资产组组合的可收回金额低于其账面价值的,应当确认商誉的减值损失。

在将商誉的账面价值分摊至相关的资产组或者资产组组合时,应当按照各资产组或者资产组组合的公允价值占相关资产组或者资产组组合公允价值总额的比例进行分摊。公允价值难以可靠计量的,按照各资产组或者资产组组合的账面价值占相关资产组或者资产组组合账面价值总额的比例进行分摊。

减值损失金额应当先抵减分摊至资产组或者资产组组合中商誉的账面价值,再根据资产组或者资产组组合中除商誉之外的其他各项资产的账面价值所占比重,按比例抵减其他各项资产的账面价值。

九、其他资产

其他资产是指企业除货币资金、交易性金融资产、应收及预付款项、存货、长期股权投资、固定资产、无形资产、商誉等以外的资产，主要包括长期性质的待摊费用和其他长期资产。

（一）长期待摊费用

长期待摊费用，是指企业已经发生但应由本期和以后各期负担的摊销期限在1年以上的各项费用。主要包括以经营租赁方式租入固定资产的改良支出等。

（二）其他长期资产

其他长期资产，一般包括国家批准储备的特种物资、银行冻结存款以及临时设施和涉及诉讼中的财产等。

其他长期资产一般不参加企业的正常生产经营周转，不需要进行摊销。但施工企业的临时设施除外。

本章难点

- 自行开发无形资产的确认与初始计量
- 无形资产的摊销
- 商誉的确认与计量

练 习 题

一、思考题

1. 简述无形资产的概念及主要内容。
2. 无形资产的可辨认标准是什么？
3. 如何区分研究阶段和开发阶段？开发阶段的支出资本化的条件有哪些？
4. 如何确定无形资产的使用寿命？估计其使用寿命时应考虑哪些因素？
5. 简述使用寿命有限的无形资产摊销方法的选择和残值的确定。
6. 简述无形资产期末减值的处理原则。
7. 简述商誉的性质和确认条件。如何对商誉进行初始计量和期末计价？

8.简述其他资产主要包括的内容及长期待摊费用的处理原则。

二、单项选择题

1.下列各项有关无形资产的表述中不正确的是（　　）。

　　A.无形资产不具有实物形态

　　B.无形资产不具有可辨认性

　　C.无形资产创造未来经济利益的能力具有不确定性

　　D.无形资产属于非货币资产

2.企业以前没有入账的土地使用权,有偿转让时按规定补交的土地出让金应当作为（　　）入账。

　　A.当期费用　　　　　　　　　B.无形资产

　　C.固定资产　　　　　　　　　D.长期待摊费用

3."研发支出"科目期末借方余额,反映（　　）。

　　A.企业正在进行无形资产研究开发项目满足资本化条件的支出

　　B.企业发生的无形资产后续支出

　　C.企业正在进行无形资产研究开发项目的全部支出

　　D.企业正在进行无形资产研究开发项目不满足资本化条件的支出

4.自行开发的无形资产,其研究阶段的支出应当全部计入的账户是（　　）。

　　A.营业外支出　　　　　　　　B.管理费用

　　C.无形资产　　　　　　　　　D.其他业务成本

5.下列各项中不属于无形资产准则规范的资产是（　　）。

　　A.非专利技术　　　　　　　　B.土地使用权

　　C.商标权　　　　　　　　　　D.商誉

6.企业摊销自用的、使用寿命确定的无形资产时,应将摊销额记入（　　）账户的贷方。

　　A.累计折旧　　　　　　　　　B.累计摊销

　　C.无形资产减值准备　　　　　D.无形资产

7.下列支出属于无形资产后续支出的是（　　）。

　　A.相关宣传活动支出　　　　　B.无形资产研究费用

　　C.无形资产开发支出　　　　　D.无形资产购买价款

8.非房地产经营企业购入或支付土地出让金取得的土地使用权,在已经开发或建造自用项目的,通常作为（　　）核算。

　　A.固定资产　　　　　　　　　B.在建工程

　　C.无形资产　　　　　　　　　D.长期待摊费用

9. 在资产负债表日,股份有限公司所持有的无形资产的账面价值高于其可收回金额的差额,应当计入(　　)账户的借方。

　　A. 管理费用　　　　　　　　　B. 其他业务成本

　　C. 资产减值损失　　　　　　　D. 营业外支出

10. 甲公司 20×7 年 1 月 10 日购入一项专利权,支付价款 200 万元。假定无形资产按照直线法在 5 年内进行摊销,预计净残值为 0。20×8 年 12 月 31 日,由于与该无形资产相关的经济因素发生不利变化,致使其发生减值,甲公司估计可收回金额为 90 万元。则至 20×9 年末,该无形资产的累计摊销额为(　　)万元。

　　A. 120　　　　　B. 110　　　　　C. 116.67　　　　　D. 106.67

11. 乙公司 20×9 年 2 月 1 日开始自行开发存货管理软件,在研究阶段发生材料费用 10 万元,开发阶段发生开发人员工资 100 万元,福利费 20 万元,支付租金 30 万元。开发阶段的支出满足资本化条件。20×9 年 5 月 20 日,乙公司自行开发成功该存货管理软件,并依法申请了专利,支付注册费 1 万元,律师费 2.5 万元,乙公司 20×9 年 6 月 10 日为向社会展示其存货管理软件,特举办了大型宣传活动,支付费用 50 万元,则乙公司该项无形资产的入账价值应为(　　)万元。

　　A. 213.5　　　　　B. 3.5　　　　　C. 163.5　　　　　D. 153.5

12. 丙公司出售所拥有的一项无形资产,取得收入 150 万元,营业税税率 5%。该无形资产取得时实际成本为 200 万元,已摊销 60 万元,已计提减值准备 25 万元。丙公司出售该项无形资产对当期税前损益的影响额为(　　)万元。

　　A. -50　　　　　B. -10　　　　　C. 150　　　　　D. 27.5

13. 下列关于无形资产的表述中,错误的是(　　)。

　　A. 当月增加的无形资产,当月进行摊销

　　B. 当月减少的无形资产,当月不再进行摊销

　　C. 购入但尚未投入使用的无形资产的价值不应进行摊销

　　D. 只有很可能为企业带来经济利益且成本能够可靠计量的无形资产才能予以确认

14. 与整个企业相关,不能单独出售,也不能用任何方法单独计量的资产是(　　)。

　　A. 特许经营权　　　　　　　　B. 长期待摊费用

　　C. 商誉　　　　　　　　　　　D. 土地使用权

15. 20×8 年 1 月 1 日,甲公司将某专利权出租给乙公司使用,每年收取租金 20 万元,适用的营业税税率为 5%。该专利权系甲公司 20×7 年 1 月 1 日购

入的,初始入账价值为 20 万元,预计使用年限为 5 年,预计净残值为 0。该无形资产按直线法摊销。假定不考虑其他因素,甲公司 20×8 年度因出租该专利权对当期营业利润的影响额为( )万元。

    A. 20   B. 15   C. 16   D. −5

三、多项选择题

1. 外购无形资产的成本,包括( )。

    A. 购买价款   B. 进口关税

    C. 其他相关税费

    D. 直接归属于使该项资产达到预定用途所发生的其他支出

2. 下列属于研究活动的是( )。

    A. 新的或经改进的材料、设备、产品、工序、系统或服务的可能替代品的配制、设计、评价和最终选择

    B. 意于获取知识而进行的活动

    C. 材料、设备、产品、工序、系统或服务替代品的研究

    D. 研究成果或其他知识的应用研究、评价和最终选择

3. 企业确定无形资产的使用寿命通常应当考虑的因素有( )。

    A. 该资产通常的产品寿命周期、可获得的类似资产使用寿命的信息

    B. 技术、工艺等方面的现阶段情况及对未来发展趋势的估计

    C. 以该资产生产的产品(或服务)的市场需求情况

    D. 现在或潜在的竞争者预期采取的行动

4. 下列关于无形资产的说法正确的有( )。

    A. 投资者投入无形资产的成本,应当按照投资合同或协议约定的价值确定,即使合同或协议约定价值不公允

    B. 如果无形资产的可收回金额低于其账面价值,应当计提减值准备,已计提的减值准备以后期间不得转回

    C. 购买无形资产的价款超过正常信用条件延期支付,实质上具有融资性质的,无形资产的成本以购买价值为基础确定

    D. 无形资产的使用寿命及摊销方法与以前估计不同的,应当改变摊销期限和摊销方法

5. 有关无形资产的摊销方法其表述正确的有( )。

    A. 无形资产的使用寿命为有限的,应当估计该使用寿命的年限或者构成使用寿命的产量等类似计量单位数量,其应摊销金额应当在使用寿命内系统合理摊销

B. 无法预见无形资产为企业带来经济利益期限的,应当视为使用寿命不确定的无形资产,不摊销

C. 企业摊销无形资产应当自无形资产可供使用的下月起,至不再作为无形资产确认时止

D. 企业选择的无形资产摊销方法,应当反映与该项无形资产有关的经济利益的预期实现方式。无法可靠确定预期实现方式的,应当采用直线法摊销

E. 无形资产的应摊销金额为其成本扣除预计残值后的金额。已计提减值准备的无形资产,还应扣除已计提的无形资产减值准备累计金额

6. 下列有关无形资产的表述中正确的是(　　)。

A. 企业内部研究开发项目研究阶段的支出应当全部计入管理费用

B. 购入但尚未投入使用的无形资产的价值不应进行摊销

C. 不能为企业带来经济利益的无形资产的账面价值应当全部转入营业外支出

D. 只有很可能为企业带来经济利益且其成本能够可靠计量的无形资产才能予以确认

7. 下列有关土地使用权的会计处理,正确的是(　　)。

A. 企业取得的土地使用权通常应确认为无形资产

B. 土地使用权用于自行开发建造厂房等地上建筑物时,土地使用权与地上建筑物一般应当分别进行摊销和提取折旧

C. 企业外购的房屋建筑物支付的价款无法在地上建筑物与土地使用权之间分配的,应当按照《企业会计准则第4号——固定资产》规定,确认为固定资产原价

D. 企业改变土地使用权的用途,将其作为用于出租或增值目的时,应将其账面价值转为投资性房地产

E. 房地产开发企业取得土地用于建造对外出售的房屋建筑物,相关的土地使用权应当计入所建造的房屋建筑物成本

四、计算及会计处理题

1. 甲股份有限公司与无形资产业务有关的资料如下:

(1)2011年2月1日,以银行存款960万元购入一块土地使用权(不考虑相关税费)。该土地使用年限为20年,采用直线法摊销。

(2)2011年6月,公司研发部门准备研究开发一项专有技术。在研究阶段,企业用银行存款支付了相关费用50万元。

(3)2011 年 8 月,上述专有技术研究成功,转入开发阶段。企业将研究成果应用于该项专有技术的设计,直接发生的研发人员薪酬、材料费(不考虑增值税)及相关设备折旧费分别为 50 万元、80 万元和 20 万元。以上开发支出满足无形资产的确认条件。

(4)2011 年 10 月,上述专有技术的研究开发项目达到预定用途,形成无形资产。甲公司预计该专有技术的使用年限为 5 年,预计净残值为 0。甲公司无法可靠确定与该专有技术有关的经济利益的预期实现方式。

(5)2012 年 12 月 31 日对该专有技术进行减值测试,预计其未来现金流量现值是 100 万元,公允价值减去处置费用后的金额为 105 万元。减值测试后该专有技术的原预计使用年限不变。

(6)2013 年 12 月 31 日,将该专有技术对外出售,取得价款 90 万元并收存银行。(假设不考虑相关税费)

要求:

(1)作出甲公司 2011 年 2 月 1 日购入土地使用权的账务处理;

(2)计算甲公司 2011 年 12 月 31 日该项土地使用权的账面价值;

(3)作出甲公司 2011 年研制开发专有技术的有关账务处理;

(4)计算专有技术 2011 年的摊销金额并作出相关账务处理;

(5)计算专有技术 2012 年的摊销金额及减值损失额,并作出相关账务处理;

(6)计算专有技术 2013 年的摊销金额,并作出相关账务处理;

(7)计算专有技术出售形成的净损益,并作出相关账务处理。(金额单位用"万元"表示)

2.海西公司发生的与无形资产有关的业务资料如下:

(1)2012 年 4 月 15 日,经公司董事会批准研发一项非专利技术用于新产品生产,至 2013 年 1 月 12 日,该项非专利技术达到预定用途。公司在研究开发过程中共消耗材料费 200 万元,研发人员工资 50 万元,用银行存款支付其他费用 30 万元。其中,符合资本化条件的支出为 220 万元。

(2)由于该项非专利技术用于公司新产品的生产,而新产品前途无法估计,故无法合理预计无形资产使用寿命。至 2013 年末,对该项非专利技术进行减值测试,预计可收回金额为 210 万元。

要求:

(1)作出与该项非专利技术研发费用相关的账务处理。

(2)该项非专利技术在 2013 年年末是否发生了减值?若发生了减值,请作出 2013 年末减值的账务处理(金额以"万元"为单位)。

第九章　流动负债

第九章　流动负债

学习目的与要求

　　通过本章学习,理解流动负债的概念、特征与计价;了解流动负债的分类情况;了解短期借款的分类,掌握短期借款的核算;掌握应付账款和应付票据的确认、计量和核算;了解职工薪酬的内容,掌握应付职工薪酬的确认原则、计量标准和会计核算;熟悉各种应交税费的核算;掌握以公允价值计量且其变动计入当期损益的金融负债的确认、计量和会计处理;理解或有事项的特征和内容;掌握或有事项形成的或有负债和或有资产;掌握预计负债的确认条件、计量和会计处理;掌握或有事项的披露。

本章重点

一、流动负债特征

我国企业会计准则规定,负债满足下列条件之一的,应当归类为流动负债:

1. 预计在一个正常营业周期中清偿。

2. 主要为交易目的而持有。

3. 在资产负债表日起一年内到期并予以清偿。

4. 企业无权自主地将清偿推迟至资产负债表日后一年以上。

　　该定义表明,流动负债除了具有负债的一般特征之外,还具有以下特点:(1)它是在债权人提出要求时即期偿付,或在一年内或一个经营期内必须偿付的债务;(2)它是要用企业的流动资产或增加流动负债来加以清偿的债务。流动负债一般按照业务发生时的金额计价。

二、短期借款的核算

短期借款的核算主要包括取得借款、借款利息、归还借款三个方面的核算。短期借款利息支出,应作为一项财务费用计入当期损益。若短期借款的利息按月计收或还本付息一次进行,但利息数额不大时,利息费用可直接计入当期损益;若短期借款的利息按季(或半年)计收或还本付息一次进行,但利息数额较大时,则可采用预提的方式按月预提、确认为费用。

三、应付账款的确认和计量

应付账款是指因购买材料、商品或接受劳务供应等而发生的一种债务。应付账款的确认时间以权责发生制为基本原则,在实际工作中,应付账款一般是在物资验收入库后,才按发票账单登记入账。

应付账款作为一项流动负债,理论上应以到期应付金额的现值入账,但由于其发生日与偿付期的时间间隔一般较短,实务中通常按应付金额入账,而不按到期应付金额的现值入账。应付账款的计量,除了考虑实际成本外,还要考虑是否存在现金折扣的问题。我国实务中,一般要求应付账款按照总价法入账,即按发票上记载的应付金额入账,并将取得的现金折扣冲减财务费用。

四、应付票据的计价与核算

应付票据是用来核算企业在商品购销活动中由于采用商业汇票结算方式而发生的、用来明确债权债务关系、具有法律效果的商业汇票。应付票据的计价与应付账款相似,其未来的偿付金额很明确,而且偿付期较短。因此,不论应付票据是否带息,通常都是按面值计价。

企业应设置"应付票据"账户进行核算。带息商业汇票期末应核算利息费用,计入财务费用;开出并承兑的商业承兑汇票如果不能如期支付的,应在票据到期时,将应付票据账面余额转入应付账款;待协商后,如果已重新签发新的票据以清偿原应付票据的,再从应付账款转入应付票据;若为银行承兑汇票,到期企业无力支付票款时,承兑银行除凭票向持票人无条件付款外,对出票人尚未支付的汇票金额转作逾期贷款处理。

五、应付职工薪酬的确认和计量

职工薪酬,是指企业为获得职工提供的服务或解除劳动关系而给予的各种形式的报酬或补偿,包括短期薪酬、离职后福利、辞退福利和其他长期职工福利。企业提供给职工配偶、子女或其他被赡养人的福利等,也属于职工薪酬。

（一）应付职工薪酬的确认原则

企业应当在职工为其提供服务的会计期间,除因解除与职工的劳动关系给予的补偿外,将应付的职工薪酬确认为负债,并根据职工提供服务的受益对象,分别计入相关资产成本或当期费用。其处理分别如下:1.应由生产产品、提供劳务负担的职工薪酬,计入产品成本或劳务成本;2.应由在建工程、无形资产负担的职工薪酬,计入建造固定资产或无形资产成本;3.上述两项之外的其他职工薪酬,计入当期损益。

（二）应付职工薪酬的计量标准

计量货币性职工薪酬时,国家规定了计提基础和计提比例的,应当按照国家规定的标准计提;国家没有规定计提基础和计提比例的,企业应当根据历史经验数据和实际情况,合理预计当期应付职工薪酬。当期实际发生金额大于预计金额的,应当补提应付职工薪酬;当期实际发生金额小于预计金额的,应当冲回多提的应付职工薪酬。

企业以其自产产品或外购商品作为非货币性福利发放给职工的,根据受益对象,按照该产品或外购商品的公允价值和相关税费,计入相关资产成本或当期损益,同时确认应付职工薪酬。企业将拥有的房屋等资产无偿提供给职工使用的,应当根据受益对象,将该住房每期应计提的折旧计入相关资产成本或当期损益,同时确认应付职工薪酬。租赁住房等资产供职工无偿使用的,应当根据受益对象,将每期应付的租金计入相关资产成本或当期损益,并确认应付职工薪酬。难以认定受益对象的非货币性福利,直接计入当期损益和应付职工薪酬。

六、应交税费的核算

应交税费,包括企业依法交纳的增值税、消费税、营业税、资源税、土地增值税、城市维护建设税、房产税、土地使用税、车船使用税、教育费附加、矿产资源补偿费、企业所得税、个人所得税等税费以及企业(保险)按规定应交纳的保险保障基金。企业应设置"应交税费"科目核算企业按照税法规定计算应交纳的各种税费,并按照应交税费的税种进行明细核算。

七、或有事项

或有事项是指过去的交易或者事项形成的,其结果须由某些未来事项的发生或不发生才能决定的不确定事项。或有事项有以下基本特征:(1)或有事项是由过去的交易或事项形成的一种状况;(2)或有事项具有不确定性;(3)或有事项的结果只能由未来事项的发生或不发生来证实;(4)影响或有事项结果的不确定因素不能完全由企业来控制。

（一）或有事项形成的或有负债和或有资产

或有负债是过去的交易或事项形成的潜在义务,其存在通过未来不确定事项的发生或不发生予以证实;或过去的交易或事项形成的现时义务,履行该义务不是很可能导致经济利益流出企业或该义务的金额不能可靠地计量。或有资产是指过去的交易或事项形成的潜在资产,其存在须通过未来不确定事项的发生或不发生予以证实。

（二）预计负债确认条件和计量

预计负债的确认是指或有事项产生的义务的确认。或有事项相关义务确认为预计负债应当同时满足以下条件:(1)该义务是企业承担的现时义务,而非潜在义务;(2)履行该义务很可能导致经济利益流出企业;(3)该义务的金额能够可靠地计量。

预计负债的初始计量按履行相关现时义务所需支出的最佳估计数计量,如果货币时间价值影响重大,应当通过对相关未来现金流出进行折现后确定最佳估计数。初始计量主要涉及两个问题:一是最佳估计数的确定;二是预期可获得的补偿的处理。预计负债的后续计量指企业应在资产负债表日对预计负债的账面价值进行复核,如有确凿证据表明该账面价值不能真实反映当前最佳估计数,应当按照当前最佳估计数调整该账面价值,差额计入当期损益。

（三）或有事项的披露

预计负债应披露:预计负债的种类、形成原因以及经济利益流出不确定性的说明;预计负债的期初、期末余额和本期变动情况;与预计负债有关的预期补偿金额和本期已确认的预期补偿金额。或有负债应披露:或有负债的种类及形成原因、包括已贴现商业承兑汇票、未决诉讼、未决仲裁、对外提供债务担保等形成的或有负债;经济利益流出不确定性的说明;或有负债预计产生的财务影响,以及获行补偿的可能性;无法预计的,应当说明原因。

企业通常不应当披露或有资产。但或有资产很可能会给企业带来经济利益的,应当披露其形成的原因、预计产生的财务影响等。在进行披露时,企业应遵循谨慎性原则。

本章难点

- 非货币性职工薪酬的计量和核算
- 应交税费的会计处理
- 预计负债的确认
- 预计负债的初始计量和后续计量

练 习 题

一、思考题

1.流动负债的组成内容有哪些？其计价体现了什么会计原则？有何利弊？

2.短期借款利息如何核算？

3.简述职工薪酬的内容、确认原则和计量标准。

4.简述辞退福利确认、计量及核算。

5.以现金结算的股份支付如何核算？

6.简述预计负债的确认条件。

7.预计负债如何计量并进行账务处理？

8.简述或有事项的披露。

二、单项选择题

1.以下各项中,属于偿付金额视情况而定的流动负债是(   )。

    A.短期借款   B.应付账款

    C.其他应交款   D.应交税费

2.若短期借款的利息按季计收,则可采用预提的方式按月预提、确认为费用,通过(   )科目核算。

    A.应付利息   B.应付账款

    C.其他应付款   D.预计负债

3.交易性金融负债初始确认时,应当按照(   )计量。

    A.历史成本   B.可变现净值

    C.摊余成本   D.公允价值

4.A公司收购免税农业产品作为原材料,实际支付款项1 000 000元,产品已验收入库,款项已经支付。假定甲公司采用实际成本进行材料日常核算,该产品准予抵扣的进项税额按买价的13%计算确定。甲公司的免税农业产品的增值税进项税额为(   )万元。

    A.7.26   B.13   C.17   D.25.5

5.B公司为增值税一般纳税人企业,因火灾毁损库存材料一批,该批原材料实际成本为50万元,保险公司赔偿40万元。该企业适用的增值税税率为17%。则毁损原材料应转出的进项税额是(   )万元。

  A.1.7   B.4   C.5.1   D.8.5

 6.甲、乙公司为增值税一般纳税人,本期甲公司委托乙公司加工材料,发出原材料成本 20 000 元,加工费用 7 000 元(不含增值税)。消费税税率 10%,材料已加工完成验收入库。并直接用于对外销售,加工费用已支付。双方的增值税税率均为 17%。该项加工后材料的实际成本为( )元。

  A.27 000   B.29 700   C.30 000   D.31 190

 7.或有事项的特征不包括( )。

  A.由过去的交易或事项形成   B.结果具有不确定性

  C.可以确认为资产或负债   D.由未来事项决定

 8.下列对或有资产的概念,理解正确的是( )。

  A.或有资产,是指未来的交易或事项形成的潜在资产,其存在须通过未来不确定事项的发生或不发生予以证实

  B.或有资产,是指过去的交易或事项形成的潜在资产,其存在须通过未来不确定事项的发生或不发生予以证实

  C.或有资产,是指未来的交易或事项形成的潜在资产,其存在须通过过去不确定事项的发生或不发生予以证实

  D.或有资产,是指过去的交易或事项形成的潜在资产,其存在须通过过去不确定事项的发生或不发生予以证实

 9.因或有事项确认的预计负债,其获得补偿金额能够基本确定的比例是指( )。

  A.大于 95%但小于 100%   B.大于或等于 95%但小于 100%

  C.大于 50%但小于 95%   D.大于 50 但小于 100%

 10.C 公司到 2011 年 9 月 30 日欠银行本息 2 000 万元,逾期未归还,2011 年 10 月 18 日提起诉讼,C 公司很可能败诉,支付的罚息在 56 万元到 74 万元之间,至 2011 年 12 月 31 日法院尚未最后判决,则 C 公司在 2011 年年底应该确认的预计负债为( )万元。

  A.56   B.65   C.68   D.74

 11.预收账款不多的企业,可以不设置"预收账款"账户,将预收账款业务在( )账户中核算。

  A.应收账款   B.应付账款   C.预付账款   D.应收票据

 12.与企业损益无关的税费是( )。

  A.房产税   B.印花税   C.增值税   D.所得税

 13.2013 年 8 月 1 日,甲公司因产品质量不合格而被乙公司起诉。至 2013 年 12 月 31 日,该起诉讼尚未判决,甲公司估计很可能承担违约赔偿责任,需要

赔偿 100 万元的可能性为 70%,需要赔偿 50 万元的可能性为 30%。甲公司基本确定能够从直接责任人处追回 30 万元。2013 年 12 月 31 日,甲公司对该起诉讼应确认的预计负债金额为(　　)。

    A. 85 万元　　　　B. 100 万元　　　　C. 70 万元　　　　D. 50 万元

14. Y 公司与 X 公司签订合同,购买 X 公司 10 件商品,合同价格每件 450 元。市场上同类商品每件为 350 元。Y 公司购买的商品全部出售给 Z 公司,单价为 400 元。如 Y 公司单方面撤销合同,应支付违约金为 1 000 元。商品尚未购入。如满足预计负债确认条件,Y 公司应确认预计负债(　　)元。

    A. 500　　　　B. 1 000　　　　C. 4 500　　　　D. 4 000

15. M 企业因提供债务担保而确认了金额为 30 000 元的一项负债,同时基本确定可以从第三方获得金额为 20 000 元的补偿。在这种情况下,M 企业应在利润表中反映(　　)。

    A. 管理费用 30 000 元　　　　　　B. 营业外支出 30 000 元
    C. 管理费用 10 000 元　　　　　　D. 营业外支出 10 000 元

16. 对职工以现金结算的股份支付,应当按照企业承担的以股份或其他权益工具为基础计算确定的负债的(　　)计量。

    A. 历史成本　　　　　　　　　　B. 公允价值
    C. 摊余成本　　　　　　　　　　D. 可变现净值

17. 企业转让无形资产所有权应交的营业税应计入(　　)。

    A. "营业税金及附加"　　　　　　B. "营业外支出"
    C. "其他业务支出"　　　　　　　D. "管理费用"

18. 企业销售不动产应交的营业税应计入(　　)。

    A. "固定资产清理"　　　　　　　B. "营业税金及附加"
    C. "其他业务支出"　　　　　　　D. "营业外支出"

三、多项选择题

1. 常见的或有事项包括(　　)。

    A. 承诺　　　　　　　　　　　　B. 未决诉讼或仲裁
    C. 亏损合同　　　　　　　　　　D. 重组义务
    E. 产品质量保证

2. 以下说法正确的有(　　)。

    A. 辞退福利是指在职工劳动合同尚未到期前,为鼓励职工自愿接受裁减而给予的补偿,职工有权利选择继续在职或接受补偿离职

    B. 辞退福利是指在职工劳动合同尚未到期前,不论职工本人是否愿意,

      企业决定解除与职工的劳动关系而给予的补偿

  C. 对于职工没有选择权的辞退计划,应当根据计划条款规定拟解除劳动关系的职工数量、每一职位的辞退补偿等计提应付职工薪酬(预计负债)

  D. 企业在职工劳动合同到期之前解除与职工的劳动关系,或者为鼓励职工自愿接受裁减而提出给予补偿的建议,同时满足一定条件的,应当确认因解除与职工的劳动关系给予补偿而产生的预计负债,同时计入当期损益

  3. 甲企业为增值税一般纳税人,委托外单位加工一批材料(属于应税消费品,且为非金银首饰)。该批原材料加工收回后用于连续生产应税消费品。甲企业发生的下列各项支出中,会增加收回委托加工材料实际成本的有(　　)。

  A. 负担的运杂费   B. 支付的加工费

  C. 支付的消费税   D. 支付的增值税

  4. 下列关于税金会计处理的表述中正确的有(　　)。

  A. 兼营房地产业务的工业企业应由当期收入负担的土地增值税,计入其他业务成本

  B. 自产的产品用于在建工程,应该视同销售交纳销项税

  C. 房地产开发企业销售房地产收到先征后返的营业税时,冲减收到当期的营业税金及附加

  D. 矿产品开采企业生产的矿产资源对外销售时,应将按销售数量计算的应交资源税计入当期营业税金及附加

  E. 委托加工应税消费品收回后直接用于销售的,委托方应将代收代缴的消费税款冲减当期应交税费

  5. 下列各项中,不应计入相关资产成本的有(　　)。

  A. 按规定计算缴纳的土地使用税

  B. 收购未税矿产品代扣代缴的资源税

  C. 委托加工应税消费品收回后直接用于销售的,由受托方代扣代缴的消费税

  D. 委托加工应税消费品收回用于连续生产应税消费品的,由受托方代扣代缴的消费税

  6. 乙公司决定为企业的部门经理每人租赁住房一套,并提供轿车一辆,免费使用,所有轿车的月折旧为 2 万元,所有外租住房的月租金为 2.5 万元,则乙公司的账务处理正确的有(　　)。

  A. 借:管理费用   20 000

   贷:应付职工薪酬   20 000

  B. 借：应付职工薪酬　　　　　　　　　　20 000

   贷：累计折旧　　　　　　　　　　　　　　20 000

  C. 借：管理费用　　　　　　　　　　　　25 000

   贷：应付职工薪酬　　　　　　　　　　　　25 000

  D. 借：应付职工薪酬　　　　　　　　　　25 000

   贷：银行存款　　　　　　　　　　　　　　25 000

7. 下列说法中正确的有（　　）。

  A. 待执行合同不属于或有事项，但待执行合同变为亏损合同的，应当作为或有事项

  B. 待执行合同变成亏损合同时，亏损合同产生的义务满足预计负债确认条件的，应当确认为预计负债

  C. 待执行合同变成亏损合同时，不管该合同是否有标的资产，都应确认相应的预计负债

  D. 企业可以将未来的经营亏损确认为负债

8. 表明企业承担了重组义务的两个条件是（　　）。

  A. 有详细、正式的重组计划

  B. 该重组计划已对外公告

  C. 重组义务满足或有事项确认条件

  D. 重组计划已经开始执行

  E. 与重组有关的直接支出已经发生

9. 重组事项主要包括（　　）。

  A. 终止企业的部分经营业务

  B. 出售企业的部分经营业务

  C. 因经营困难，与债权方进行债务重组

  D. 对企业的组织结构进行较大的调整

  E. 关闭企业的部分经营场所，或将营业活动由一个国家或地区迁移到其他国家或地区

10. 下列有关或有事项披露内容的表述中，不正确的有（　　）。

  A. 因或有事项而确认的负债应在资产负债表中单列项目反映

  B. 因或有事项很可能获得的补偿应在资产负债表中单列项目反映

  C. 当未决诉讼的披露将对企业造成重大不利影响时，可以只披露其形成的原因

  D. 已贴现商业承兑汇票形成的或有负债不论其金额大小均应披露

四、计算及会计处理题

1.A公司是一家生产电视机的企业,有职工400名,其中一线生产工人为350名,总部管理人员为50名。2011年12月,A公司通过银行转账方式发放工资475 000元,月份终了分配应付工资。其中,生产工人实发工资350 000元,代扣款项20 000元,代扣个人所得税12 000元;总部管理人员实发工资125 000元,代扣款项9 000元,代扣个人所得税6 500元。此外,A公司决定本月以其生产的电视机400台作为福利发给职工。该电视机的单位成本为2 000元,单位计税价格为3 000元,适用的增值税率为17%。要求做出A公司的账务处理。

2.甲汽车制造企业为增值税一般纳税人,2011年5月发生如下经营业务:(1)销售A型小汽车30辆给经销商,每辆不含税单价150 000元,开具税控增值税专用发票,注明价款4 500 000元,增值税765 000元,尚未收到货款;(2)当月购入原材料取得税控专用发票注明金额500 000元,进项税额85 000元,款项已支付,支付购入原材料运输费10 000元并取得普通发票;(3)当月发生意外事故损失库存原材料金额10 186元,其中含运输费186元;(4)当月取得仓库租金10 000元。(5)相关税率如下:增值税17%,消费税8%,运输费可抵扣进项税额7%,营业税5%,城市维护建设税5%,教育费附加3%。要求做出甲汽车制造企业相关账务处理。

3.丙公司为机床制造企业。2011年第一季度、第二季度、第三季度、第四季度分别销售其生产的产品200台、300台、200台和280台,每台售价为25 000元。对购买其产品的消费者,丙公司作出如下承诺:该产品售出后三年内如出现非意外事件造成的机床故障和质量问题,丙公司免费负责保修。根据以往的经验,发生的保修费一般为销售额的1‰~2‰之间。假定丙公司2011年四个季度实际发生的维修费分别为60 000元、80 000元、100 000元和100 000元;同时,假定2010年"预计负债—产品质量保证"科目年末余额为60 000元。要求:做出丙公司的相关会计处理,并计算每季度末预计负债的科目余额。

4.甲公司委托某银行向乙公司贷款5 000万元,期限2年。由于经营困难的原因,乙公司无力偿还甲公司款项。为此,甲公司依法向法院起诉乙公司。2011年12月10日,法院一审判决甲公司胜诉,责成乙公司向甲公司偿付贷款本金和利息5 500万元,并支付罚息20万元,承担诉讼费用5万元。合计5 525万元。由于资金不足等原因,乙公司未能履行判决,至2011年12月31日。甲公司也未采取进一步措施。

要求:分别说明甲、乙公司对此事项如何处理。需要确认和披露的,写出分录和简单披露;不需要确认的,只作简单披露。

　　5. 甲公司 2010 年 9 月与乙公司签订商品销售合同,约定乙公司按合同要求定制一批商品,在 2011 年 3 月向甲提供销售 1 000 件商品,单位成本估计为 1 500 元,合同单价 1 600 元;合同规定,如果甲公司在 2011 年 3 月末未按时交货,延迟交货的商品单价降为 1 400 元。2010 年 12 月,甲公司因生产线损坏,估计只能按时提供 900 件商品,其余 100 件尚未投入生产,估计在 2011 年 5 月交货。

　　要求:做出甲公司对该项或有事项的相关会计处理。

第十章　　　　　　　　**长期负债**

学习目的与要求

　　通过本章学习,理解长期负债的概念、特征,了解长期负债的分类情况;理解借款费用的内容,掌握借款费用的确认及资本化金额的确定;理解长期借款的概念及其分类,掌握长期借款的核算;理解应付债券的性质及其分类,掌握债券发行价格的确定及债券发行的会计核算,掌握债券溢价与折价摊销,以及债券延迟发行和债券偿还的核算;理解可转换公司债券的性质和特点,掌握可转换公司债券发行及其转换的核算;理解长期应付款的特点,掌握应付补偿贸易引进设备款和应付融资租赁款的特点及其会计处理。

本章重点

一、长期负债的概念与特征

　　长期负债是指偿还期在1年或者超过1年的一个营业周期以上的债务。长期负债具有负债的一般特征。此外,长期负债还具有以下几个特点:

　　1.债务的偿还期限较长,一般都超过1年或者一个营业周期以上;

　　2.举借长期负债的目的是为了扩展经营规模,增加长期耐用的各种固定资产、如新建大型机械设备、购置地产、增建或扩建厂房等,而不是为了满足生产周转的需要;

　　3.债务的金额较大,长期负债的金额一般都比较大,由于长期负债的数额较大,所以企业必须按计划在长期负债到期之前事先筹措偿债所需资金;

　　4.长期负债可以采用分期偿还的方式,或者分期偿还利息,待一定日期后再偿还本金,或者在债务到期时一次偿还本息。

二、借款费用的确认

借款费用是指企业因借款而发生的利息及其他相关成本,包括借款利息、折价或者溢价的摊销、辅助费用以及因外币借款而发生的汇兑差额等。

(一)借款费用应予资本化的资产和借款范围

企业发生的借款费用,可直接归属于符合资本化条件的资产的购建或者生产的,应当予以资本化,计入符合资本化条件的资产成本。其他借款费用,应当在发生时根据其发生额确认为财务费用,计入当期损益。

所谓可予以资本化的借款,就是指能够将其所产生的利息费用及其他相关成本纳入某项资产成本的借款。资本化的借款范围不仅限于专门借款,还包括企业为购建或者生产符合资本化条件的资产占用的一般借款。

(二)借款费用资本化的条件

在明确借款费用确认的基本原则和借款费用予以资本化的资产范围之后,就需要确定开始资本化的时间。借款费用允许开始资本化必须同时满足三个条件:

1.资产支出已经发生。资产支出包括支付现金、转移非现金资产和承担带息债务形式所发生的支出;

2.借款费用已经发生;

3.为使资产达到预定可使用或者可销售状态所必要的购建或者生产活动已经开始。

符合资本化条件下的资产在购建或者生产过程中发生非正常中断,且中断时间连续超过3个月的,应当暂停借款费用的资本化。在中断期间发生的借款费用应当确认为费用,计入当期损益,直至资产的购建或者生产活动重新开始。如果中断是所购建或者生产的符合资本化条件的资产达到预定可使用或者可销售状态必要的程序,借款费用的资本化应当继续进行。当购建或者生产符合资本化条件的资产达到预定可使用或者可销售状态时,借款费用应当停止资本化。在符合资本化条件的资产达到预定可使用或者可销售状态之后所发生的借款费用,应当在发生时根据其发生额确认为费用,计入当期损益。

三、借款费用资本化金额的确定

(一)借款利息资本化金额的确定

资本化期间内,每一会计期间的利息资本化金额,不应当超过当期相关借款实际发生的利息金额。

1.专门借款利息资本化金额的确定

$$\begin{matrix} \text{专门借款当期} \\ \text{的资本化金额} \end{matrix} = \begin{matrix} \text{每一会计期间} \\ \text{实际发生的} \\ \text{利息费用} \end{matrix} - \begin{matrix} \text{专门借款利息} \\ \text{尚未动用的} \\ \text{借款资金的} \\ \text{利息收入} \end{matrix} - \begin{matrix} \text{尚未动用的借款} \\ \text{资金暂时性投资} \\ \text{取得的投资收益} \end{matrix}$$

2.一般借款利息资本化金额的确定

$$\begin{matrix} \text{每一会计期间利息} \\ \text{的资本化金额} \end{matrix} = \begin{matrix} \text{至当期末止购建固定资产} \\ \text{累计支出加权平均数} \end{matrix} \times \begin{matrix} \text{资本} \\ \text{化率} \end{matrix}$$

(1)累计支出加权平均数的确定

$$\begin{matrix} \text{累计支出} \\ \text{加权平均数} \end{matrix} = \Sigma \left(\begin{matrix} \text{每笔资产} \\ \text{支出金额} \end{matrix} \times \begin{matrix} \text{每笔资产支出占用的天数} \\ \hline \text{会计期间涵盖的天数} \end{matrix} \right)$$

(2)资本化率的确定

如果为购建或者生产符合资本化条件的资产只占用一笔一般借款,则资本化率即为该项借款的利率。如果为购建或者生产符合资本化条件的资产占用一笔以上的一般借款,则资本化率为这些借款的加权平均利率。其中,加权平均利率按如下公式计算:

$$\begin{matrix} \text{一般借款} \\ \text{加权平均利率} \end{matrix} = \frac{\text{所占用一般借款当期实际发生的利息之和}}{\text{所占用一般借款本金加权平均数}} \times 100\%$$

(二)借款辅助费用资本化金额的确定

辅助费用是企业为了安排借款而发生的必要支出。为购建或者生产符合资本化条件的资产而借款所发生的辅助费用也应当资本化,计入相关资产成本。

(三)外币专门借款汇兑差额资本化金额的确定

出于简化核算的考虑,在资本化期间内,外币专门借款本金及其利息的汇兑差额,应当予以资本化,计入符合资本化条件的资产的成本。而除外币专门借款之外的其他外币借款本金及其利息的汇兑差额应当作为财务费用,计入当期损益。

四、长期借款特征

长期借款是企业从银行或其他金融机构借入的,偿还期在 1 年或超过 1 年的一个营业周期以上的负债。长期借款与短期借款存在一个重要的区别,即"长期借款"账户不仅核算借款本金,而且核算借款利息,而"短期借款"账户仅核算借款本金,短期借款利息则通过"应付利息"账户核算。

五、应付债券

应付债券又称企业债券,是企业为筹集长期资金而向社会、个人及其他经济组织发售的、按约定方式支付本金和利息的一种借款凭证。

（一）债券的发行

企业发行债券时，如果发行费用大于发行期间冻结资金所产生的利息收入，按发行费用减去发行期间所产生的利息收入后的差额，记入"应付债券——利息调整"借方；如果发行费用小于发行期间冻结资金所产生的利息收入，按发行期间冻结资金所产生的利息收入减去发行费用后的差额，视同发行债券的溢价收入，记入"应付债券——利息调整"贷方，在债券存续期间于计提利息时摊销。

（二）债券的溢价与折价摊销

企业债券的溢价或折价，并不是出售债券的利益或损失，而是由于债券发行时票面利率不同于市场利率而对利息费用所作的调整。发行企业每期的利息费用，可以用公式表示如下：

利息费用＝应付利息－溢价摊销

利息费用＝应付利息＋折价摊销

债券溢价或折价的摊销，是指将债券溢价和折价在整个债券存续期间内逐期分摊的处理程序。通过摊销，债券到期时应付企业债券账面价值与债券面值相一致。债券溢价和折价的摊销方法，有直线法和实际利率法两种。我国现行会计准则要求采用实际利率法。

实际利率法是以债券发行时的实际利率，乘以每期期初债券的账面价值，求得该期的利息费用，利息费用与应付利息的差额，即为该期溢价或折价的摊销额，用公式表示如下：

溢价摊销＝应付利息－利息费用

折价摊销＝利息费用－应付利息

其中：

利息费用＝每期期初债券的账面价值×市场利率

（三）债券的延迟发行

企业债券在发行日（或起息日）之后售出时，实务上为了便于统一按规定的付息期和票面利息支付债券利息，而不一一为不同的购买日期的债券持有者分别计算与支付不同的债券利息，就需要在原定发行日的债券发行价之外，加收债券购买者在下一个付息日可多收的从发行日（或上一个付息日）至债券发售日之间的实际应得债券利息。相应的要对延迟发行债券的利息费用和溢价或折价进行必要调整。

（四）可转换公司债券

可转换公司债券，是指债券发行合同规定债券持有者可以在一定期间之后，按规定的转换比率或转换价格,将持有的债券转换成股票的公司债券。

我国发行可转换公司债券采取记名式无纸化方式发行,债券最短期限为3年,最长期限为5年。在会计核算中,企业发行的可转换公司债券作为长期负债,在"应付债券"总账下设置"可转换公司债券"明细账户进行核算。对于可转换公司债券发行时的会计处理选择问题上,我国现行会计准则要求确认转换权价值,将债券本身与转换权价值分别入账。

对于可转换公司债券发行公司而言,可转换公司债券在未转换为股份前,其会计处理与一般公司债券相同,按期计提利息,并摊销溢价或折价。对于购买可转换公司债券的企业,在未行使转换权时,其会计处理则与一般债权投资相同,也应按期计提利息、摊销溢价或折价。我国目前则要求可转换公司债券转换时按账面价值法进行核算。

六、长期应付款

长期应付款是指企业除长期借款和应付债券以外的各种长期应付款项。包括采用补偿贸易方式引进国外设备价款应付的租赁费、融资租入固定资产的租赁费等。

应付补偿贸易引进设备款是根据企业与外商签订补偿贸易合同,而引进外国设备所形成的一项长期负债。在会计处理上有三个特点:

1.企业引进设备时,在增加企业资产价值的同时形成一笔长期负债;

2.在应付引进设备款的还款期内,因汇率发生变化而产生的汇兑差额,按借款费用处理原则进行处理;

3.用引进设备生产的产品归还设备价款时,视同产品销售进行处理。

应付融资租赁款,是指企业采用融资租赁方式租入固定资产而形成的长期负债。融资租入的固定资产,按租赁开始日租赁资产的公允价值与最低租赁付款额的现值两者中较低者作为入账价值,按最低租赁付款额确认长期应付款,并将两者的差额作为未确认融资费用。未确认融资费用应当在租赁期内各个期间进行分摊。承租人应当采用实际利率法计算确认当期的融资费用。在租赁谈判和签订租赁合同过程中承租人发生的可直接归属于租赁项目的初始直接费用,如印花税、佣金、律师费、差旅费等,应当计入租入资产价值。承租人应当采用与自有固定资产相一致的折旧政策计提租赁资产折旧。

本章难点

- 借款费用的确认
- 借款费用资本化金额的确定
- 债券的溢价与折价摊销
- 可转换公司债券发行与转换的核算

练 习 题

一、思考题

1. 长期负债有哪些特征?
2. 借款费用应如何确认?
3. 借款费用资本化金额如何确定?
4. 长期借款如何进行会计处理?
5. 债券的溢价与折价如何摊销?
6. 债券延迟发行的价款和利息费用如何确定?
7. 简述可转换公司债券发行与转换会计处理的要点。
8. 简述应付补偿贸易引进设备款的特点及会计处理。

二、单项选择题

1. A 股份有限公司于 2011 年 1 月 1 日发行 3 年期,每年 1 月 1 日付息、到期一次还本的公司债券,债券面值为 200 万元,票面年利率为 5%,实际利率为 6%,发行价格为 194.65 万元。按实际利率法确认利息费用。该债券 2011 年度确认的利息费用为( )万元。

    A. 9.73   B. 10   C. 11   D. 11.68

2. B 企业 2011 年 1 月 1 日发行的 2 年期公司债券,发行价格 193 069 元,债券面值 200 000 元,每半年付息一次,到期还本,票面利率 10%,实际利率 12%。采用实际利率法摊销溢折价,2011 年 12 月 31 日应付债券的账面余额( )元。

    A. 193 069.21   B. 194 653.04   C. 196 332.33   D. 200 000

3.甲公司 2010 年 1 月 1 日按面值发行三年期可转换公司债券,每年 1 月 1 日付息、到期一次还本的债券,面值总额为 10 000 万元,票面年利率为 4％,实际利率为 6％。债券包含的负债成分的公允价值为 9 465.40 万元,2011 年 1 月 1 日,某债券持有人将其持有的 5 000 万元本公司可转换公司债券转换为 100 万股普通股(每股面值 1 元)。甲公司按实际利率法确认利息费用。甲公司发行此项债券时应确认的"资本公积—其他资本公积"的金额为(   )万元。

    A.0   B.267.3   C.534.60   D.600

4.乙公司于 2009 年 1 月 1 日发行 5 年期、一次还本、分期付息的公司债券,每年 12 月 31 日支付利息。该公司债券票面利率为 5％,面值总额为 300 000 万元,发行价格总额为 313 347 万元;支付发行费用 120 万元,发行期间冻结资金利息为 150 万元。假定该公司每年年末采用实际利率法摊销债券溢折价,实际利率为 4％。2011 年 12 月 31 日该应付债券的账面余额为(   )万元。

A.308 712.12	B.307 926.04
C.306 316.03	D.308 348.56

5.丙上市公司 2011 年 1 月 1 日发行 20 000 万元的可转换公司债,该可转换公司债券发行期限为 3 年,票面利率为 2％,按年度付息,债券发行 1 年后可转换为股票。丙公司实际发行价格为 19 250 万元(忽略发行费用略),同期普通债券市场利率为 5％,丙公司初始确认时负债成分和权益成分的金额分别是(   )万元。

A.19 250,0	B.18 366.05,883.95
C.18 366.05,0	D.19 250,883.95

6.在借款费用资本化期间内,对于专门借款闲置资金产生的利息收入或投资收益应(   )。

A.计入营业外收入	B.计入投资收益
C.冲减财务费用	D.冲减借款利息资本化的金额

7.固定资产在购建过程中发生非正常中断,且中断时间为 4 个月,在此期间发生的购建固定资产的专项借款费用,应计入(   )。

A.财务费用	B.在建工程
C.营业外支出	D.管理费用

8.企业发行债券所获得的溢价收入实质是(   )。

A. 为以后多付利息而得到的补偿	B. 为以后少付利息而付出的代价
C. 本期利息收入	D. 以后期间的利息收入

9.折价发行债券情况下,债券的账面价值会(   )。

A.不变	B.逐渐减少

C.逐渐增加 　　　　　　　D.有时增加,有时减少

10.债券的发行费用应当( )。

A.计入当期财务费用 　　　　B.冲减债券溢价收入

C.作为债券折价费用处理

D.根据情况记入"应付债券——利息调整"账户的借方或贷方

11.A公司为建造厂房于2011年4月1日从银行借入2 000万元专门借款,借款期限为2年,年利率为6%。2011年7月1日,A公司采取出包方式委托B公司为其建造该厂房,并预付了1 000万元工程款,厂房实体建造工作于当日开始。该工程因发生施工安全事故在2011年8月1日至11月30日中断施工,12月1日恢复正常施工,至年末工程尚未完工。该项厂房建造工程在2011年度应予资本化的利息金额为( )万元。

A.80 　　　　B.40 　　　　C.30 　　　　D.10

12.C企业于2011年1月1日用专门借款开工建造一项固定资产,2011年12月31日该固定资产全部完工并投入使用,该企业为建造该固定资产专门借入的款项有两笔:第一笔为2011年1月1日借入的800万元,借款年利率为8%,期限为2年;第二笔为2011年7月1日借入的500万元,借款年利率为6%,期限为3年;该企业2011年计算资本化的借款费用时所使用的资本化率为( )。

A.6.80% 　　　B.6.89% 　　　C.7.0% 　　　D.7.52%

三、多项选择题

1."长期应付款"科目核算的内容主要有( )。

A.应付经营租入固定资产的租赁费

B.以分期付款方式购入固定资产发生的应付款项

C.采用补偿贸易方式引进国外设备价款

D.应付融资租入固定资产的租赁费

2.专门借款(不含辅助费用)开始资本化的条件应同时包括( )。

A.资产支出已经发生

B.借款费用已经发生

C.为使资产建造活动的开始所需的专项物资准备工作已经完备

D.为使资产达到预定可使用状态所必需的购建活动已经开始

3.企业发行公司债券,可能会在"应付债券"科目下设置的明细科目有( )。

A.面值 　　　　　　　B.利息调整

C. 应计利息   D. 债券费用

4. 采用实际利率法进行债券的溢/折价摊销,下列表述中正确的是( )。

    A. 各期债券的溢价摊销额呈下降趋势

    B. 各期债券的溢价摊销额呈上升趋势

    C. 各期债券的折价摊销额呈下降趋势

    D. 各期债券的折价摊销额呈上升趋势

5. 长期应付款的具体负债形式与其他长期负债的形式相比,其特有的特征是( )。

    A. 负债金额大   B. 偿还期限长

    C. 以实物为信贷资金载体   D. 计价常涉及外币与人民币比例的变动

6. 关于应付债券的溢价与折价,说法正确的是( )。

    A. 债券溢价是企业发行债券的收益

    B. 债券溢价是发行公司预先收回其整个债券有效期内多付的利息

    C. 债券折价是企业发行债券的损失

    D. 债券折价是发行公司对债券购买者整个债券有效期内少收的利息的补偿或预付

7. 对于分期付息、一次还本的债券,应于资产负债表日按摊余成本和实际利率计算确定的债券利息,可能借记的会计科目有( )。

    A. 在建工程   B. 制造费用

    C. 财务费用   D. 研发支出

    E. 应付利息

8. 我国会计实务中,生产经营期间为购建固定资产而发生的长期借款利息费用,可能记入( )科目。

    A. 在建工程   B. 财务费用

    C. 长期借款   D. 长期待摊费用

    E. 应付利息

9. 关于可转换公司债券,下列说法正确的是( )。

    A. 发行可转换公司债券时,应按实际收到的款项记入"应付债券(可转换公司债券)"科目

    B. 发行可转换公司债券时,实际收到的金额与该可转换公司债券包含的负债成分的公允价值的差额记入"资本公积——其他资本公积"科目

    C. 发行可转换公司债券时,应按该可转换公司债券包含的负债成分的公允价值记入"应付债券(可转换公司债券)"科目

    D. 发行可转换公司债券时,应按实际收到的款项记入"资本公积"科目

10. 企业按补偿贸易方式引进设备时,应按设备的外币金额和规定的汇率折合为人民币记账,其中设备的外币金额包括( )。

A. 设备价款　　　　　　　B. 随同设备一起进口的工具零配件价款

C. 进口关税　　　　　　　D. 国外运杂费

E. 国内运杂费

四、计算及会计处理题

1. 甲公司 2010 年 1 月 1 日从银行取得专门借款用于建造厂房,专门借款本金 5 000 万元,发生并支付借款辅助费用 10 万元,借款期限为 2 年,年利率为 6%,到期一次还本付息。专门借款中未支出部分存入银行,假定月利率 0.1%。公司按年计算应予资本化的利息金额(每年按照 360 天计算,每月按照 30 天计算)。发生有关业务如下:

(1)2010 年 1 月 1 日,工程正式动工兴建;

(2)2010 年 1 月 1 日,支付工程进度款 4 000 万元;

(3)2010 年 7 月 1 日,支付工程进度款 5 000 万元,累计支出 9 000 万元;

(4)2010 年 9 月 1 日,因工程发生重大安全事故而停工;

(5)2011 年 1 月 1 日,工程重新开工,支付工程进度款 1 000 万元,累计支出 10 000 万元;

(6)2011 年 7 月 1 日,支付工程进度款 1 000 万元,累计支出 11 000 万元;

(7)2011 年 12 月 31 日,工程完工已经达到了预定可使用状态。

厂房的建造还占用两笔一般借款:

(1)从银行取得的长期借款 4 000 万元,期限 2009 年 11 月 1 日—2012 年 11 月 1 日,年利率 6%,按年支付利息。

(2)发行公司债券 2 亿元,发行日为 2009 年 1 月 1 日,期限 5 年,年利率 8%,按年支付利息。

假定该公司按年计算应予资本化的利息金额(每年按照 360 天计算,每月按照 30 天计算)。

要求:

(1)计算借款辅助费用资本化金额并编制会计分录;

(2)2010 年和 2011 年专门借款利息资本化的金额;

(3)计算 2010 年、2011 年一般借款利息资本化的金额;

(4)编制有关会计分录。

2. 乙公司于 2010 年 1 月 1 日,为建造厂房借入 1 000 万美元专门借款,年利率 8%,期限 2 年,假定不考虑其他因素。合同约定,每年 1 月 1 日支付当年利息,到期还本。厂房于 2010 年 1 月 1 日开始动工,2011 年 6 月 30 日完工,达到预期可使用状态,期间支出如下:

2010 年 1 月 1 日,支出 200 万美元;2010 年 7 月 1 日,支出 500 万美元;2011 年 1 月 1 日,支出 300 万美元。

记账本位币为人民币,外币业务采用外币业务发生时当日市场汇率折算。相关汇率如下:2010 年 1 月 1 日,市场汇率 1 美元=6.8 元人民币;2010 年 12 月 31 日,市场汇率 1 美元=6.9 元人民币;2011 年 1 月 1 日,市场汇率 1 美元=6.7 元人民币;2011 年 6 月 30 日,市场汇率 1 美元=6.8 元人民币。

要求:计算外币借款汇兑差额资本化金额,并编制会计分录。

3.2008 年 12 月 31 日,甲公司经批准发行 3 年期一次还本、分期付息的公司债券 10 000 000 元,债券利息在每年 12 月 31 日支付,票面利率为年利率 6%。假定债券发行时的市场利率为 5%。甲公司该批债券实际发行价格为 10 271 980 元。

根据上述资料,采用实际利率法和摊余成本计算确定的利息费用,填入下表。并编制有关会计分录。

利息费用计算表

单位:元

付息日期	应付利息	利息费用	溢价摊销	应付债券账面价值
2008 年 12 月 31 日				
2009 年 12 月 31 日				
2010 年 12 月 31 日				
2011 年 12 月 31 日				
合　　计				

4.甲上市公司(以下简称甲公司)经批准于 2007 年 1 月 1 日以 40 000 万元的价格(不考虑相关税费)发行面值总额为 40 000 万元的可转换公司债券。该可转换公司债券期限为 5 年,票面年利率为 4%,实际利率为 6%。自 2008 年起,每年 1 月 1 日付息。自 2008 年 1 月 1 日起,该可转换公司债券持有人可以申请按债券转换日的账面价值转为甲公司的普通股(每股面值 1 元),初始转换价格为每股 10 元,不足转为 1 万股的部分按每股 10 元以现金结清。

其他相关资料如下:

(1)2007 年 1 月 1 日,甲公司收到发行价款 40 000 万元,所筹资金用于某流水线设备的技术改造项目,该技术改造项目于 2007 年 12 月 31 日达到预定可使用状态并交付使用。

(2)2008年1月2日,该可转换公司债券的40%转为甲公司的普通股,相关手续已于当日办妥;未转为甲公司普通股的可转换公司债券持有至到期,其本金及最后一期利息一次结清。

假定:①甲公司采用实际利率法确认利息费用;②每年年末计提债券利息和确认利息费用;③2007年该可转换公司债券借款费用的100%计入该技术改造项目成本;④不考虑其他相关因素;⑤利率为6%、期数为5期的普通年金现值系数为4.2124,利率为6%、期数为5期的复利现值系数为0.7473;⑥按实际利率计算的可转换公司债券的现值即为其包含的负债成分的公允价值。

要求:

(1)编制甲公司发行该可转换公司债券的会计分录。

(2)计算甲公司2007年12月31日应计提的可转换公司债券利息和应确认的利息费用。

(3)编制甲公司2007年12月31日计提可转换公司债券利息和应确认的利息费用的会计分录。

(4)编制甲公司2008年1月1日支付可转换公司债券利息的会计分录。

(5)计算2008年1月2日可转换公司债券转为甲公司普通股的股数。

(6)编制甲公司2008年1月2日可转换公司债券转为普通股有关的会计分录。

(7)计算甲公司2008年12月31日至2011年12月31日应计提的可转换公司债券利息、应确认的利息费用和"应付债券——可转换公司债券"科目余额。

(8)编制甲公司2012年1月1日未转换为股份的可转换公司债券到期时支付本金和利息的会计分录。("应付债券"科目要求写出明细科目,答案中的金额单位用万元表示)

第十一章 债务重组与非货币性资产交换练习

学习目的与要求

通过本章学习,理解债务重组的概念和方式;掌握债务重组日的确定,了解以资产清偿债务、将债务转为资本、修改其他债务条件等债务重组方式;掌握债务人的会计处理以及资产转让损益和债务重组收益的计算;掌握债权人的会计处理以及受让资产价值和债务重组损失的计算。

理解非货币性资产交换的概念;掌握非货币性资产交换的认定、非货币性资产交换是否具有商业实质的判断;掌握非货币性资产交换的计量及其会计处理。

本章重点

一、债务重组

1.债务重组的概念

债务重组,是指在债务人发生财务困难的情况下,债权人按照其与债务人达成的协议或者法院的裁定做出让步的事项。

债务重组日即为债务重组完成日,即债务人履行协议或法院裁定,将相关资产转让给债权人,将债务转为资本或修改后的债务条件开始执行的日期。

2.债务重组的方式

债务重组的方式主要有:以资产清偿债务;将债务转为资本;修改其他债务条件,如减少债务本金、减少债务利息等,但不包括前述两种方式;以上三种方式的组合等。

(1)以资产清偿债务。指债务人转让其资产给债权人以清偿债务。用以偿债的资产主要有：现金、股权投资、存货、固定资产、无形资产等。其中以现金清偿债务的，是指以低于债务的账面价值的现金清偿债务。

（2）将债务转为资本。指债务人将债务转为资本，同时债权人将债权转为股权，债务人因此增加股本增加长期股权投资。

（3）修改其他债务条件，不包括前述两种方式在内的债务条件变更，如减少债务本金、减少债务利息。

（4）以上三种方式的组合。比如用现金清偿一项债务的某一部分，再通过修改其他债务条件进行债务重组。

3. 债务重组的会计处理

（1）以资产清偿债务

以资产清偿债务包括以现金清偿债务和非现金资产清偿债务。

①以现金清偿债务

债务人：应当在满足金融负债终止确认条件时终止确认重组债务，并将重组债务的账面价值与实际支付现金之间的差额，确认为债务重组利得，计入营业外收入。

债权人：应当在满足金融资产终止确认条件时，终止确认重组债权，并将重组债权的账面金额与收到的现金之间的差额，确认为债务重组损失，计入营业外支出。债权人已对债权计提减值准备的，应当先将该差额冲减减值准备，减值准备不足以冲减的部分，计入营业外支出；冲减后减值准备仍有余额的，应予以转回并抵减当期资产减值损失。

②以非现金资产清偿债务

在符合金融资产和负债终止确认条件时：

债务人：重组债务账面价值与转让非现金资产公允价值之差计入营业外收入；转入非现金资产公允价值与其账面价值之差，分别计入当期营业外收入和成本、营业外收入或支出、投资损益。

债权人：对受让的非现金资产按其公允价值入账，并将重组债权的账面余额与受让的非现金资产的公允价值之间的差额，确认为债务重组损失，计入营业外支出。

（2）将债务转为资本

在符合金融资产和负债终止确认条件时：

债务人：将债权人放弃债权而享有的股份面值总额确认为股本（或实收资本），股份的公允价值总额与股本（或实收资本）之间的差额确认为资本公积，重组债务账面价值与股份的公允价值总额之间的差额确认为债务重组利得，计入当期营业外收入。

债权人：将因放弃债权而享有股份的公允价值确认为债务人的投资，重组债权的账面余额与股份公允价值之间的差额，确认为债务重组损失，计入营业外支出。

(3)修改其他债务条件

①不附或有条件的债务重组

债务人：将修改其他债务条件后债务的公允价值作为重组后债务的入账价值。重组债务的账面价值与重组后债务的入账价值之间的差额，计入当期损益。

债权人：将修改其他债务条件后债权的公允价值作为重组后债权的账面价值，重组债权的账面余额与重组后债权的账面价值之间差额，计入当期损益。

②附有或有条件的债务重组

债务人：修改后的债务条款如涉及或有金额，且该或有应付金额符合预计负债确认条件的，将该或有应付金额确认为预计负债。重组债务的账面价值与重组后债务的入账价值和预计负债金额之和的差额，作为债务重组利得，计入营业外收入。

债权人：修改后的债务条款中涉及或有应收金额的，不应当确认或有应收金额，不得将其计入重组后债权的账面价值。

(4)混合重组方式

债务人：应当依次将支付的现金、转让的非现金资产公允价值、债权人享有股份的公允价值冲减重组债务的账面价值，再按照修改其他债务条件方式的规定进行处理。

债权人：应当依次以收到的现金、接受的非现金资产公允价值、债权人享有股份的公允价值冲减重组债权的账面余额，再按修改其他债务条件方式的规定进行处理。

二、非货币性资产交换

1.非货币性资产交换的认定

非货币性资产交换是交易双方主要以存货、固定资产、无形资产和长期股权投资等非货币性资产进行的交换，不涉及或是只涉及少量货币性资产。

涉及少量的货币性资产通常以补价占整个资产交换金额的比例低于 25% 作为参考。

补价÷整个交易金额<25%

收到补价方：收到的补价÷换出资产公允价值<25%

支付补价方：支付的补价÷(支付的补价＋换出资产公允价值)<25%

2.具有商业实质且公允价值可以可靠计量的非货币性资产交换

商业实质主要指的是:(1)换入资产的未来现金流量在风险、时间和金额方面与换出资产显著不同。这主要包括有:未来现金流量的风险、金额相同,时间不同;未来现金流量的时间、金额相同,风险不同;未来现金流量的风险、时间相同,金额不同。(2)换入资产与换出资产的预计未来现金流量现值不同,且其差额与换入资产和换出资产的公允价值相比是重大的。

(1)不涉及补价的非货币性资产交换

换入资产和换出资产的公允价值均能可靠计量的,以换出资产的公允价值作为确定换入资产成本的基础,便有确凿证据表明换入资产的公允价值更加可靠的除外。

换入资产的公允价值=换出资产的公允价值+相关税费

换出资产公允价值与换出资产账面价值的差额计入当期损益。

(2)涉及补价的非货币性资产交换

支付补价方:

换入资产的入账价值=换出资产公允价值+补价+应支付的相关税费

换入资产成本与换出资产账面价值加上支付的补价、应支付的相关税费之和的差额,计入当期损益,即:

应确认的收益=换入资产的成本-(换出资产账面价值+补价+相关税费)

收到补价方:

换入资产的入账价值=换出资产的公允价值-补价+相关税费

换入资产成本加收到的补价之和与换出资产的账面价值加应支付的相关税费之和的差额,应计入当期损益,即:

应确认的收益=换入资产的成本+补价-(换出资产账面价值+应支付的相关税费)

(3)同时换入多项资产的非货币性资产交换

换入的各项资产应当按照换入各项资产的公允价值占换入资产公允价值总额的比例,对换入资产的总额进行分配,确定各项换入资产的成本

3.以账面价值为基础计量的非货币性资产的交换

如果非货币性资产交换不具有商业实质,或是非货币性资产虽具有商业实质但换入或换出的资产的公允价值不能可靠计量的,换入资产的成本按照换出资产的账面价值加上应支付的相关税费确定,不确认损益

(1)不涉及补价情况下非货币性资产交换

换入的非货币性资产总的入账价值=换出资产的账面价值+相关税费

(2)涉及补价情况下的非货币性资产交换

支付补价方：

换入资产入账价值＝换出资产的账面价值＋补价＋应支付的相关税费

收到补价方：

换入资产入账价值＝换出资产的账面价值－补价＋应支付的相关税费

（3）同时换入多项资产的非货币性资产交换

换入的各项资产应当按照换入各项资产的原账面价值占换入资产原账面价值总额的比例，对换入资产的成本总额进行分配，确定各项换入资产的成本。

本章难点

- 附或有条件的债务重组的确认和计量
- 混合债务重组的处理
- 非货币性资产交换的商业实质
- 以公允价值计量的非货币性资产交换损益的确认

练习题

一、思考题

1. 债务重组发生的条件及债权人做出的让步存在哪几种情形？

2. 债务重组日如何确定？

3. 债务重组的利得应当如何确认？债务人及债权人分别如何进行处理？

4. 简述在附有或有条件的债务重组中，债务人及债权人是如何进行会计处理的。

5. 简述混合债务重组中的债务抵偿顺序。

6. 简述非货币性资产交换的认定条件。

7. 简述非货币性资产交换中商业实质的判定标准。

8. 以公允价值为基础计量的非货币性资产交换损益如何确认？

9. 涉及补价的非货币性资产交换，其换入资产的入账价值如何确认？

10. 同时换入多项资产时，如何确认各项资产的入账价值？

二、单项选择题

1.债务重组是指债权人在债务人发生财务困难时,依据有关的法律法规(　　)

　　A.债权人自动放弃其权利的行为

　　B.债务人请求债权人放弃其权利的行为

　　C.债权人对债务人作出某种让步的行为

　　D.债务人不再偿还债务的行为

2.A公司欠B公司1 500万元贷款,到期日为2011年11月30日。A公司因为财务困难,经协商于2011年12月10日与B公司签订债务重组协议,规定A公司以价值1 450万元的商品抵偿全部债务。2011年12月25日,B公司收到该商品并验收入库,2011年12月28日办理了有关债务解除手续。该债务重组日为(　　)。

　　A.2011年11月30日　　　　　　　　B.2011年12月10日

　　C.2011年12月25日　　　　　　　　D.2011年12月28日

3.发生债务重组时,债权人对于受让非现金资产过程中发生的运杂费、保险费等相关费用,应计入(　　)。

　　A.管理费用　　　　　　　　　　　　B.其他业务成本

　　C.营业外支出　　　　　　　　　　　D.接受资产的价值

4.债务人以低于应付债务账面价值的现金清偿债务,支付的现金低于应付债务账面价值的差额,应当计入(　　)。

　　A.盈余公积　　　　　　　　　　　　B.资本公积

　　C.营业外收入　　　　　　　　　　　D.其他业务收入

5.在以非现金资产抵偿债务时,债权人因债务重组发生的损失,应计入(　　)科目。

　　A.营业外支出　　　　　　　　　　　B.管理费用

　　C.财务费用　　　　　　　　　　　　D.有关非现金资产的成本

6.2011年5月2日,A公司销售一批材料给B公司,含税价为150 000元;2011年7月1日,B公司发生财务困难,无法按合同规定偿还债务,经双方协议,A公司同意B公司用产品抵偿该应收账款。该产品市价为100 000元,增值税税率为17%,产品成本为88 000元。B公司为转让的材料计提了存货跌价准备1 000元,A公司为债权计提了坏账准备500元。若不考虑相关税费,A公司应确认的债务重组损失为(　　)元。

　　A.44 500　　　　　　B.32 500　　　　　　C.0　　　　　　D.33 000

7. 2011 年 3 月 15 日,A 公司销售一批材料给 B 公司,同时收到 B 公司签发并承兑的一张面值为 100 000 元,年利率为 8％,6 个月期,到期还本付息的票据。当年 9 月 10 日,B 公司发生财务困难,无法兑现票据。经双方协议,A 公司同意 B 公司用一台设备抵偿该应收票据。这台设备的历史成本为 120 000 元,累计折旧为 30 000 元,清理费用等 1 000 元,计提的减值准备为 9 000 元,公允价值为 90 000 元。A 公司未对债权计提坏账准备。假定不考虑其他相关税费。B 公司应确认的债务重组利得和资产转让损益分别为(　　)元。

A. 12 500,8 000　　　　　　　　　B. 8 000,10 000

C. 9 000,8 000　　　　　　　　　　D. 14 000,8 000

8. 2010 年 12 月 31 日,A 公司销售一批材料给 B 公司,含税价为 490 000 元。2011 年 6 月 1 日,B 公司发生财务困难,经协商,A 公司同意 B 公司将其一项长期股权投资用于抵偿债务。该项长期股权投资的账面余额为 451 500 元,计提的相关减值准备为 52 500 元,公允价值为 42 0000 元。B 公司转让该项长期股权投资时发生相关费用 2 100 元,A 公司以相关债权提取了 70 200 元坏账准备。假定不考虑其他相关税费。B 公司应确认的债务重组利得和资产转让损益分别为(　　)元。

A. 70 000,18 900　　　　　　　　B. 18 900,70 000

C. 67 900,21 000　　　　　　　　D. 70 000,21 000

9. 以债务转为资本清偿债务时,债权人应按(　　)作为受让的股权的入账价值。

A. 重组债权的账面价值　　　　　B. 重组债权的账面余额

C. 股权的公允价值　　　　　　　D. 股权的账面价值

10. A 企业应收 B 企业款项共计 55 万元,由于 B 企业财务困难,经修改负债条件后,A 企业同意将此债务再延期一年,并免除 15 万的债务,A 企业经重组后的应收账款余额为(　　)万元。

A. 54　　　　B. 70　　　　C. 40　　　　D. 59

11. 以修改其他债务条件进行债务重组时,债权人应将或有收益(　　)。

A. 计入未来应收金额　　　　　　B. 计入营业外收入

C. 不进行账务处理　　　　　　　D. 计入管理费用

12. 债务人以现金、非现金资产、债务转为资本方式的组合清偿某项债务的一部分,并对该债务的另一部分以修改其他债务条件进行债务重组的,对上述支付方式应考虑的前后顺序是(　　)

A. 现金、非现金资产、债务转为资本、修改其他债务条件

B. 现金、非现金资产、修改其他债务条件、债务转为资本

C. 现金、债务转为资本、非现金资产、修改其他债务条件

D. 非现金资产、债务转为资本、现金、修改其他债务条件

13. 下列资产中,不属于货币性资产的是( )。

A. 银行存款　　　　　　　　B. 应收账款

C. 准备持有至到期的债券投资　D. 预付账款

14. 在确定涉及补价的交易是否为非货币性资产交换时,支付补价的企业,应当按照支付的补价占( )的比例等于或低于25%确定。

A. 换出资产的公允价值

B. 换出资产的公允价值加上支付的补价

C. 换入资产的公允价值加上补价

D. 换出资产的公允价值减补价

15. 在确定涉及补价的交易是否为非货币性资产交换时,收到补价的企业,应当按照收到的补价占( )的比例等于或低于25%确定。

A. 换出资产的公允价值

B. 换入资产的公允价值

C. 换出资产的公允价值加上补价

D. 换出资产的公允价值减补价

16. 以下交易形式,属于非货币性资产交换的是( )。

A. 以准备持有至到期的债券投资与存货相交换

B. 以固定资产与无形资产相交换

C. 以无形资产与准备持有至到期的债券投资相交换

D. 以准备持有至到期的债券投资与股权投资相交换

17. 下列业务中,属于非货币性资产交换的是( )。

A. 以公允价值30万元的小汽车一辆换取生产设备一台,另支付补价10万元

B. 以公允价值20万元小汽车一辆换取生产设备一台,另支付补价5万元

C. 以公允价值80万元的机器设备一台换取电子设备一台,另收到补价24万元

D. 以公允价值50万元的生产设备一台换取电子设备一台,另收到补价25万元

18. 在非货币性资产交换中,如果同时换入多项资产,非货币性资产交换具有商业实质,且换入资产的公允价值能够可靠计量的,应当按照( )的比例,对换入资产的成本总额进行分配,确定各项换入资产的入账价值。

    A.换入各项资产的账面价值与换入资产账面价值总额

    B.换入各项资产的公允价值与换入资产公允价值总额

    C.换出各项资产的账面价值与换出资产账面价值总额

    D.换出各项资产的公允价值与换出资产公允价值总额

  19.A公司以一台甲设备换入D公司的一台乙设备。甲设备的账面原价为22万元,已提折旧3万元,已提减值准备3万元,其公允价值为20万元。D公司另向A公司支付补价2万元。两公司资产交换具有商业实质,A公司换入乙设备应计入当期收益的金额为( )万元。

    A.4   B.0   C.14.4   D.−4

  20.A公司以一台设备甲换入B公司的一台设备乙。甲设备的账面原价为50万元,已提折旧2万元,已提减值准备2万元,其公允价值为50万元。B公司另向A公司支付补价5万元。A公司支付清理费用0.2万元。假定A和B公司的商品交换不具有商业实质。A公司换入的乙设备的入账价值为( )万元。

    A.40.8   B.41   C.41.2   D.45.2

三、多项选择题

  1.关于债务重组准则,下列说法正确的是( )。

    A.债务重组一定是债权人按照其与债务人达成的协议或者法院的裁定做出让步的事项

    B.只要债务条件发生变化,无论债权人是否做出让步,均属于债务重组

    C.债务重组一定是在债务人发生财务困难情况下发生的

    D.债务重组既包括持续经营情况下的债务重组也包括非持续经营情况下的债务重组

  2.债务重组的方式有( )。

    A.以资产清偿债务

    B.将债务转为资本

    C.修改其他债务条件,如减少债务本金、减少债务利息等,不包括上述A和B两项

    D.以上三种方式的组合

  3.以下属于债务人发生财务困难,债权人做出让步的有( )。

    A.同意债务人以低于重组债务账面价值的非现金资产清偿债务

    B.同意债务将来偿还债务,但是金额高于重组债务账面价值的金额

    C.同意债务人现在以低于重组债务账面价值的金额偿还债务

D.同意债务人将来以低于重组债务账面价值的金额偿还债务

4.债务重组中以现金清偿债务的,下列说法正确的有(　　)。

A.债权人未对应收债权计提减值准备,债权人应当将重组债权的账面余额与收到的现金之间的差额,计入当期损益

B.债权人已对债权计提减值准备的,应当先将该差额冲减减值准备,减值准备不足以冲减的部分,计入当期损益

C.债权人已对债权计提减值准备的,债权人实际收到的款项小于应收债权账面价值的差额,计入当期损益

D.债权人已对债权计提减值准备的,债权人实际收到的款项大于应收债权账面价值的差额,计入资本公积

5.下列属于以资产清偿债务的有(　　)。

A.以固定资产清偿债务　　　　　　　　B.将债务转资本

C.以存货清偿债务　　　　　　　　　　D.以有价证券清偿债务

6.关于债务重组准则中以非现金清偿债务的,下列说法正确的是(　　)。

A.债务人以非现金资产清偿债务的,债务人应当将重组债务的账面价值与转让的非现金资产公允价值之间的差额,确认为资本公积,计入所有者权益

B.债务人以非现金资产清偿债务的,债务人应当将重组债务的账面价值与转让的非现金资产公允价值之间的差额,确认为营业外支出,计入当期损益

C.债务人以非现金资产清偿债务的,债务人应当将重组债务的账面价值与转让的非现金资产公允价值之间的差额,计入当期损益

D.债务人转让的非现金资产公允价值与其账面价值之间的差额,计入当期损益

7.关于债务重组中将债务转为资本的,下列说法正确的有(　　)。

A.债务人应当将债权人放弃债权而享有股份的面值总额确认为股本(或实收资本),股份的公允价值总额与股本(或实收资本)之间的差额确认为资本公积

B.债务人应当将债权人放弃债权而享有股份的面值总额确认为股本(或实收资本),股份的公允价值总额与股本(或实收资本)之间的差额确认为债务重组利得

C.债权人享有股份面值确认为对债务人的投资

D.债权人享有股份公允价值确认为债务的人投资

8.关于债务重组中修改其他债务条件的,下列说法中正确的有(　　)。

A. 修改其他债务条件的,债务人应当将修改其他债务条件后债务的公允价值作为重组后债务的入账价值。重组债务的账面价值与重组后债务的入账价值之间的差额,计入当期损益

B. 修改其他债务条件的,债务人应当将修改其他债务条件后债务的公允价值作为重组后债务的入账价值。重组债务的账面价值与重组后债务的入账价值之间的差额,计入资本公积

C. 修改后的债务条款如涉及或有应付金额且符合有关预计负债确认条件的,债务人应当将该或有应付金额确认为预计负债。重组债务的账面价值,与重组后债务的入账价值与预计负债金额之和的差额,计入当期损益

D. 修改后的债务条款如涉及或有应付金额,无论是否符合有关预计负债确认条件的,债务人应当将该或有应付金额确认为预计负债。重组债务的账面价值,与重组后债务的入账价值与预计负债金额之和的差额,计入当期损益

9. 在混合重组方式下,以下会计处理正确的有( )。

A. 债权人依次以收到的现金、接受的非现金资产原账面价值、债权人享有股份的面值冲减重组债权的账面余额

B. 债权人依次以收到的现金、接受的非现金资产公允价值、债权人享有股份的公允价值冲减重组债权的账面余额

C. 债务人依次以支付的现金、转让的非现金资产公允价值、债权人享有股份的公允价值冲减重组债务的账面价值,再按照修改其他债务条件的相关规定处理

D. 债务人依次以支付的现金、转让的非现金资产账面价值、债权人享有股份的账面价值冲减重组债务的账面价值,再按照修改其他债务条件的相关规定处理

10. 下列资产中,属于非货币性资产的是( )。

A. 存货   B. 固定资产
C. 可出售金融资产   D. 准备持有至到期债券投资

11. 下列资产中,属于货币性资产的是( )。

A. 库存现金   B. 银行存款
C. 应收账款   D. 交易性金融资产

12. 关于非货币性资产交换,下列说法正确的是( )。

A. 只要非货币性资产交换具有商业实质,就应当以公允价值和应支付的相关税费作为换入资产的成本

B. 只要换出资产的公允价值能够可靠确定,就应当以其公允价值和应支付的相关税费作为换入资产的成本

C. 若换入资产的未来现金流量在风险、时间和金额方面与换出资产显著不同,则该非货币性资产交换具有商业实质

D. 若换入资与换出资产的预计未来现金流量现值不同,且其差额与换入资产和换出资产的公允价值相比是重大的,则该非货币性资产交换具有商业实质

13. 如果非货币性资产交换不具有商业实质,且涉及的补价占整个资产交换金额的比例低于 25%,下列说法中正确的有(   )。

A. 支付补价的,应当以换出资产的账面价值,加上支付的补价和应支付的相关税费,作为换入资产的成本,不确认损益

B. 收到补价的,应当以换出资产的账面价值,减去收到的补价,加上应支付的相关税费,作为换入资产的成本,不确认损益

C. 收到补价的,应当以换出资产的账面价值,减去收到的补价,加上应支付的相关税费,作为换入资产的成本,并确认非货币性交易损益

D. 支付补价的,换入资产成本与换出资产账面价值加支付的补价、应支付的相关税费之和的差额,计入当期损益

14. 下列项目中,属于非货币性资产交换的是(   )。

A. 以公允价值 100 万元的设备换取一项长期股权投资

B. 以公允价值 100 万元的存货和 5 万元存款换取 2 辆载重汽车

C. 以公允价值 300 万元的厂房和 150 万元存货,换取一项土地使用权

D. 以公允价值 100 万元的设备换取一处库房,同是收到 26 万元的补价

15. 以下关于非货币性资产交换会计处理中,正确的是(   )。

A. 不能确认非货币性交易损益

B. 当换出资产账面价值小于换出资产价值时,交易实现时确认收益

C. 符合公允价值计价条件时,换出资产账面价值与换出资产公允价值的差确认为当期相关损益

D. 符合账面价值计价条件时,不确认相关损益

四、计算及会计处理题

1. A 企业和 B 企业均为一般纳税企业。A 企业于 2010 年 4 月 30 日向 B 企业出售一批产品,销售款共计 1 755 万元(含增值税);B 企业于当日开出期限为 6 个月的票面年利率为 10% 的商业承兑汇票以抵价款。票据到期日,A 企业将该应收票据按其到期价值转入应收账款,不再计算利息,并对该项应收债权计提

了 150 万坏账准备。B 企业由于财务困难,于 2010 年 12 月 31 日与 A 企业达成债务重组协议:

(1)B 企业于当日通过银行转账支付 10 万元。

(2)B 企业以产品一批偿还部分债务 70.2 万元,该批产品的账面价值为 50 万元。市价 60 万元,应交增值税 10.2 万元。B 企业开出增值税专用发票,A 企业将该产品作为产成品入库。

(3)A 企业同意减免剩余债务的 20%,并将偿还期延至 2011 年 12 月 31 日。

要求:

(1)分别计算 A、B 企业的债务重组损失和利得;

(2)分别编制 A、B 企业相应的债务重组会计分录。

2.A 公司于 2010 年 1 月 31 日销售一批商品给 B 公司,销售价款为了 2 000 万元,增值税率为 17%,同时收到 B 公司签发并承兑的一张期限为 6 个月的商业承兑汇票。票据到期,B 公司因发生财务困难,无法按期兑付该票据本息,A 公司将该票据按到期价值转入应收账款,不再计息,并对该应收账款计提了 10% 的坏账准备。2010 年 12 月,B 公司与 A 公司商议进行债务重组,债务重组协议及其相关资料如下:

(1)免除 80 万元债务。

(2)B 公司以一台设备抵偿部分债务,该设备账面原价为 150 万元,累计折旧为 30 万元,计提的减值准备 20 万元,公允价值为 100 万元。以银行存款支付清理费用 10 万元。该设备于 2009 年 12 月 31 日运抵 A 公司。

(3)将上述债务中的 1 500 万元转为 B 公司 900 万股普通股,每股面值为 1 元。B 公司于 2009 年 12 月 31 日办理了有关增资批准手续,并向 A 公司出具了出资证明。

(4)豁免剩余债务的 35%,并将剩余债务偿还期限延长至 2011 年 12 月 31 日,并从 2010 年 1 月 1 日起按 3% 的年基本利率收取利息。同时规定,B 公司如果年实现利润总额超过 300 万元,则年利率上升到 4%,如果低于 300 万元,则仍维持 3% 的年利率。

要求:

(1)计算 A、B 公司重组债权债务的账面余额;

(2)计算 A、B 公司重组后将来应收应付金额以及预计负债;

(3)计算重组损失、收益和资产转让收益、资本公积;

(4)写出 A、B 公司债务重组的会计分录。

3.因业务需要,房地产 A 企业将自身开发建造的一处房产与 B 企业持有的长期股权投资进行交换。A 企业换出的房产其账面价值为 6 800 万元,公允价值为 8 500 万元。B 企业换出的长期股权投资的账面价值为 6 000 万元,公允价值为 7 500 万元,B 企业另行以银行存款向 A 企业支付了 1 000 万元补价。

假定两企业均未计提减值准备,两企业资产交换具有商业实质,分别编制两企业有关资产置换的会计分录。

4. A 公司为了经营需要,经与 B 公司协商,将其生产用的厂房、原材料与 B 公司的仓库、机器设备交换(均作为固定资产核算)。A 公司换出的厂房的账面原价值为 3 500 000 元,已提折旧 700 000 元,公允价值为 2 500 000 元;换出的原材料的账面价值为 4 800 000 元,公允价值和计税价格均为 5 000 000 元。

B 公司换出的仓库账面原价为 3 500 000 元,已提折旧 1 050 000 元,公允价值为 2 500 000 元,换出的机器设备账面原值为 6 000 000 元,已提折旧为 2 000 000元,公允价值为 4 200 000 元,另支付补价 80 万元。

假定 A、B 均为增值税一般纳税人,税率为 17%,不考虑除增值税以外的相关税费,且该交易具有商业实质,公允价值均能可靠计量,分别做出其账务处理。

第十二章　　所有者权益

学习目的与要求

　　通过本章学习,应明确所有者权益的性质及构成内容;熟悉各种企业组织形式;掌握实收资本投入及增减变动的核算;掌握资本公积的来源、用途与核算;明确留存收益的主要内容;掌握盈余公积的计提、使用等相关账务处理;掌握未分配利润的形成与核算。

本章重点

一、所有者权益的性质与构成

　　所有者权益亦称产权,是指企业资产扣除负债后由所有者享有的剩余权益。企业正常经营期间,所有者权益的计量并不需要单独计算,它的计量依赖于资产和负债的计量。

　　所有者权益按其构成可分为实收资本、资本公积和留存收益三部分。

二、实收资本

（一）实收资本的概念

　　实收资本是指所有者在企业注册资本金范围内实际投入的资本。实收资本(股本)按照投资主体的不同,可分为国家资本金、法人资本金、个人资本金和外商资本金四种。

　　投资者可以用货币出资,也可以用实物、知识产权、土地使用权等可以用货币估价并可以依法转让的非货币财产作价出资;但是,法律、行政法规规定不得作为出资的财产除外。

（二）企业的组织形式

对企业组织形式的划分，国际上通行的是按企业资产经营的法律责任分类，把企业组织形式分为两种基本类型：非公司制企业组织和公司制组织。非公司制企业又分为独资企业和合伙企业；公司制企业分为有限责任公司和股份有限公司。

（三）实收资本投入的核算

1. 独资、合伙企业的投入资本

独资、合伙企业的投资者投入的资本金全部作为实收资本入账，在接受投资的过程中不产生资本公积。

在会计上，为了核算投资者投入的资本，可以设置"实收资本"账户，投资者投入资本时，借记有关资产账户，贷记该账户。与独资企业不同的是，合伙人企业的实收资本除了记入"实收资本"总账外，还应分别按各合伙人设资本账户进行明细核算。

2. 有限责任公司的投入资本

对有限责任公司来说，企业的实收资本应等于企业的注册资本。在企业增资扩股时，如有新投资者加入，新加入的投资者缴纳的出资额大于按约定比例计算的其在注册资本中所占的份额部分，不记入"实收资本"账户，而应记入"资本公积——资本溢价"账户。

3. 股份有限公司的投入资本

股份公司将企业的全部资本划分为等额股份，并通过发行股票方式来筹集资本。为了核算股东的投入资本，公司应设置"股本"总账账户，并按股票种类及股东单位或姓名设置明细账。公司在核定的股本总额范围内，发行股票取得的相当于股票面值的部分，应记入"股本"账户；发行股票取得的超过股票面值的部分，应记入"资本公积——股本溢价"账户。

（1）按面值发行股票及发行费用的会计核算

公司按面值发行股票时，应按实际收到的金额，借记"银行存款"，发生的手续费、佣金等发行费用，借记"长期待摊费用"，按股票面值，贷记"股本"。

（2）溢价发行股票及发行费用的会计核算

公司溢价发行股票，其发行费用应从溢价收入中扣除，若有余额，作为股本溢价，记入"资本公积——股本溢价"账户。若溢价不足于弥补发行费用，应将不足支付的发行费用直接计入当期"财务费用"。

4. 外币投资的核算

按照外币折算准则规定，企业收到投资者以外币投入的资本，无论是否有合同约定汇率,均不采用合同约定汇率和即期汇率的近似汇率折算,而是采用收到出资当日的即期汇率折算。这样,外币投入资本与相应的货币性项目的记账本位币金额相等,不产生外币资本折算差额。

(四)实收资本增减变动的核算

1.实收资本增加的核算

实收资本的增加主要有如下途径:新投资者的介入或投资者增加资本、资本公积转增资本、盈余公积转增资本、股份公司分配股票股利、债务重组中债务转为资本、可转换债券到期转为股本、股份期权行权转为资本等。

(1)资本公积、盈余公积转增资本

采用资本公积或盈余公积转增资本时,企业应按照转增金额,借记"资本公积"、"盈余公积"账户,贷记"实收资本"或"股本"账户。

(2)股票股利

股份公司分配的股票股利,应在办理增资手续后,借记"利润分配——转作股本的普通股股利"账户,贷记"股本"账户。

(3)债务转为资本

企业在债务重组中将债务转为资本的,应按重组债务的账面价值,借记"应付账款"等账户,按债权人因放弃债权而享有本企业的股份的面值总额,贷记"实收资本"或"股本"账户,按股份的公允价值与面值之间的差额,贷记或借记"资本公积——资本溢价或股本溢价"账户,按重组债务的账面价值与股份的公允价值之间的差额,确认为债务重组利得,贷记"营业外收入——债务重组利得"账户。

(4)可转换债券到期转为股本

公司将可转换公司债券到期转为股本时,应按"应付债券——可转换公司债券"账户的余额,借记"应付债券——可转换公司债券"账户,按"资本公积——其他资本公积"账户中属于该项可转换公司债券的权益部分的金额,借记"资本公积——其他资本公积"账户,按股票面值和转换股数计算的股票面值总额,贷记"股本"账户,按实际用现金支付的不可转换为股票的部分,贷记"银行存款"等账户,借贷方的差额,贷记"资本公积——股本溢价"账户。

(5)股份期权行权转为资本

公司以权益结算的股份支付换取职工或其他方提供服务的,应按权益工具授予日的公允价值,借记"管理费用"等账户,贷记"资本公积——其他资本公积"账户。在行权日,按实际行权的权益工具数量计算确定的金额,借记"资本公积——其他资本公积"账户,按应计入实收资本或股本的金额,贷记"实收资本"或"股本"账户,按其差额,贷记"资本公积——资本溢价(股本溢价)"账户。

2.实收资本减少的核算

所有者投入到企业的资本,除《公司法》允许的情况外,一般不允许抽回。但符合《公司法》规定的可以减少注册资本,如企业发生重大亏损、资本过剩、回购股份用于奖励职工、按照协议归还股东投资等。

(1)除股份有限公司外的其他企业减资

除股份有限公司以外的其他企业因资本过剩而减资,经企业登记机关批准后,应按向投资者归还的投资款金额,借记"实收资本"账户,贷记"银行存款"等账户。

(2)股份有限公司回购本公司股票而减资

公司股东要求公司按照合理价格收购其股权时,公司应设置"库存股"账户,核算公司收购的、转让或注销的本公司股份金额。

股份有限公司收购本公司股票时,按实际回购价借记"库存股"账户,贷记"银行存款"等账户。库存股注销时,按注销成本贷记"库存股";按照注销的股票面值总额,借记"股本"账户,库存股成本高于股本的部分,依次冲减"资本公积——股本溢价"、"盈余公积"和"利润分配——未分配利润"账户;库存股成本低于股本的部分,增加"资本公积——股本溢价"账户。

(3)因严重亏损而减资

公司因严重亏损而减资,一般采用注销资本的办法,实际上就是用资本弥补亏损。公司注销资本时,借记"实收资本"或"股本"账户,贷记"利润分配——未分配利润"账户。

三、资本公积

(一)资本公积的性质

资本公积通常是指投资者投入到企业、所有权归属于投资者、并且投入金额超过法定资本份额的资金以及直接计入所有者权益的利得和损失等。

(二)资本公积的形成来源及其用途

资本公积的形成有其特定的来源,主要可分为两个方面:一是资本溢价或股本溢价;二是其他资本公积。企业的资本公积主要用于转增资本。

(三)资本公积的核算

公司应设置"资本公积"账户核算资本公积的增减变动及结存情况,贷方登记资本公积的增加,借方登记资本公积的减少,该账户可按照核算内容分别"资本溢价(股本溢价)"、"其他资本公积"进行明细核算。

1.资本(股本)溢价的核算

资本溢价是指有限责任公司股东的出资额大于其在注册资本中所占份额的差额。股本溢价是指股份有限公司在发行股票时,实际收入的资金超过股票面值的差额。

2.债务转为资本

具体会计处理参见教材第十一章有关论述或《企业会计准则第12号——债务重组》。

3.其他资本公积的核算

(1)权益法核算长期股权投资的,被投资企业净损益以外所有者权益的其他变动

企业的长期股权投资采用权益法核算的,在持股比例不变的情况下,被投资企业净损益以外的所有者权益变动时,企业应按持股比例计算应享有的份额,借记或贷记"长期股权投资——其他权益变动"账户,贷记或借记"资本公积——其他资本公积"账户。

(2)股份期权行权转为资本

公司以权益结算的股份支付换取职工或其他方提供服务的,应按照权益工具授予日的公允价值,借记"管理费用"等相关成本费用账户,贷记"资本公积——其他资本公积"账户。

在行权日,按实际行权的权益工具数量计算确定的金额,借记"资本公积——其他资本公积"账户,按应计入股本的金额,贷记"股本"账户,按其差额,贷记"资本公积——资本溢价(股本溢价)"账户。

(3)投资性房地产公允价值的变动

企业自用房地产或存货转换为采用公允价值模式计量的投资性房地产时,应按转换日的公允价值,借记"投资性房地产"账户,按其账面价值,借记或贷记相关资产账户,转换日公允价值大于原账面价值的差额,贷记"资本公积——其他资本公积"账户。处置该项投资性房地产时,应转销与其相关的其他资本公积。

(4)持有至到期投资与可供出售金融资产的相互转化

企业将持有至到期投资重分类为可供出售金融资产的,应在重分类日按该项持有至到期投资的公允价值,借记"可供出售金融资产"账户,按持有至到期投资的账面余额,贷记"持有至到期投资——投资成本、利息调整、应计利息"账户,按借贷方差额,贷记或借记"资本公积——其他资本公积"账户。已计提减值准备的,还应同时结转减值准备。

企业将可供出售金融资产重分类为采用摊余成本计量的金融资产时,应在重分类日,按该项可供出售金融资产的公允价值,借记"持有至到期投资"等账户,贷记"可供出售金融资产"账户。对于有固定到期日的,与其相关的原记入"资本公积——其他资本公积"的金额,应在该项金融资产的剩余期限内,在资产

负债表日,按实际利率法计算确定的摊销金额,转入"投资收益"账户。对于没有固定到期日的,与其相关的原记入"资本公积——其他资本公积"的金额,应在处置该项金融资产时转入"投资收益"账户。

(5)可供出售金融资产公允价值的变动

资产负债表日,可供出售金融资产的公允价值高于其账面余额的,按差额借记"可供出售金融资产——公允价值变动"账户,贷记"资本公积——其他资本公积"账户。公允价值低于其账面余额的,作相反的账务处理。

确定可供出售金融资产发生减值的,按应减记的金额,借记"资产减值损失"账户,贷记"可供出售金融资产——公允价值变动"账户。同时,按应从所有者权益中转出的累计损失,借记"资产减值损失"账户,贷记"资本公积——其他资本公积"账户。已确认减值损失的可供出售金融资产的公允价值上升高于其账面余额的,应按原确认的减值损失,借记"可供出售金融资产——公允价值变动"账户,贷记"资产减值损失"账户;但可供出售金融资产为股票等权益工具投资的(不含在活跃市场上没有报价、公允价值不能可靠计量的权益工具投资),借记"可供出售金融资产——公允价值变动"账户,贷记"资本公积——其他资本公积"账户。

(6)现金流量套期时,有效套期工具的公允价值变动

按照套期工具准则的规定,现金流量套期满足运用套期会计方法条件的,套期工具利得或损失中属于有效套期的部分,应当直接确认为所有者权益,并单列项目反映。

四、留存收益

(一)留存收益的性质与内容

根据《中华人民共和国公司法》等有关法规的规定,企业实现的净利润除国家另有规定外,一般情况下,必须严格按照下列顺序进行分配:

1.弥补以前年度亏损

2.提取法定盈余公积金

3.提取任意盈余公积金

4.向投资者分配利润

可见,企业所实现的净利润不是全部分配给投资者,而是将一部分留存于企业内部,这部分留存在企业内部、来源于生产经营活动中所实现的净利润的收益即是留存收益。

所以,留存收益是指归所有者所共有的,由经营收益转化而成的所有者权益,主要包括盈余公积和未分配利润两部分。

（二）盈余公积

1.盈余公积的内容与用途

盈余公积是指企业按照规定从净利润中提取的各种积累资金。公司制企业的盈余公积分为法定盈余公积和任意盈余公积两个部分。

企业提取的盈余公积主要可以用于以下几个方面：弥补亏损；转增资本；扩大企业生产经营。

2.盈余公积的确认与计量

为了反映和监督盈余公积的提取和使用情况，应设置"盈余公积"账户，并在"盈余公积"账户下设置"法定盈余公积"、"任意盈余公积"等账户进行明细核算。

（1）提取盈余公积

企业按规定提取盈余公积时，借记"利润分配——提取法定盈余公积（或提取任意盈余公积）"账户，贷记"盈余公积——法定盈余公积（或任意盈余公积）"账户。

（2）盈余公积弥补亏损

企业经厂长经理会议或股东大会或类似机构决议批准，用盈余公积弥补亏损时，应当按照当期弥补亏损的数额，借记"盈余公积"账户，贷记"利润分配——盈余公积补亏"账户。

（3）盈余公积转增资本或股本

按规定，企业用公积金转增资本或股本后，留存的公积金不得少于注册资本的25%。

一般企业用提取的盈余公积转增资本时，应按照批准的转增资本数额，借记"盈余公积"账户，贷记"实收资本"账户。并按原实收资本结构比例，将转增数额分配计入各所有者的投资明细账户，相应增加各所有者对企业的投资。

股份有限公司经过股东大会决议，用盈余公积派送新股转增股本时，应借记"盈余公积"账户，按股票面值和派送新股总数计算的金额，贷记"股本"账户，如有差额，贷记"资本公积——股本溢价"账户。并将转增数额按各股东原持股比例分配结转，相应增加各股东的投资。

（4）企业分派现金股利或利润

企业提取的盈余公积一般情况下不得用于向投资者分配利润或股利。但在特殊情况下，对于符合条件的企业，可以用盈余公积分配现金股利或利润。

企业用盈余公积分派现金股利或利润时，应按分配金额借记"盈余公积"账户，贷记"应付股利（或利润）"账户。

（三）未分配利润

未分配利润是企业实现的净利润经过弥补亏损、提取盈余公积和向投资者分配利润后,留存在企业的、尚未说明专门用途的、历年结存的利润。从数量上看,未分配利润是期初未分配利润,加上本期实现的净利润,减去提取的各种盈余公积和分出利润后的余额。

在账务处理上,企业的未分配利润是通过"利润分配"账户进行核算的。该项账户分别"提取法定盈余公积"、"提取任意盈余公积"、"应付现金股利或利润"、"转作股本的股利"、"盈余公积补亏"和"未分配利润"等进行明细核算。

1.分配股利或利润的核算

经股东大会或类似机构决议,分配给股东和投资者的现金股利或利润,应借记"利润分配——应付现金股利或利润"账户,贷记"应付股利(或利润)"账户。分配给股东的股票股利,应借记"利润分配——转作股本的股利"账户,贷记"股本"账户。

2.期末结转的核算

企业净利润经过分配,分别计入了"利润分配——提取法定盈余公积"、"利润分配——提取任意盈余公积"、"利润分配——应付现金股利(或利润)"、"利润分配——转本股本的股利"等明细账户的借方。每年年度终了时,应将这些"利润分配"账户下的各个明细账户的借方余额,从各自贷方转入"利润分配——未分配利润"明细账户的借方;将全年实现的净利润,自"本年利润"账户转入"利润分配——未分配利润"账户,如果企业当年是盈利的,则借记"本年利润"账户,贷记"利润分配——未分配利润"账户,亏损则相反;最后,结转后的"利润分配——未分配利润"明细账户的贷方余额就是累积未分配利润的数额,如出现借方余额,则表示累积尚未弥补的亏损数额。

3.弥补亏损的核算

企业在当年发生亏损的情况下,与实现利润的情况相同,应当将本年发生的亏损自"本年利润"账户转入"利润分配——未分配利润"账户。

以当年实现的利润弥补以前年度结转的未弥补亏损,不需要进行专门的账务处理。用盈余公积弥补亏损时,应当按照当期弥补亏损的数额,借记"盈余公积"账户,贷记"利润分配——盈余公积补亏"账户。

本章难点

- 实收资本增减变动的核算
- 资本公积的来源及核算
- 留存收益的核算

练 习 题

一、思考题

1.简述所有者权益与负债的异同。

2.企业的组织形式有哪些？各种组织形式的特征是什么？

3.企业增加资本的途径有哪些？

4.简述资本公积的来源。

5.企业利润分配的顺序是怎样的？

二、单项选择题

1.下列各项中,会引起留存收益总额发生增减变动的是(　　　)。

　A.盈余公积转增资本　　　　　　　　B.盈余公积补亏

　C.资本公积转增资本　　　　　　　　D.用税后利润补亏

2.下面各项经济业务,能够引起企业所有者权益总额增加的是(　　　)。

　A.增发新股　　　　　　　　　　　　B.以资本公积转增资本

　C.提取盈余公积　　　　　　　　　　D.税前利润补亏

3.在下列事项中,不涉及留存收益总额发生变化的是(　　　)。

　A.将盈余公积转增资本　　　　　　　B.分配现金股利

　C.以盈余公积弥补亏损　　　　　　　D.分配股票股利

4.股份有限公司溢价发行股票所支付的手续费、佣金等筹资费用,应当(　　　)。

　A.直接计入财务费用　　　　　　　　B.直接计入管理费用

　C.直接计入营业费用　　　　　　　　D.先冲减溢价收入

5.A股份有限公司委托甲证券公司发行普通股 1 000 万股,每股面值 1 元,每股发行价格为 3 元。根据双方约定,股票发行成功后,A公司应按发行收入的 2% 向甲证券公司支付发行费。如果不考虑其他因素,股票发行成功后,A股份公司记入"资本公积——股本溢价"账户的金额是(　　　)万元。

　A.2 000　　　　　　B.60　　　　　　C.1 940　　　　　　D.20

6.下列利润分配的顺序中,正确的是(　　　)。

　A.弥补以前年度亏损、提取法定盈余公积、向投资者分配利润、提取任意盈余公积

  B.弥补以前年度亏损、提取法定盈余公积、提取任意盈余公积、向投资者
   分配利润

  C.提取法定盈余公积、弥补以前年度亏损、提取任意盈余公积、向投资者
   分配利润

  D.向投资者分配利润、弥补以前年度亏损、提取法定盈余公积、提取任意
   盈余公积

  7.有限责任公司在增资扩股时,如有新投资者介入,新介入的投资者缴纳的
出资额大于按约定比例计算的其在注册资本中所占的份额部分的差额,应计入
(　　)账户。

  A.盈余公积   B.资本公积

  C.未分配利润   D.营业外收入

  8.某企业20×8年发生亏损100万元,按规定可以用20×9年度实现的利
润弥补,该企业20×9年实现利润60万元,弥补了上年部分亏损,20×9年末企
业会计处理的方法是(　　)。

  A.借:利润分配——盈余公积补亏
    贷:利润分配——未分配利润

  B.借:盈余公积
    贷:利润分配——未分配利润

  C.借:本年利润
    贷:利润分配——未分配利润

  D.借:利润分配——未分配利润
    贷:利润分配——其他转入

  9.公司以公积金转增资本时,留存的公积金不得少于注册资本的(　　)。

  A.50%   B.20%   C.25%   D.30%

  10.注销库存股,应按股票面值和注销股数计算的股票面值总额,借记"股
本"科目,按注销库存股的账面余额,贷记"库存股"科目,按其差额依次冲减而借
记的会计账户是(　　)。

  A."资本公积——股本溢价"、"盈余公积"、"利润分配——未分配利润"

  B."资本公积——股本溢价"、"资本公积——其他资本公积"、"盈余公
   积"、"利润分配——未分配利润"

  C."利润分配——未分配利润"、"盈余公积"、"资本公积——股本溢价"

  D."盈余公积"、"利润分配——未分配利润"

三、多项选择题

1. 企业弥补亏损的渠道主要有(　　)。

　A. 用以后年度税前利润弥补　　　　　B. 用以后年度税后利润弥补

　C. 用盈余公积弥补　　　　　　　　　D. 用政府补助弥补

2. 下列各项中,不会引起资本公积账面余额发生变化的有(　　)。

　A. 接受捐赠固定资产　　　　　　　　B. 处置接受捐赠的无形资产

　C. 应付账款获得债权人豁免　　　　　D. 对外捐赠材料

　E. 可供出售金融资产公允价值变动

3. "库存股"科目核算的内容有(　　)。

　A. 企业为奖励本公司职工而收购本公司股份

　B. 将收购的股份奖励给本公司职工

　C. 股东因对股东大会作出的公司合并、分立决议持有异议而要求公司收

　　购其股份的,企业实际支付的金额

　D. 企业转让库存股或注销库存股

4. 下列说法正确的有(　　)。

　A. 所有者权益又称为股东权益

　B. 对于股票发行费用直接计入当期损益

　C. "利润分配——未分配利润"账户的期末借方余额,反映企业年末未弥

　　补亏损的数额

　D. 溢价发行股票情况下,股份有限公司的股本是股票面值与股份总数的

　　乘积

5. 下列事项中,会引起所有者权益总额减少的有(　　)。

　A. 以资本公积金转增股本　　　　　　B. 以盈余公积金弥补亏损

　C. 减资　　　　　　　　　　　　　　D. 发放股票股利

　E. 分配现金股利

6. 下列事项中,应通过"资本公积"账户核算的有(　　)。

　A. 自用房地产转换为以公允价值模式计量的投资性房地产时,转换日公允

　　价值大于其账面价值的部分

　B. 自用房地产转换为以公允价值模式计量的投资性房地产时,转换日公允

　　价值小于其账面价值的部分

　C. 企业收到投资者出资额超出其在注册资本或股本中所占份额的部分

　D. 可供出售金融资产公允价值正常变动

7. 下列事项中,不能同时引起资产和所有者权益发生增减变动的有(　　)。

A.分配股票股利　　　　　　　　　B.用盈余公积弥补亏损

C.投资者投入设备　　　　　　　　D.权益结算的股份支付行权

8.下列事项中,可能引起"资本公积"变动的有(　　　)。

A.存货转换为以公允价值模式计量的投资性房地产

B.可转换公司债券行权时

C.长期股权投资采用权益法核算时被投资单位净损益以外的所有者权益变动

D.持有至到期投资重分类为可供出售金融资产

四、计算及会计处理题

1.甲股份有限公司 20×8 年 12 月 31 日的股东权益项目资料如下:

单位:万元

股本——普通股(每股面值 1 元)	800
资本公积——股本溢价	2 000
盈余公积——法定盈余公积	1 500
未分配利润	1 200
股东权益总额	5 500

该公司 20×9 年度发生如下经济业务:

(1)2 月 20 日,按每股 6.50 元的价格委托证券公司发行普通股 200 万股(每股面值 1 元),约定的发行费用为发行收入的 3%。发行净收入已收到并存入银行。

(2)4 月 15 日,公司宣告按现有普通股总数分配现金股利,每股 0.10 元。股权登记日为 4 月 22 日,股利实际发放日为 4 月 28 日。

(3)10 月 10 日,为暂时减少流通股份,公司以每股 7.20 元的价格收购本公司普通股 50 万股。经公司管理层和相关主管部门批准注销减资。

(4)12 月 20 日,经批准以盈余公积 500 万元转增股本。

(5)12 月 31 日,按税后净利润的 10% 提取法定盈余公积(20×9 年度该公司实现的净利润为 1 000 万元)

要求:

(1)根据以上经济业务作出甲公司的相关账务处理;

(2)计算该公司 20×9 年末股东权益各项目的金额。(金额单位以"万元"表示)

2.乙股份有限公司有关资料如下:

(1)20×8年年初未分配利润为300万元,本年实现的利润总额为600万元,适用的企业所得税税率为25%。假定不存在纳税调整因素。

(2)20×9年2月14日董事会提请股东大会20×8年利润分配议案:按20×8年税后利润的10%提取法定盈余公积;向投资者宣告分配现金股利60万元。

(3)20×9年3月4日股东大会批准董事会提请股东大会20×8年利润分配方案:按20×8年税后利润的10%提取法定盈余公积;向投资者宣告分配现金股利80万元。

要求:

(1)作出20×8年末乙公司计提和结转所得税费用、结转本年利润的账务处理;

(2)根据20×9年2月14日董事会提请股东大会20×8年利润分配议案,作出乙公司提取法定盈余公积的会计分录;

(3)根据20×9年3月4日股东大会批准的20×8年利润分配方案,作出乙公司宣告利润分配的账务处理;

(4)计算乙公司20×8年末未分配利润。(金额单位以"万元"表示)

第十三章 收入、费用与利润

学习目的与要求

通过本章学习,熟悉收入的概念、特征与分类;掌握各种收入的确认与计量;熟悉费用的概念、特征与分类;掌握费用的确认与计量;掌握利润的概念、形成及会计处理;理解暂时性差异的含义;掌握所得税费用的确认与计量;掌握利润分配的确认与计量。

本章重点

一、收入的概念与特征

收入,是指企业在日常活动中形成的、会导致所有者权益增加的、与所有者投入资本无关的经济利益的总流入。包括销售商品收入、提供劳务收入、让渡资产使用权收入和建造合同收入。

二、收入的分类

1.根据收入的性质,收入可以分为销售商品收入、提供劳务收入、让渡资产使用权收入和建造合同收入。

2.按企业经营业务的主次可以分为主营业务收入和其他业务收入。

三、商品销售收入的确认与计量

(一)销售商品收入的确认原则

1.与收入项目有关的经济利益能够流入企业,收入能够可靠地计量。

2.为赚取收入所发生的成本能够可靠地计量。

3.销售商品的交易真正完成,体现实质重于形式原则。

(二)销售商品收入的确认条件

1.企业已将商品所有权上的主要风险和报酬转移给购货方。

2.企业既没有保留通常与所有权相联系的继续管理权,也没有对已售出的商品实施控制。

3.与交易相关的经济利益很可能流入企业。

4.收入的金额能够可靠地计量。

5.相关的已发生或将发生的成本能够可靠地计量。

(三)销售商品收入确认条件的具体应用

1.办妥托收手续销售商品的,应在办妥托收手续时确认收入。

2.采用预收款方式销售商品的,应在发出商品时确认收入。

3.附有销售退回条件的商品销售,根据以往经验能够合理估计退货可能性且确认与退货相关负债的,应在发出商品时确认收入;不能合理估计退货可能性的,应在售出商品退货期满时确认收入。

4.售出商品需要安装和检验的,在购买方接受交货以及安装和检验完毕前,不应确认收入。如果安装程序比较简单或检验是为了最终确定合同或协议价格而必须进行的程序,可以在发出商品时确认收入。

5.采用以旧换新方式销售商品的,销售的商品应当按照销售商品收入确认条件确认收入,回收的商品作为购进商品处理。

6.对于订货销售,应在发出商品时确认收入,在此之前预收的货款应确认为负债。

7.采用收取手续费方式委托代销商品的,应在收到代销清单时确认收入。

8.采用售后回购方式销售商品的,不应确认收入,回购价格大于原售价的差额,应在回购期间按期计提利息,计入财务费用。采用售后租回方式销售商品的,不应确认收入,售价与资产账面价值之间的差额,应当采用合理的方法进行分摊,作为折旧费用或租金费用的调整。

(四)销售商品收入的确认方法

1.售时确认法

2.售前确认法

(五)销售商品收入的计量

我国企业会计准则规定:企业应当按照从购货方已收或应收的合同或协议价款确定商品销售收入金额,但已收或应收的合同或协议价款不公允的除外。

（六）销售商品收入的核算

1.销售商品收入的账户设置

2.销售商品收入的账务处理

（1）现销方式

（2）采用托收承付、委托收款、商业汇票方式结算

（3）销售折扣与折让

销售折扣是指企业在赊销和商业信用的情况下，为了推销商品或及早收回销售货款而给予购货方一定的折扣。销售折扣包括商业折扣和现金折扣两种形式。

商业折扣是在商品交易时，企业为促进商品销售而在商品标价上给予的价格扣除。企业应在商品销售发票上注明折扣率和折扣额，按折扣以后的销售收入额进行会计处理。

现金折扣，是指债权人为鼓励债务人在规定的期限内付款而向债务人提供的债务扣除。对现金折扣的处理方法一般有两种：总价法和净价法。按照我国会计准则的规定，企业应采用总价法对现金折扣进行会计处理。

销售折让应在实际发生时冲减发生当期的收入。

（4）商品销售退回

如销售退回发生在企业确认收入之前，只需将已记入"发出商品"等账户的商品成本转回"库存商品"账户；如企业确认收入后发生销售退回的，本年度销售商品的退回，冲减退回月份的主营业务收入以及相关的成本、税金；以前年度销售商品的退回，冲减退回月份的主营业务收入以及相关的成本、税金；报告年度或以前年度销售的商品在年度财务会计报告批准报出前退回，冲减报告年度的主营业务收入以及相关的成本、税金。

（5）销售商品不符合收入确认条件

企业对于发出的商品，在确定不能确认收入时，应按发出商品的实际成本，借记"发出商品"。

（6）商品需要安装和检验的销售

购买方在接受交货以及安装和检验完毕前一般不应确认收入。

（7）附有销售退回条件的商品销售

如果企业能够对退货的可能性作出合理估计的，应在发出商品时确认收入；如果企业不能合理地确定退货的可能性，则在售出商品的退货期满时确认收入。

（8）委托代销商品

企业应在"发出商品"账户进行核算。

①视同买断方式。如果协议规定，将来受托方没有将商品售出时可以将商

品退回委托方,则委托方在交付商品时不确认收入,受托方也不作为购进商品处理。受托方将商品销售后,应按实际售价确认为销售收入,并向委托方开具代销清单。委托方收到代销清单时,再确认收入。如果协议规定,无论受托方将来是否能够卖出、是否获利,均与委托方无关,则委托方在交付商品时确认收入,受托方作为购进商品处理。受托方将商品销售后,应按实际售价确认为销售收入。

②收取手续费方式。委托方应在受托方将商品销售并向委托方开具代销清单时,确认收入;受托方在商品销售后,按应收取的手续费确认收入。

(9)分期收款销售商品

企业按应收合同或协议价款,借记"长期应收款"账户;按应收合同或协议价款的现值确定所售商品的公允价值,贷记"主营业务收入"账户,在合同约定的收款日期,发生有关的增值税纳税义务,贷记"应交税费——应交增值税(销项税额)"账户,按其差额贷记"未实现融资收益"账户。"未实现融资收益"在收款期内按实际利率法摊销,摊销结果与直线法相差不大时,也可以采用直线法摊销。

(10)售后回购

销售方收到的款项应确认为负债。回购价格大于原售价的差额,企业应在回购期间按期计提利息,计入财务费用。有确凿证据表明售后回购交易满足销售商品收入确认条件的,销售的商品按售价确认收入,回购的商品作为购买商品处理。

(11)售后租回

如果售后租回交易形成一项融资租赁,售价与资产账面价值之间的差额应予递延,在"递延收益"账户核算,并按该项租赁资产的折旧进度进行分摊,作为折旧费用的调整。如果售后租回交易形成一项经营租赁,售价与资产账面价值之间的差额应予递延,在"递延收益"账户核算,并在租赁期内按照租金支付比例分摊。

(12)房地产销售

在房地产销售上,房地产的法定所有权转移给买方,通常表明其所有权上的主要风险和报酬也已转移,企业应确认销售收入。

(13)以旧换新销售

销售的新商品按照商品销售的方法确认收入,回收的旧商品作为购进商品处理。

四、提供劳务收入的确认与计量

(一)提供劳务收入的确认

对于不跨年度的劳务,应在劳务完成时确认收入,即按完成合同法确认收入;对于跨年度的劳务,在资产负债表日,若劳务交易的结果能够可靠地估计,应采用完工百分比法确认提供劳务收入。

若不能可靠地估计所提供劳务的交易结果,如果已经发生的劳务成本预计能够得到补偿,应按已经发生的劳务成本金额确认收入;如果已经发生的劳务成本预计不能全部得到补偿,应按能够得到补偿的劳务金额确认收入;如果预计已经发生的劳务成本全部不能得到补偿,则不应确认收入。

(二)提供劳务收入的计量

通常情况下,企业应当按照从接受劳务方已收或应收的合同或协议价款确定提供劳务收入总额,但已收或应收的合同或协议价款不公允的除外。

跨年度完工的劳务应采用完工百分比法确认收入,公式如下:

本期确认的收入=劳务总收入×本期末止劳务的完工进度-以前期间已确认的收入
本期确认的费用=劳务总成本×本年末止劳务的完工进度-以前期间已确认的费用

(三)提供劳务收入的账务处理

在采用完工百分比确认提供劳务收入的情况下,企业应按计算确定的提供劳务收入金额,借记"应收账款"、"银行存款"等科目,贷记"主营业务收入"科目。结转提供劳务成本时,借记"主营业务成本"科目,贷记"劳务成本"科目。

五、特殊劳务收入的会计处理

包括安装费收入、广告费收入、入场费收入、会员费收入、特许权费收入、订制软件收入和定期收费等。

六、让渡资产使用权收入的确认与计量

让渡资产使用权的收入,同时满足下列两个条件时,才能予以确认:

(1)相关的经济利益很可能流入企业。

(2)收入的金额能够可靠地计量。

利息收入,按照他人使用本企业货币资金的时间和实际利率计算确定。

使用费收入金额,按照有关合同或协议约定的收费时间和方法计算确定。

股利收入,应在投资者取得收取股利的权利时予以确认。

七、建造合同收入的确认与计量

建造合同,是指为建造一项或者数项在设计、技术、功能、最终用途等方面密切相关的资产而订立的合同。

如果建造合同的结果能够可靠地估计,企业应当根据完工百分比法在资产负债表日确认合同收入和费用。

如果建造合同的结果不能可靠地估计,则应区别以下情况处理:合同成本能够收回的,合同收入根据能够收回的实际合同成本加以确认,合同成本在其发生的当期作为合同费用;合同成本不可能收回的,应当在发生时立即作为合同费用,不确认合同收入。

八、利润

利润是企业在一定会计期间所实现的经营成果。利润通常有以下几个方面构成:

1. 营业利润

营业利润＝营业收入－营业成本－营业税金及附加－资产减值损失＋公允价值变动损益＋投资收益－销售费用－管理费用－财务费用

2. 利润总额

利润总额＝营业利润＋营业外收入－营业外支出

3. 净利润

净利润＝利润总额－所得税费用

在实际工作中,计算企业利润总额可以采用两种不同的方法,即账结法和表结法。

九、所得税费用

财务会计与税收法规的区别主要在于确认收益和费用扣除的时间、费用的可扣性等方面。

(一)暂时性差异

根据会计准则要求,企业所得税的会计处理采用资产负债表债务法。企业在取得资产、负债时,应当确定其计税基础,资产或负债的账面价值与其计税基础之间的差额,称为暂时性差异。

应纳税暂时性差异,是指在确定未来收回资产或清偿负债期间的应纳税所得额时,将导致产生应税金额的暂时性差异。

可抵扣暂时性差异,是指在确定未来收回资产或清偿负债期间的应纳税所得额时,将导致产生可抵扣金额的暂时性差异。

(二)递延所得税资产的确认与计量

企业应将已支付的所得税超过应支付的部分确认为资产。可抵扣暂时性差异形成递延所得税资产。但确认的前提条件是,在资产负债表日,有确凿证据表明未来期间很可能获得足够的应纳税所得额用来抵扣暂时性差异。

(三)递延所得税负债的确认与计量

企业应该将当期和以前期间应交未交的所得税确认为负债。应纳税暂时性差异形成递延所得税负债。

(四)所得税费用的确认与计量

企业在计算确定当期应交所得税以及递延所得税资产和递延所得税负债的基础上确认所得税费用,但不包括直接计入所有者权益的交易或事项的所得税影响。

所得税费用(或收益)=当期所得税费用+递延所得税费用(-递延所得税收益)

十、利润分配

(一)利润分配的顺序

一般而言,企业每期实现的净利润,首先是弥补以前年度尚未弥补的亏损。因此,企业每期实现的净利润,加上年初未分配利润(或减去年初未弥补亏损)为可供分配的利润,依次提取法定盈余公积、任意盈余公积、向投资者分配。

企业以前年度发生的亏损,可以用以后年度实现的利润来弥补。具体而言,企业可以用亏损年度以后连续五年的税前利润进行补亏,五年内不足弥补的,可以用以后年度实现的净利润弥补。

(二)利润分配的核算

企业应设置"利润分配"账户,核算企业利润的分配(或亏损的弥补)和历年分配(或弥补)后的积存余额。"利润分配"账户应当分别"提取法定盈余公积"、"提取任意盈余公积"、"应付现金股利或利润"、"转作股本的股利"、"盈余公积补亏"和"未分配利润"等进行明细核算。

本章难点

- 销售折扣与折让的核算
- 销售退回的核算
- 分期收款发出商品的核算
- 委托代销商品的核算
- 完工百分比法在劳务收入核算中的运用
- 建造合同收入的确认与计量
- 暂时性差异、递延所得税资产、递延所得税负债的含义
- 资产负债表债务法在所得税费用中的运用
- 亏损弥补的相关规定

练 习 题

一、思考题

1. 收入的确认应当掌握什么原则?

2. 对于不符合收入确认条件的已销商品,应当如何进行会计处理?

3. 在各种不同的交易方式下,如何具体确认收入的实现? 怎样进行会计处理?

4. 建造合同收入的确认与收入准则中提供劳务收入的确认有何异同?

5. 费用按照经济用途和经济内容分别可以分为哪几类?

6. 费用的确认应当遵循什么原则?

7. 管理费用、销售费用、财务费用核算的内容分别包括哪些?

8. 划分营业利润和营业外收支有何意义?

9. 营业外收支包括哪些内容?

10. 利润分配包括哪些内容?

二、单项选择题

1. 报告年度或以前年度销售的商品,在年度财务会计报告批准报出前退回,应冲减(　　)的主营业务收入,以及相关的成本、税金等。

A. 报告年度　　　　　　　B. 退回月份

C. 销售年度　　　　　　　D. 退回年度

2. 如商品的售价内包含可区分的在售后一定期限内的服务费,在销售商品时,该服务费应记入(　　)科目。

A. 预收账款　　　　　　　B. 主营业务收入

C. 其他业务收入　　　　　D. 营业外收入

3. 企业专设销售机构的业务招待费应记入(　　)。

A. 管理费用　　　　　　　B. 主营业务成本

C. 其他业务支出　　　　　D. 销售费用

4. 企业在资产负债表日,对某项劳务如不能可靠地估计所提供劳务的交易结果,则对该项劳务正确的会计处理是(　　)。

A. 不确认利润但可能确认损失　　B. 即不确认利润也不确认损失

C. 确认利润但不确认损失　　　　D. 可能确认利润也可能确认损失

5. 下列关于收入确认的表述中,错误的是(　　)。

A. 卖方仅仅为了到期收回货款而保留商品的法定产权,则销售成立,相应的收入应予以确认

B. 合同或协议价款的收取采用递延方式,如分期收款销售商品,实质上具有融资性质的,应当按照应收的合同或协议价款确定销售商品收入金额

C. 销售商品涉及商业折扣的,应当按照扣除商业折扣后的金额确定销售商品收入金额

D. 根据收入和费用配比原则,与同一项销售有关的收入和成本应在同一会计期间予以确认,成本不能可靠计量的,相关的收入也不能确认

6. 企业用利润弥补亏损时,应(　　)。

A. 借记"本年利润"科目,贷记"利润分配——未分配利润"科目

B. 借记"利润分配——未分配利润"科目,贷记"本年利润"科目

C. 借记"利润分配——未分配利润"科目,贷记"盈余公积"科目

D. 无需专门作会计处理

7. 甲公司销售产品每件不含税价 560 元,若客户购买 300 件(含 300 件)以上可得到 60 元的商业折扣。某客户 2011 年 7 月 7 日购买该公司产品 300 件,按规定现金折扣条件为 2/10,1/20,n/30。适用的增值税率为 17%。该公司于当年 7 月 24 日收到这笔款项,实际收到的款项为(　　)元。(计算现金折扣时不考虑增值税)

A. 175 500　　　B. 173 745　　　C. 174 000　　　D. 150 000

8. 在视同买断方式下委托代销商品的,若受托方没有将商品售出时可以将商品退回给委托方,或受托方因代销商品出现亏损时可以要求委托方补偿,那么委托方的处理正确的是( )。

　　A. 只核算发出商品的处理

　　B. 在交付商品时确认收入

　　C. 不做任何处理

　　D. 交付商品时不确认收入,收到代销清单时确认收入

9. 下列各项,可采用完工百分比法确认收入的是( )。

　　A. 分期收款销售商品　　　　　　B. 在同一会计年度开始并完成的劳务

　　C. 委托代销商品　　　　　　　　D. 跨越一个会计年度才能完成的劳务

10. 企业委托其他单位代销商品,在视同买断代销方式下,如果协议表明受托方未售出商品时可以退回,则商品销售收入确认的时间是( )。

　　A. 发出商品日期　　　　　　　　B. 受托方发出商品日期

　　C. 收到代销清单日期　　　　　　D. 全部收到款项日期

11. A 公司为 B 公司承建厂房一幢,工期自 2009 年 9 月 1 日至 2011 年 6 月 30 日,总造价 7 500 万元,B 公司 2009 年付款至总造价的 20%,2010 年付款至总造价的 85%,余款 2011 年工程完工后结算。该工程 2009 年发生成本 900 万元,年末预计尚需发生成本 3 600 万元;2010 年发生成本 3 150 万元,年末预计尚需发生成本 450 万元。则 A 公司 2010 年因该项工程应确认的营业收入为( )万元。

　　A. 5 250　　　　　B. 1 500　　　　　C. 6 750　　　　　D. 4 875

12. 企业对外销售需要安装的商品时,若安装和检验属于销售合同的重要组成部分,则确认该商品销售收入的时间是( )。

　　A. 商品运抵并开始安装时　　　　B. 发出商品时

　　C. 商品安装完毕并检验合格时　　D. 收到商品销售货款时

13. 如商品的售价内包括可区分的在售后一定期限内的服务费,企业应在商品销售实现时,按( )确认销售商品收入。

　　A. 按售价扣除该项服务费后的余额　　B. 按售价

　　C. 按服务费　　　　　　　　　　　　D. 按售价和服务费之

14. A 公司本月销售产品的情况如下:(1)现款销售 20 台,总售价 200 000 元(不含增值税,下同)已入账;(2)需要安装的销售 3 台,总售价 50 000 元,款项尚未收取,安装任务构成销售业务的重要组成部分,安装尚未完成;(3)附有退货条件的销售 6 台,总售价 40 000 元已入账,退货期 2 个月,退货的可能性难以估计。A 公司本月应确认的销售收入是( )元。

A. 200 000   B. 250 000   C. 290 000   D. 90 000

15. 在支付手续费委托代销的方式下,委托方确认收入的时点是( )。

  A. 委托方交付商品时   B. 受托方销售商品时

  C. 委托方收到代销清单时   D. 委托方收到货款时

三、多项选择题

1. 下列有关收入确认的表述中,正确的有( )。

  A. 附有商品退回条件的商品销售可能在退货期满时确认收入

  B. 售后回购协议下,应当按销售收入的款项高于购回支出的款项的差额确认收入

  C. 资产使用费收入应当按合同规定确认

  D. 托收承付方式下,在办妥托收手续时确认收入

2. 下列项目中属于管理费用核算的内容有( )。

  A. 车间管理人员的工资   B. 职工医药费

  C. 待业保险费   D. 退休工人工资

3. 下列各项收入中,属于工业企业的其他业务收入的有( )。

  A. 提供运输劳务所取得的收入   B. 提供加工装配劳务所取得的收入

  C. 出租无形资产所取得的收入   D. 销售材料产生的收入

4. 下列交易和事项中,不能确认营业收入的有( )。

  A. 预收客户账款   B. 订货销售收到的部分订货款

  C. 委托代销商品收到的代销清单 D. 发出委托代销商品

5. 下列有关售后回购处理正确的有( )。

  A. 采用售后回购方式销售商品的,一般情况下收到的款项应确认为负债;回购价格大于原售价的,差额应在回购期间按期计提利息,计入财务费用

  B. 有确凿证据表明售后回购交易满足销售商品收入确认条件的,销售的商品按售价确认收入,回购的商品作为购进商品处理

  C. 有确凿证据表明售后回购交易满足销售商品收入确认条件的,仍然将回购价格大于原售价的差额在回购期间按期计提利息,计入财务费用

  D. 售后回购在任何情况下都不确认收入的

6. 构成并影响营业利润的项目有( )。

  A. 主营业务成本   B. 营业税金及附加

  C. 投资收益   D. 管理费用和财务费用

7. 下列哪些项目属于营业外收入核算的内容( )。

    A. 罚款收入   B. 处置固定资产净收益

    C. 无法支付的应付账款   D. 债务重组收益

8. 下列项目中,能引起企业利润增加的有( )。

    A. 按规定程序批准后结转的固定资产盘盈

    B. 接受现金捐赠

    C. 计提长期债券投资的利息

    D. 收到供应单位违反合同的违约金

9. 提供劳务交易的结果能够可靠估计,应同时满足的条件包括( )。

    A. 收入的金额能够可靠地计量

    B. 相关的经济利益很可能流入企业

    C. 交易中已发生的成本能够可靠地计量

    D. 交易中将发生的成本能够可靠地计量

10. 收入的特征表现为( )。

    A. 收入从日常活动中产生,而不是从偶发的交易或事项中产生

    B. 收入可能表现为资产的增加

    C. 收入可能表现为所有者权益的增加

    D. 收入包括代收的增值税

11. 关于提供劳务收入的确认和计量,下列说法中错误的有( )。

    A. 艺术表演、招待宴会和其他特殊活动的收费,应在相关活动发生时确认收入

    B. 申请入会费和会员费只允许取得会籍,所有其他服务或商品都要另行收费的,应在款项收回不存在重大不确定性时确认收入

    C. 属于提供设备和其他有形资产的特许权费,应在提供服务时确认收入

    D. 长期为客户提供重复的劳务收取的劳务费,应在收到款项时确认收入

12. 按收入准则规定,企业在销售商品时,如同时符合以下( )条件,即确认为收入。

    A. 企业已将商品所有权上的主要风险和报酬转移给买方

    B. 企业既没有保留通常与所有权相联系的继续管理权,也没有对已售出的商品实施控制

    C. 与交易相关的经济利益能够流入企业

    D. 相关的收入和成本能够可靠地计量

13. 关于让渡资产使用权产生的收入的确认与计量,下列说法中正确的有( )。

    A. 让渡资产使用权收入同时满足"相关的经济利益很可能流入企业"和

"收入的金额能够可靠地计量"时才能予以确认

B. 让渡资产使用权收入同时满足"相关的经济利益很可能流入企业"和"发生的成本能够可靠地计量"时才能予以确认

C. 使用费收入金额,按照实际收费时间计算确定

D. 利息收入金额,按照他人使用本企业货币资金的时间和实际利率计算确定

14. 下列项目中,构成合同成本的有(　　)。

A. 从合同签订开始至合同完成止所发生的、与执行合同有关的直接费用

B. 从合同签订开始至合同完成止所发生的、与执行合同有关的间接费用

C. 因订立合同而发生的有关费用

D. 合同订立前发生的费用

15. A 公司 2011 年 5 月 6 日发给 B 公司商品 100 件,增值税专用发票注明的货款 10 000 元,增值税额 1 700 元,代垫运杂费 500 元,该批商品的成本为 7 500元。在向银行办妥手续后得知 B 公司资金周转十分困难,A 公司确定本月不能确认该笔收入。A 公司应做的相关会计处理是(　　)。

A. 借:发出商品　　　　　　　　　　　　　7 500

　　贷:库存商品　　　　　　　　　　　　　　　　7 500

B. 借:应收账款　　　　　　　　　　　　　　500

　　贷:银行存款　　　　　　　　　　　　　　　　500

C. 借:应收账款　　　　　　　　　　　　　7 500

　　贷:主营业务成本　　　　　　　　　　　　　　7 500

D. 借:应收账款　　　　　　　　　　　　　1 700

　　贷:应交税费——应交增值税(销项税额)　　　1 700

16. 采用累计实际发生的合同成本占合同预计总成本的比例确定合同完工进度的,累计实际发生的合同成本包括的内容有(　　)。

A. 施工中使用的材料成本

B. 施工中发生的人工成本

C. 施工中尚未安装或使用的材料成本

D. 在分包工程的工作量完成之前预付给分包单位的款项

17. 关于建造合同收入,下列说法中正确的有(　　)。

A. 在资产负债表日,应当按照合同总收入乘以完工进度扣除以前会计期间累计已确认收入后的金额,确认为当期合同收入

B. 在资产负债表日,应当按照合同总收入乘以完工进度确认为当期合同收入

C. 前期开始当期完成的建造合同，应当按照实际合同总收入扣除以前会计期间累计已确认收入后的金额，确认为当期合同收入

D. 前期开始当期完成的建造合同，应当按照实际合同总收入确认为当期合同收入

18. 在售后租回业务中，下列说法错误的有（　　）。

A. 采用售后租回方式销售商品的，收到的款项应确认为负债；售价与资产账面价值之间的差额，应当采用合理的方法进行分摊，均作为折旧费用的调整

B. 有确凿证据表明认定为经营租赁的售后租回交易是按照公允价值达成的，销售的商品按售价确认收入，并按账面价值结转成本

C. 售后租回属于融资交易的，企业不应确认销售商品收入，收到的款项应确认为负债

D. 如果售后租回交易认定为融资租赁的，售价与资产账面价值之间的差额应当予以递延，并在租赁期内按照与确认租金费用相一致的方法进行分摊，作为租金费用的调整

19. 下列有关收入确认的表述中，正确的有（　　）。

A. 广告制作佣金收入应在相关广告或商业行为开始出现于公众面前时确认收入

B. 属于与提供设备相关的特许权收入应在设备所有权转移时确认

C. 属于与提供初始及后续服务相关的特许权收入应在提供服务时确认

D. 为特定客户开发软件的收入应在资产负债表日根据开发的完成程度确认

20. 按照建造合同的规定，下列哪些属于合同收入的内容（　　）。

A. 合同中规定的初始收入　　　B. 客户预付的定金

C. 因奖励形成的收入　　　D. 因客户违约产生的罚款收入

四、计算及会计处理题

1. 某企业 2010 年 12 月 18 日销售 A 商品一批，售价 500 万元，增值税率为 17%，成本 260 万元。合同规定现金折扣条件为 $2/10,1/20,n/30$。买方于 12 月 27 日付款。假设计算现金折扣时不考虑增值税。

要求：

（1）编制销售过程和收款过程的会计分录；

（2）如果该批产品于 2011 年 5 月 10 日被退回，编制销售退回的会计分录。（金额单位以"万元"表示）

2.甲公司为一大型综合性公司,2011年度发生如下经济业务:

(1)甲公司因到期无力支付所欠乙公司原材料款10万元,向乙公司销售一批商品,销售价格(不含增值税)为12万元,所得货款除用于偿还所欠乙公司10万元的应付账款以外,其余如数收回。

(2)年初,甲公司将其所拥有的一座桥梁的收费权出售给丙公司20年,20年后由甲公司收回收费权,一次性取得收入500万元,款项已收存银行。售出20年期间,桥梁的维护由甲公司负责。

(3)甲公司对家电产品实行"包退、包换、包修"的销售政策。2011年,该公司共销售家电产品4 000万元(不含增值税)。根据以往经验,"包退"产品占1%,"包换"产品占1.5%,"包修"产品占2%。

要求:

(1)判断上述各项经济业务是否应确认收入。

(2)对于判断为应确认收入的业务,计算2011年度应确认收入的金额。(金额单位用"万元"表示)

3.白鹭上市公司(以下简称白鹭公司)为增值税一般纳税人,增值税税率17%。白鹭公司主要生产经营A商品和B商品,每件A商品的成本价为1 100元,每件B商品的成本价为600元。2011年发生以下经济业务(下列货款均为不含增值税的货款):

(1)将其生产的A商品800件,销售给丙企业,售价每件2 200元;将生产的B产品销售给丙企业100件,每件售价1 000元。款项已收存银行。

(2)白鹭公司2011年1月1日与甲公司签订了一项建造合同,合同总收入500万元,合同总成本400万元,2011年1月1日开工,2013年3月完工。2011年当年有关资料如下:2011年实际发生成本100万元,完成合同尚需发生成本300万元,当年已结算工程价款125万元,当年实际收到价款100万元。

(3)6月份,白鹭公司将其原值为50万元,已提折旧为40万元,已计提减值准备为5万元的固定资产对外出售,取得价款30万元存入银行。(不考虑相关税费)

(4)10月1日,白鹭公司与乙公司签订购销合同,白鹭公司向乙公司销售新产品,价款80万元,成本40万元。合同约定试用期6个月,若发现质量问题可以退货,已开出增值税专用发票,目前无法估计退货的可能性,价款尚未收到。

(5)11月1日,白鹭公司将一笔应收账款出售给银行,应收账款的账面价值40万元,出售给银行价格为30万元。协议规定,将来如付款方无款支付,银行也不对白鹭公司进行追偿该已出售的应收账款;同时规定,该出售价格已包括了估计发生销售折让款4万元,如将来不发生销售折让,所得款项应归还白鹭公司。

(6)11月5日,白鹭公司销售A商品1 000件给戊公司,每件售价2 000元,双方约定30天内若发现质量问题可以退货。白鹭公司估计退货率为10%。商品已经发出,货款尚未收到。

(7)12月5日,戊公司退回20%的A商品,并支付剩余的80%商品的货款,白鹭公司无异议。

要求:编制上述业务(1)至(7)有关的会计分录。(金额单位以"万元"表示)

4.A公司为增值税一般纳税企业,适用的增值税税率为17%。2011年8月30日,A公司和B公司签订协议,向B公司销售一批商品,增值税专用发票上注明销售价格为200万元,增值税额为34万元。协议规定,A公司应在11月30日将所售商品购回,回购价为215万元(不含增值税额)。商品已发出,货款已收到。假定:(1)该批商品的实际成本为170万元;(2)不考虑其他相关税费;(3)款项均以银行存款结算

要求:

(1)编制A公司发出商品时的会计分录;

(2)编制A公司9月30日和10月31日计提利息的会计分录;

(3)编制A公司11月30日回购商品的会计分录。(金额单位以"万元"表示)

第十四章　财务报告

第十四章

财务报告

学习目的与要求

通过本章学习,理解财务报告的定义、组成和作用;理解财务报告的种类和编制要求;熟悉资产负债表、利润表、所有者权益变动表和现金流量表的内容和格式;掌握各类报表的编制方法;理解财务报告附注的概念和作用、内容和格式;熟悉附注中财务报告重要项目的说明。

本章重点

一、财务报告概述

财务报告,是指企业对外提供的反映企业某一特定日期的财务状况和某一会计期间的经营成果、现金流量等会计信息的文件。财务报告至少应当包括下列组成部分:(1)资产负债表;(2)利润表;(3)所有者权益(或股东权益)变动表;(4)现金流量表;(5)附注。

二、资产负债表

(一)资产负债表的性质与作用

资产负债表是反映企业在某一特定日期的财务状况的会计报表。它反映企业在某一特定日期所拥有或控制的经济资源、所承担的现时义务和所有者对净资产的要求权。

(二)资产负债表的内容和格式

资产负债表主要由表首标题、报告主体和附注三部分构成。表首标题列示资产负债表的名称、编制单位、编制日期、货币单位等；报告主体列示资产、负债和所有者权益各项目的期初和期末数，是资产负债表的主要部分；附注主要用于进一步详细说明报告的主要项目和编制基础。

资产负债表主体项目包括资产、负债和所有者权益三类。资产应当分别流动资产和非流动资产列示；负债应当分别流动负债和非流动负债列示；所有者权益类至少应当单独列示反映下列信息的项目：(1)实收资本(或股本)；(2)资本公积；(3)盈余公积；(4)未分配利润。

资产负债表的格式通常可以分为三种：账户式、报告式和财务状况式。其中账户式最为常见，它是以"资产＝负债＋所有者权益"这一基本等式为基础编制的，其中，资产列示在左方，负债和所有者权益列示在右方。

（三）资产负债表的编制方法

资产负债表"年初余额"栏内各项数字，应根据上年末资产负债表"期末余额"栏内所列数字填列。如果上年度资产负债表规定的各个项目的名称和内容同上年度不相一致，应对上年年末资产负债表各项目的名称和数字按本年度的规定进行调整，按调整后的数字填入本表"年初余额"栏内。

"期末余额"是指某一资产负债表日的数字，即月末、季末、半年末或年末的数字，它的数据来源可以通过以下几种方式取得：

1.根据总账账户余额直接填列。资产负债表中的大部分项目，都可以根据相应的总账账户余额直接填列，如"短期借款"、"应收股利"、"实收资本"等项目均是根据其总账账户的期末余额直接填列。

2.根据总账账户余额计算填列。资产负债表中某些项目需要根据若干个总账账户的期末余额计算填列，例如，"货币资金"项目需要根据"库存现金"、"银行存款"、"其他货币资金"账户的期末余额合计数计算填列。

3.根据明细账户余额计算填列。资产负债表中某些项目需要根据有关账户所属的相关明细账户的期末余额计算填列，例如，"应付账款"项目需要根据"应付账款"、"预付账款"账户的所属相关明细账户的期末贷方余额计算填列。

4.根据总账账户和明细账户余额分析计算填列。资产负债表中某些项目需要根据总账账户和明细账户的余额分析计算填列，如"长期借款"项目需要根据长期借款总账账户期末余额扣除"长期借款"账户所属明细账户中反映的将于1年内到期的长期借款部分，分析计算填列。

5.根据账户余额减去其备抵项目后的净额填列。资产负债表中某些项目需要根据该账户的有关期末余额，减去其所计提的各种减值准备后的净额填列，例如，"持有至到期投资"项目需要根据"持有至到期投资"总账账户的期末余额，减去"持有至到期投资减值准备"账户期末余额，分析计算填列。

三、利润表

（一）利润表的性质与作用

利润表，也称损益表，是反映企业在一定会计期间生产经营成果的会计报表。

（二）利润表的内容和格式

利润表至少应当单独列示反映下列信息的项目：（1）营业收入；（2）营业成本；（3）营业税金；（4）管理费用；（5）销售费用；（6）财务费用；（7）投资收益；（8）公允价值变动损益；（9）资产减值损失；（10）非流动资产处置损益；（11）所得税费用；（12）净利润。

利润表一般包括表首、正表两部分。其中，表首概括说明报告名称、编制单位、编制日期、报告编号、货币名称、计量单位；正表是利润表的主体，反映形成经营成果的各个项目和计算过程。

正表的格式一般可以分为两种：单步式利润表和多步式利润表。在我国，利润表一般采用多步式。

（三）利润表的编制方法

利润表"上期金额"栏内各项数字，应根据上年该期利润表"本期金额"栏内所列数字填列。利润表"本期金额"栏反映各项目的本期实际发生数，栏内各项数字一般应根据损益类账户的发生额分析填列。

四、所有者权益变动表

（一）所有者权益变动表的性质与作用

所有者权益变动表是反映构成所有者权益的各组成部分当期的增减变动情况的财务报表。

（二）所有者权益变动表的内容

所有者权益变动表至少应当单独列示反映下列信息的项目：（1）净利润；（2）直接计入所有者权益的利得和损失项目及其总额；（3）会计政策变更和差错更正的累积影响金额；（4）所有者投入资本和向所有者分配利润等；（5）按照规定提取的盈余公积；（6）实收资本（或股本）、资本公积、盈余公积、未分配利润的期初和期末余额及其调节情况。

（三）所有者权益变动表的编制方法

所有者权益变动表"上年金额"栏内各项数字，应根据上年度所有者权益变动表"本年金额"栏内所列数字填列。如果上年度所有者权益变动表规定的各个项目的名称和内容同本年度不相一致，应对上年度所有者权益变动表各项目的名称和数字按本年度的规定进行调整,填入所有者权益变动表"上年金额"栏内。

所有者权益变动表"本年金额"栏内各项数字一般应根据"实收资本(或股本)"、"资本公积"、"盈余公积"、"利润分配"、"库存股"、"以前年度损益调整"账户的发生额分析填列。

五、现金流量表

(一)现金流量表的性质和作用

现金流量表,是指反映企业在一定会计期间现金和现金等价物流入和流出的报表。现金流量表列示了企业一定会计期间内经营活动、投资活动和筹资活动等对现金及现金等价物产生的影响。

(二)现金流量表的编制基础

现金流量表是以现金为基础编制的。这里的现金包括了现金和现金等价物。

现金,是指企业库存现金、可以随时用于支付的银行存款与其他货币资金等。现金等价物,是指企业持有的期限短、流动性强、易于转换为已知金额现金、价值变动风险很小的投资。

现金流量,是指企业现金和现金等价物的流入和流出。

(三)现金流量表的内容和格式

现金流量表应当分别按照经营活动、投资活动和筹资活动列报现金流量。

经营活动,是指企业投资活动和筹资活动以外的所有交易和事项,包括销售商品或提供劳务、购买商品或接受劳务、收到返还的税费、经营性租赁、支付工资、支付广告费用、缴纳各项税款等。它是直接与产品生产、产成品或商品销售和劳务供应有关的经济活动,企业经营活动中所包括的交易和事项直接影响到企业净收益的确定。

投资活动,是指企业长期资产的购建和不包括在现金等价物范围的投资及其处置活动,包括取得和收回投资、购建和处置固定资产、购买和处置无形资产等。

筹资活动,是指导致企业资本及债务规模和构成发生变化的活动,包括发行股票或接受投入资本、分派现金股利、取得和偿还银行借款、发行和偿还公司债券等。

现金流量表包括正表和补充资料。正表内容包括五项:(1)经营活动产生的现金流量;(2)投资活动产生的现金流量;(3)筹资活动产生的现金流量;(4)汇率变动对现金的影响;(5)现金及现金等价物净增加额。正表中经营活动产生的现金流量,是按直接法编制的。补充资料有三项,一是将净利润调节为经营活动产生的现金流量,即在补充资料中采用间接法报告经营活动产生的现金流量信息;二是不涉及现金收支的投资和筹资活动;三是现金及现金等价物净增加金额。

（四）现金流量表的编制方法

编制现金流量表的基本方法主要包括:分析填列法、工作底稿法、T 型账户法。

1.分析填列法。分析填列法是直接根据资产负债表、利润表和有关会计账户明细账的记录,分析计算出现金流量表各项目的金额。

2.工作底稿法。工作底稿法是以工作底稿为手段,以利润表和资产负债表数据为基础,结合有关账户的记录,对现金流量表的每一项目进行分析并编制调整分录,从而编制出现金流量表的一种方法。

3.T 型账户法。T 型账户法是以 T 型账户为手段,以利润表和资产负债表为基础,对现金流量表中的每一项目进行分析并编制调整分录,从而编制出现金流量表。

六、财务报告附注

（一）财务报告附注的概念与作用

财务报告附注是对资产负债表、利润表、所有者权益变动表和现金流量表等报表中列示项目的文字描述或明细资料,以及对未能在这些报表中列示的项目进行的说明。

（二）财务报告附注披露的内容

财务报告附注一般应当披露以下内容:(1)财务报告的编制基础;(2)遵循企业会计准则的声明;(3)重要会计政策的说明;(4)重要会计估计的说明;(5)会计政策和会计估计变更以及差错更正的说明;(6)对已在资产负债表、利润表、所有者权益变动表和现金流量表中列示的重要项目的进一步说明,包括终止经营税后利润的金额及其构成情况等;(7)或有和承诺事项、资产负债表日后非调整事项、关联方关系及其交易等需要说明的事项;(8)企业应当在附注中披露在资产负债表日后、财务报告批准报出日前提议或宣布发放的股利总额和每股股利金额(或分配给投资者的利润总额)。

（三）财务报表重要项目的说明

企业应该尽可能以列表形式披露重要财务报表项目的构成或当期增减变动情况。企业对报表重要项目的说明,应当按照资产负债表、利润表、现金流量表、所有者权益变动表及其项目列示的顺序,采用文字和数字描述相结合的方式进行披露。报表重要项目的明细金额合计,应当与报表项目金额相衔接。

21世纪财务管理系列教材

本 章 难 点

· 财务报告的编制要求
· 资产负债表的编制
· 利润表的编制
· 现金流量表的编制

练 习 题

一、思考题

1. 编制财务报告有什么作用?

2. 资产负债表提供了企业的哪些信息? 资产负债表包含哪些项目? 各项目如何排列,应当如何编制?

3. 利润表有哪些作用? 多步式利润表应当如何编制?

4. 为什么要编制所有者权益变动表? 应当如何编制所有者权益变动表?

5. 现金流量表与其他报表有什么不同? 它的编制基础是什么? 现金流量表中各类现金流量之间有什么区别?

6. 简述如何采用工作底稿法编制现金流量表? 如何采用间接法将净利润调节为经营活动现金流量?

7. 财务报告附注的作用和内容是什么?

二、单项选择题

1. 资产负债表中的"未分配利润"项目,应根据(　　)填列。

A. "本年利润"账户余额　　　　B. "利润分配"账户余额

C. "本年利润"和"利润分配"账户的余额计算

D. "盈余公积"账户余额

2. 下列资产负债表项目中,(　　)项目不是根据总账账户余额直接填列的。

A. 短期借款　　　　　　　　B. 交易性金融资产

C. 持有至到期投资　　　　　　D. 应收股利

3. 以下(　　)项目不需要在利润表中单独列示。

A. 营业利润   B. 公允价值变动损益

C. 营业税金及附加   D. 其他业务收入

4. 某企业 2011 年 12 月 31 日,"应收账款"总账借方余额 50 000 元,其中:"应收甲公司账款"明细账户借方余额 60 000 元,"应收乙公司"明细账户贷方余额 10 000 元;"预收账款"总账贷方余额 20 000 元,其中:"预收 M 公司账款"明细账户借方余额 5 000 元,"预收 N 公司"明细账户贷方余额 25 000 元;与应收账款相关的"坏账准备"账户贷方余额 2 000 元。则该企业年末资产负债表中"应收账款"项目的填列金额为( )元。

     A. 50 000   B. 35 000   C. 65 000   D. 63 000

5. 资产负债表中资产项目的排列顺序是依据( )。

     A. 项目流动性   B. 项目收益性

     C. 项目重要性   D. 项目时间性

6. 下列项目中,引起现金流量净额变动的项目是( )。

     A. 从银行中提取现金   B. 用银行存款购买 2 个月到期的债券

     C. 用产品抵偿债务   D. 用银行存款清偿债务

7. 某企业 2011 年度发生的营业收入为 1 500 万元,营业成本为 900 万元,营业税金及附加为 50 万元,销售费用为 30 万元,管理费用为 60 万元,财务费用为 20 万元,资产减值损失为 40 万元,营业外收入为 5 万元,营业外支出为 8 万元。该企业 2011 年度实现的营业利润是( )万元。

     A. 400   D. 550   C. 440   D. 397

8. 企业编制现金流量表将净利润调节为经营活动现金流量时,在净利润基础上调整减少现金流量的项目是( )。

     A. 存货的减少   B. 处置固定资产的损失

     C. 经营性应收项目的增加   D. 经营性应付项目的增加

9. 某企业在 2011 年度共发生管理费用 500 000 元,其中:以现金支付离退休人员工资 50 000 元、行政管理人员工资 100 000 元、计提固定资产折旧 30 000 元、无形资产摊销 15 000 元,其余均以现金支付。则该企业在编制 2011 年度现金流量表时,应计入"支付的其他与经营活动有关的现金"项目的金额为( )元。

     A. 500 000   B. 305 000   C. 355 000   D. 455 000

10. 某企业出售 1 台不需用设备,收到价款 300 000 元已存入银行,该设备原价 400 000 元,已提折旧 150 000 元。以现金支付该项设备的清理费用 2 000 元和运输费用 1 000 元。该项业务使企业投资活动产生的现金流量净额增加( )元。

     A. 300 000   B. 297 000   C. 397 000   D. 47 000

11. 甲公司为增值税一般纳税企业。2011 年度,甲公司主营业务收入为

2 000万元,增值税销项税额为340万元;应收账款项目期初余额为100万元,期末余额为150万元;预收账款项目期初余额为50万元,期末余额为10万元。假定不考虑其他因素,甲公司2011年度现金流量表中"销售商品、提供劳务收到的现金"项目的金额为(   )万元。

    A.2 250   B.2 330   C.2 350   D.2 430

12.企业购买股票所支付价款中包含的已经宣告但尚未领取的现金股利,在现金流量表中应计入的项目是(   )。

    A.投资所支付的现金

    B.支付的其他与经营活动有关的现金

    C.支付的其他与投资活动有关的现金

    D.分配股利、利润或偿付利息所支付的现金

13.A企业4月10日购买某上市公司股票作为交易性金融资产,支付的全部价款为30万元,其中包含已宣告但尚未领取的现金股利0.5万元;4月18日收到现金股利;4月25日将此股票出售,出售价款为33万元。如果该企业没有其他有关投资的业务,应计入现金流量表中"收回投资收到的现金"项目的金额为(   )万元。

    A.3   B.32.5   C.33   D.2.5

14.下列各项中,属于企业投资活动产生的现金流量的是(   )。

    A.向银行借款收到的现金   B.以现金支付的债券利息

    C.发行股票收到的现金   D.以现金支付的在建工程人员工资

15.下列各项中,不属于筹资活动产生的现金流量的是(   )。

    A.偿还到期借款支付的现金   B.购买准备长期持有的债券支付的价款

    C.发行公司债券收到的现金   D.支付的现金股利

三、多项选择题

1.资产负债表中的"存货"项目应根据下列(   )等账户的总账余额分析计算填列。

    A.生产成本   B.委托加工物资

    C.工程物资   D.发出商品

    E.周转材料   F.存货跌价准备

2.下列现金流量中,属于投资活动产生的现金流量的有(   )。

    A.出租无形资产使用权所收到的现金

    B.转让无形资产所有权所收到的现金

    C.取得可供出售金融资产所支付的现金

D.分配股利所支付的现金

E.收到返还的所得税所收到的现金

3.下列各项业务,不会引起现金流量变动的有( )。

A.到期未能收回的应收票据转为应收账款

B.出售固定资产取得价款

C.赊购商品

D.用银行存款还短期借款

E.计提固定资产折旧

4.下列交易和事项中,不影响当期经营活动产生的现金流量的有( )。

A.用产成品偿还短期借款　　　B.支付管理人员工资

C.收到被投资单位分配的利润　　D.支付各项税费

E.销售商品收到现金

5.下列各项中,属于企业经营活动产生的现金流量的有( )。

A.收到交易性金融资产的现金股利

B.转让无形资产所有权取得的收入

C.出租无形资产使用权取得的收入

D.为其他单位提供代销服务收到的款项

6.现金流量表中的"支付给职工以及为职工支付的现金"项目不包括( )。

A.支付的生产工人的工资　　　B.支付的车间管理人员的工资

C.支付给退休人员的退休金　　　D.支付的行政管理人员的工资

E.支付的在建工程人员的工资

7.将净利润调节为经营活动产生的现金流量时,下列各调整项目中,属于调增项目的有( )。

A.存货的增加　　　　　　　　B.递延所得税负债增加额

C.递延所得税资产增加额　　　　D.经营性应付项目增加

E.经营性应收项目增加

8.期末发生的下列事项中,影响当年利润表中营业利润的是( )。

A.计提固定资产减值损失

B.以公允价值计价的投资性房地产租金收入

C.获得捐赠利得

D.转让无形资产发生的损失

E.出售可供出售金融资产发生的收益

9.下列各项中,应计入现金流量表中"偿还债务所支付的现金"项目的有( )。

A.偿还银行借款的本金　　　　B.偿还银行借款的利息

C.偿还企业债券的本金　　　D.偿还企业债券的利息

E.支付股利

10.下列各项中,影响所有者权益变动表"本年年初余额"项目的有(　　　)。

A.净利润　　　　　　　　　B.会计估计变更

C.会计政策变更　　　　　　D.可供出售金融资产公允价值变动净额

E.前期会计差错更正

四、会计报表编制题

甲公司为增值税一般纳税企业,销售的产品为应纳增值税产品,增值税率为17%,产品销售价格中不含增值税额。适用的所得税率为25%,所得税采用应付税款法核算。产品销售成本按经济业务逐笔结转。甲公司2011年度相关账户的期初余额如下表:

单位:元

账户名称	期初余额	账户名称	期初余额
库存现金	100 000	短期借款	120 000
银行存款	1 500 000	应付职工薪酬	58 000
交易性金融资产	100 000	应付利息	0
应收票据	0	应付股利	0
应收账款	800 000	应交税费	50 000
坏账准备	(2 000)	长期借款	300 000
预付账款	0	其中:1年内到期的非流动负债	0
其他应收款	0	递延所得税负债	0
在途物资	0	股本	4 000 000
原材料	600 000	资本公积	800 000
包装物及低值易耗品	0	盈余公积	1 000 000
库存商品	1 000 000	未分配利润	2 000 000
存货跌价准备	(10 000)		
投资性房地产	1 000 000		
长期股权投资	0		
固定资产	3 000 000		
累计折旧	(60 000)		
固定资产减值准备	0		
无形资产	400 000		
累计摊销	(100 000)		
合计	8 328 000	合计	8 328 000

甲公司 2011 年度发生如下经济业务：

（1）向乙公司销售 A 产品一批，销售价格 1 000 000 元，产品成本 700 000 元。产品已经发出，并开出增值税专用发票，货款尚未收到。

（2）购入固定资产一台，价款为 300 000 元，支付的增值税 51 000 元，支付的运费等其他相关费用 4 000 元，全部以银行存款支付。（假定增值税不符合抵扣条件）

（3）购入股票投资作为交易性金融资产，支付价款 20 000 元。

（4）本年度从银行取得短期借款 100 000 元。

（5）本年度出售固定资产一台，原价 80 000 元，已计提折旧 20 000 元，未计提减值准备，出售价格为 55 000 元，已收到款项存入银行。

（6）购买原材料一批，该原材料价款为 1 000 000 元，增值税进项税款 170 000 元，款项通过银行转账支付，原材料已经入库。

（7）企业为建造一仓库，购入工程物资一批，价款为 117 000 元（包含已缴纳的增值税），款项已经通过银行转账支付。

（8）工程中实际领用工程物资 93 600 元，剩余工程物资转作企业生产用原材料。

（9）工程完工，分配工程人员工资 45 600 元（包含员工福利费）。

（10）工程完工，计算应负担的长期借款利息为 40 000 元。该项借款本息未付。结转该工程相应成本至固定资产。

（11）收到乙公司的货款 1 170 000 元。

（12）销售产品一批给丙公司，开出的增值税专用发票注明的销售价款为 2 000 000 元，增值税销项税额为 340 000 元，款项已存入银行。销售商品的实际成本为 1 500 000 元。

（13）摊销无形资产 40 000 元。

（14）年末确认公司拥有的以公允价值模式计量的投资性房地产增值 100 000 元。

（15）用银行存款支付本年相应的广告费 30 000 元。

（16）收到上期应收账款 500 000 元，存入银行。

（17）计提固定资产折旧 100 000 元。其中，计入制造费用 80 000 元，管理费用 20 000 元。

（18）计提固定资产减值准备 10 000 元。

（19）公司出售交易性金融资产 50 000 元，收到本金 50 000 元，投资收益 5 000 元，均存入银行。

（20）从银行提取现金 200 000 元，作为工资进行支付。支付的工资中包括工程人员工资 40 000 元。

(21)分配应支付的职工工资 160 000 元(不包括在建工程人员工资)。其中,生产人员工资 100 000 元,车间管理人员工资 30 000 元,行政管理部门人员工资 30 000 元。

(22)提取职工福利费 22 400 元(不包括在建工程人员福利费),其中生产工人福利费 14 000 元,车间管理人员福利费 4 200 元,行政管理部门人员福利费 4 200元。

(23)本年生产共领用原材料 1 200 000 元。

(24)根据账龄分析法计提应收账款坏账准备 10 000 元。

(25)计提应计入本期损益的借款利息共 40 000 元,其中长期借款利息 30 000元,短期借款利息 10 000 元。

(26)归还到期的短期借款本金 120 000 元,利息 5 000 元(已计提)。

(27)年末公司持有的交易性金融资产公允价值比去年末上升 10 000 元。

(28)将制造费用结转至生产成本;本年产品全部完工,结转完工产品成本。

(29)结转各收入类、费用类账户

(30)计算并结转应交所得税。

(31)按税后利润的 10%提取法定盈余公积。

(32)按利润分配各明细账户的余额转入"未分配利润"明细账户,结转本年利润。

要求:根据以上业务编制相关的会计分录,并据此编制甲公司 2011 年度的资产负债表、利润表、现金流量表正表和所有者权益变动表。

第十五章　会计变更和差错更正

会计变更和差错更正

学习目的与要求

通过本章学习,了解会计政策、会计估计和前期差错的含义;理解会计政策变更条件、会计估计变更的原因;掌握会计政策变更的会计处理方法及选择;掌握会计估计变更和会计差错更正的会计处理方法。

本章重点

一、会计政策

会计政策,是指企业在会计确认、计量和报告中所采用的原则、基础和会计处理方法。

二、会计政策变更

会计政策变更,是指对相同的交易或事项由原来采用的会计政策改用另一会计政策的行为。

企业在满足以下条件之一的,可以进行会计政策变更:

1.法律、行政法规或者国家统一的会计制度等要求变更。

2.会计政策变更能够提供更可靠、更相关的会计信息。

需要说明的是,有时企业虽然采用了新的会计政策,但并不属于会计政策变更。不属于会计政策变更的情况,主要存在以下两种:

1.本期发生的交易或者事项与以前相比具有本质差别而采用新的会计政策。

2.对初次发生的或不重要的交易或者事项采用新的会计政策。

三、会计政策变更的会计处理方法及其选择

（一）会计政策变更的会计处理方法

会计政策变更的会计处理方法分为追溯调整法和未来适用法两种。

1.追溯调整法

追溯调整法，是指对某项交易或事项变更会计政策时，视同该项交易或事项初次发生时就开始采用变更后的会计政策，并以此对财务报表相关项目进行调整的方法。

追溯调整法的运用通常由以下步骤构成：

第一步，计算确定会计政策变更的累积影响数；

第二步，进行相关的账务处理；

第三步，调整财务报表相关项目；

第四步，附注说明。

2.未来适用法

未来适用法，是指将变更后的会计政策应用于变更日及以后发生的交易或者事项，或者在会计估计变更当期和未来期间确认会计估计变更影响数的方法。

（二）会计政策变更的会计处理方法选择

对于会计政策变更，企业应当根据具体情况，选择追溯调整法或者未来适用法。

四、会计估计

会计估计，是指企业对其结果不确定的交易或事项以最近可利用的信息为基础所做的判断。

常见的需要进行会计估计的项目有：（1）坏账；（2）存货遭受毁损、全部或部分陈旧过时；（3）固定资产的预计使用年限和净残值；（4）无形资产的受益期；（5）或有事项中的估计；（6）收入确认中的估计；等等。

五、会计估计变更及其原因

（一）会计估计变更

会计估计变更，是指由于资产和负债的当前状况及预期经济利益和义务发生了变化，从而对资产或负债的账面价值或者资产的定期消耗金额进行调整。

（二）会计估计变更的原因

第一，赖以进行估计的基础发生了变化。

第二,取得了新的信息、积累了更多的经验。

六、会计估计变更的会计处理方法

会计估计变更应采用未来适用法处理。

七、前期差错

前期差错,是指对前期财务报表造成的遗漏或误报。包括:

(一)会计政策运用差错

(二)会计估计错误

(三)其他差错

八、前期差错的更正方法

企业发现会计差错时,应当根据差错的性质及时纠正。

(一)当期发生的会计差错

对于当期发生的会计差错,应当调整当期相关项目。对于年度资产负债表日至财务会计报告批准报出日之间发现的报告年度的会计差错,应当按照资产负债表日后事项中的调整事项进行处理。

(二)以前期间发生的非重大会计差错

对于以前期间发生的非重大会计差错,如影响损益,应直接计入发现当期净损益,其他相关项目也应一并调整;如不影响损益,应调整发现当期相关项目。

(三)以前期间发生的重大会计差错

对于以前期间发生的重大会计差错,企业应当采用追溯重述法予以更正,确定前期差错累积影响数不切实可行的除外。

应用追溯重述法一般需要经过以下几个步骤:

第一步,确定前期差错;

第二步,确定前期差错的影响数;

第三步,进行相关会计处理;

第四步,调整财务报表相关项目金额;

第五步,在会计报表附注中披露会计差错。

九、前期差错更正的披露

企业除了按前文所述进行会计处理外,还应在附注中披露以下内容:

1.前期差错的性质,包括重大会计差错的事项、原因和更正方法。

2.各个列报前期财务报表中受影响的项目名称和更正金额,包括前期差错影响项目的名称、对净损益的影响金额以及对其他项目的影响金额。

　　3.无法进行追溯重述的,说明该事实和原因以及对前期差错开始进行更正的时点、具体更正情况。

本章难点

· 会计政策变更的追溯调整法和未来适用法
· 会计估计变更的会计处理方法
· 前期差错更正的会计处理方法

练 习 题

一、思考题

1.会计政策变更需要具备的条件有哪些?
2.如何选用会计政策变更的会计处理方法?
3.如何计算会计政策变更的累积影响数?
4.企业在哪些情况下可以进行会计估计变更?
5.简述前期会计差错更正的会计处理方法。

二、单项选择题

1.会计政策变更时,会计处理方法的选择应遵循的原则是(　　)。
　　A.必须采用追溯调整法
　　B.在追溯调整法、未来适用法中任选其中之一
　　C.必须采用未来适用法
　　D.会政策变更累计影响数可以合理确定时采用追溯调整法,不能合理确定时采用未来适用法。
2.发现与当期相关的会计差错,采取的会计处理方法是(　　)。
　　A.直接计入当期净损益项目　　　B.调整前期相同的相关项目
　　C.调整当期相关项目　　　　　　D.调整期初留存收益
3.会计实务中,如果分不清会计政策变更和会计估计变更时,应当(　　)。
　　A.不作处理,分清后再处理

B. 按会计政策变更处理

C. 按会计估计变更处理

D. 在会计政策变更、会计估计变更的处理方法任选

4. 下列事项中,属于会计估计变更的是(　　)。

A. 存货发出的计价由先进先出法改为加权平均法

B. 长期借款费用由资本化改为费用化

C. 固定资产净残值率由 5% 改为 8%

D. 投资性房地产的后续计量由成本模式变更为公允价值模式

5. ABC 公司为上市公司,采用资产负债表债务法核算所得税。ABC 公司 2013 年 12 月 1 日发现 2010 年 12 月 15 日开始使用的某项固定资产仍记在"在建工程"科目。该项固定资产原价为 20 000 万元,预计使用年限 10 年(与税法规定的折旧年限一致),采用直线法计提折旧(预计净残值为 0)。ABC 公司适用的所得税率为 25%。在编制 2013 年度资产负债表时,针对此项重大会计差错,ABC 公司应调整资产负债表留存收益年初数的金额为(　　)万元。

A. 750　　　　　　B. 1 500　　　　　　C. 3 000　　　　　　D. 4 000

6. 甲公司于 2013 年发现,2012 年漏记了一项固定资产折旧费用 180 000 元,所得税申报中也没有包括这笔费用。2012 年公司适用所得税税率为 25%,盈余公积的提取比例为 10%。此项差错属于重大会计差错,则该项差错使 2013 年未分配利润的年初数减少(　　)元。

A. 180 000　　　　B. 135 000　　　　C. 121 500　　　　D. 93 600

7. 某企业一台从 2012 年 1 月 1 日开始计提折旧的设备,其原值为 15 500 元,预计使用年限为 5 年,预计净残值为 500 元,采用年数总和法计提折旧。从 2014 年起,该企业将该固定资产的折旧方法改为平均年限法,设备的预计使用年限由 5 年改为 4 年,设备的预计净残值由 500 元改为 300 元。该设备 2014 年的折旧额为(　　)元。

A. 3 100　　　　　B. 3 000　　　　　C. 3 250　　　　　D. 4 000

三、多项选择题

1. 通常在会计报表附注中加以披露的会计政策的项目包括(　　)。

A. 外币报表折算采用时态法还是现行汇率法

B. 或有损失

C. 存货计价方法选择先进先出法还是后进先出法

D. 无形资产受益期限

E. 长期股权投资的后续计量采用成本法还是权益法

2.对于会计差错更正,应在会计报表附注中披露的内容有( )。

A.重大会计差错的内容

B.重大会计差错对净损益的影响金额

C.一般会计差错对期初留存收益的影响金额

D.一般会计差错对当期损益的影响金额

E.重大会计差错对除净损益以外的其他项目的影响金额

3.对于会计估计变更,应在会计报表附注中披露的事项有( )。

A.会计估计变更的内容

B.会计估计变更的理由

C.会计估计变更的影响数

D.会计估计变更的影响数不能确定的理由

E.会计估计变更对未来财务状况和经营成果的影响

4.由于会计政策变更采用追溯调整法时,要将累积影响数进行相应账务处理和报表调整,可能涉及的项目是( )。

A.法定盈余公积　　　　　　　B.资本公积

C.任意盈余公积　　　　　　　D.未分配利润

E.应付股利

5.会计政策变更采用追溯调整法时,属于追溯调整的内容有( )。

A.应计算会计政策变更的累计影响数

B.应调整变更当期的期初留存收益

C.应调整会计报表相关项目的期初数或上年数

D.应重新编制以前年度会计报表

E.不需要重新编制以前年度会计报表

6.下列各项中,属于会计估计变更的有( )。

A.占比重较小的低值易耗品核算由五五摊销法改为分期摊销法

B.固定资产的净残值率由10%改为5%

C.存货的期末计价由成本法改为成本与市价孰低法

D.坏账准备的提取比例由5%提高为10%

四、计算及会计处理题

1.飓风公司为增值税一般纳税人,适用的增值税税率为17%。所得税采用债务法核算,适用的所得税税率为25%,按净利润的10%提取法定盈余公积。2013年1月1日,飓风公司将对外出租的一幢办公楼由成本计量模式改为公允价值计量模式。该办公楼于2009年12月31日对外出租,出租时办公楼的原价为 40 000 万元,已计提折旧为 8 000 万元,预计尚可使用年限为 40 年,采用年限平均法计提折旧,假定飓风公司计提折旧的方法及预计使用年限符合税法规定。从 2009 年 1 月 1 日起,飓风公司所在地有活跃的房地产交易市场,公允价值能够持续可靠取得,飓风公司对外出租的办公楼 2009 年 12 月 31 日、2010 年 12 月 31 日、2011 年 12 月 31 日和 2012 年 12 月 31 日的公允价值分别为 32 000 万元、36 000 万元、38 400 万元和 40 400 万元。假定按年确认公允价值变动损益。

要求:(1)填列 2013 年 1 月 1 日会计政策变更累积影响数计算表。

会计政策变更累计影响数计算表

单位:万元

年度	原政策影响当期损益	新政策影响当期损益	税前差异	所得税影响	税后差异
2010					
2011					
小计					
2012					
合计					

(2)编制有关项目的调整分录。

2.某股份公司为一般工业企业,所得税率为 25%,按净利润的 10% 提取盈余公积。在 2013 年度发现该公司于 2010 年 1 月 1 日起计提折旧的管理用机器设备一台,原价为 200 000 元,预计使用年限为 10 年(预计净残值为 0),按直线法计提折旧。由于技术进步的原因,从 2013 年 1 月 1 日起,决定将原估计的使用年限改为 8 年。

要求:对上述会计估计变更进行会计处理。

3.某股份公司为一般工业企业,所得税率为 25%,按净利润的 10% 提取盈余公积。在 2013 年度发生如下事项:

(1)该公司于 2013 年 3 月发现 2012 年预付的车辆保险费 2 000 元,计入"其他应收款",但未进行摊销。

(2)该公司于 2013 年发现 2012 年已经售出并已确认收入的一批产品,没有相应结转产品成本,成本金额为 80 000 元。

要求:判断上述事项各属于何种变更或差错,应如何进行相应的会计处理。

第十六章　资产负债表日后事项

学习目的与要求

　　通过本章学习,了解资产负债表日后事项的概念;把握资产负债表日后事项涵盖的期间;掌握资产负债表日后事项的内容;重点掌握资产负债表日后事项尤其是调整事项的处理。

本章重点

一、资产负债表日后事项

　　资产负债表日后事项,是指资产负债表日至财务报告批准报出日之间发生的有利或不利的事项。

　　对上述资产负债表日后事项定义的理解,应注意以下几个方面:

　　1.资产负债表日,是指会计年度末和会计中期期末。

　　2.财务报告批准报出日,是指董事会或类似机构批准财务报告报出的日期。通常是指对财务报告的内容负有法律责任的单位或个人批准财务报告对外公布的日期。

　　3.资产负债表日后事项包括有利事项和不利事项,即对于资产负债表日后有利或不利事项的处理原则相同。

　　4.资产负债表日后事项不是在这个特定期间内发生的全部事项,而是与资产负债表日存在状况有关的事项,或虽然与资产负债表日存在状况无关但对企业财务状况具有重大影响的事项。

　　5.资产负债表日后事项概念中不包括终止营业的问题。

二、资产负债表日后事项涵盖的期间

资产负债表日后事项所涵盖的期间是资产负债表日后至财务报告批准报出日之间。对上市公司而言,这一期间内涉及几个日期,包括完成财务报告编制日、注册会计师出具审计报告日、董事会批准财务报告对外公布日、财务报告实际对外公布日等。其中,审计报告日是指注册会计师完成审计工作的日期。

三、资产负债表日后事项的内容

资产负债表日后事项包括资产负债表日后调整事项和资产负债表日后非调整事项。

（一）调整事项

资产负债表日后调整事项,是指对资产负债表日已经存在的情况提供了新的或进一步证据的事项。通常包括:

1. 资产负债表日后诉讼案件结案,法院判决证实了企业在资产负债表日已经存在现时义务,需要调整原先确认的与该诉讼案件相关的预计负债,或确认一项新负债;

2. 资产负债表日后取得确凿证据,表明某项资产在资产负债表日发生了减值或者需要调整该项资产原先确认的减值金额;

3. 资产负债表日后进一步确定了资产负债表日前购入资产的成本或售出资产的收入;

4. 资产负债表日后发现了财务报表舞弊或差错。

（二）非调整事项

资产负债表日后非调整事项,是指表明资产负债表日后发生的情况的事项。通常包括:

1. 资产负债表日后发生重大诉讼、仲裁、承诺;

2. 资产负债表日后资产价格、税收政策、外汇汇率发生重大变化;

3. 资产负债表日后因自然灾害导致资产发生重大损失;

4. 资产负债表日后发行股票和债券以及其他巨额举债;

5. 资产负债表日后资本公积转增资本;

6. 资产负债表日后发生巨额亏损;

7. 资产负债表日后发生企业合并或处置子公司。

（三）调整事项与非调整事项的区别与联系

区别:调整事项是对资产负债表日或以前已存在的情况提供了新的或进一步的证据;非调整事项则是对资产负债表日之后所发生事项的信息或说明。

联系:两者都发生在资产负债表日之后和财务报告批准报出日之前;两者都对企业的财务状况、经营成果或现金流量产生了重大影响。

四、资产负债表日后调整事项的会计处理

调整事项的处理原则:

1.涉及损益的事项,通过"以前年度损益调整"账户核算。

2.涉及利润分配调整的事项,直接在"利润分配——未分配利润"账户核算(根据董事会批准的利润分配方案分配利润除外)。

3.不涉及损益以及利润分配的事项,调整相关账户。

4.进行上述账务处理的同时,还应同时调整财务报表相关项目的数字。

五、资产负债表日后非调整事项的会计处理

资产负债表日后发生的非调整事项,应当在财务报表附注中说明事项的内容、估计对财务状况和经营成果的影响;如无法作出估计,应当说明无法估计的理由。

本章难点

· 资产负债表日后事项涵盖的期间
· 调整事项与非调整事项的划分
· 调整事项的会计处理方法
· 非调整事项的会计处理方法

练 习 题

一、思考题

1.如何确定资产负债表日后事项涵盖期间?

2.调整事项有哪些特点? 如何进行会计处理?

3.非调整事项有哪些特点? 如何进行会计处理?

4.如何区分某一事项是调整事项还是非调整事项?

二、单项选择题

1. 下列属于资产负债表日后事项中非调整事项的是(　　)。

　　A. 报告年度售出商品的退回

　　B. 已证实资产在报告年度发生减损

　　C. 资产负债表日后发生的自然灾害导致的资产损失

　　D. 资产负债表日后发现了报告年度的财务报表舞弊或差错

2. 资产负债表日后事项是指(　　)发生的需要调整或说明的事项。

　　A. 年度资产负债表日至会计报表编制完成日之间

　　B. 年度资产负债表日至财务报告批准报出日之间

　　C. 年度资产负债表日至财务报告正式报出日之间

　　D. 年度资产负债表批准报出日之后

3. ABC 公司为上市公司,2013 年 1 月 20 日,该公司 2012 年度财务报告尚未报出,此时发生 2010 年 7 月份所销售商品的大额退回,应(　　)。

　　A. 调整 2010 年度会计报表相关项目的期末数和本年累计数

　　B. 调整 2010 年度会计报表相关项目的年初数和上年数

　　C. 调整 2012 年度会计报表相关项目的年初数和上年数

　　D. 作为 2013 年度的发生额处理

4. 某上市公司 2012 年度财务会计报告批准报出日为 2013 年 3 月 20 日。公司在 2013 年 1 月 1 日至 3 月 20 日发生的下列事项中,属于资产负债表日后调整事项的是(　　)。

　　A. 公司在一起历时半年的诉讼中败诉,支付赔偿金 50 万元,公司在上年已确认预计负债 30 万元

　　B. 因遭受水灾上年购入的存货发生毁损 100 万元

　　C. 公司董事会提出 2012 年度利润分配方案为每 10 股送 3 股股票股利

　　D. 公司支付 2012 年度财务会计报告审计费 40 万元

5. 华南公司 2012 年度财务报告批准报出日为 2013 年 4 月 25 日,该公司在 2013 年 4 月 25 日之前发生的下列事项,不需要对 2012 年度会计报表进行调整的是(　　)。

　　A. 2013 年 2 月 18 日,法院判决保险公司对 2012 年 12 月 21 日发生的火灾赔偿 150 000 元

　　B. 2012 年 12 月份售给某单位的 80 000 元商品,在 2013 年 2 月 1 日被退货

　　C. 2013 年 1 月 30 日得到通知,上年度应收某单位的货款 120 000 元,因

该单位破产而无法收回,上年末已对该应收账款计提坏账准备 10 000 元

    D. 2013 年 3 月 10 日公司董事会制定并批准了 2012 年度股票股利分配方案

6. ABC 公司 2 月 2 日应收乙公司 300 万元,双方约定在当年的 12 月 16 日偿还,但在当年 12 月 25 日乙公司宣告破产无法偿还欠款,则 ABC 公司在当年 12 月 31 日资产负债表上,对该笔款项(　　)。

    A. 应作为非调整事项　　　　　　B. 应作为调整事项

    C. 不需要反映

    D. 作为资产负债表日前事项已在年前作出了有关账务处理

7. 下列属于资产负债表日后事项中"调整事项"的是(　　)。

    A. 资产负债表日发生的销货并退回的事项

    B. 在资产负债表日后事项期间,外汇汇率发生较大变动

    C. 已确定将要支付赔偿额大于该赔偿在资产负债表日的估计金额

    D. 发行债券

8. 资产负债表日后事项中的非调整事项是指(　　)。

    A. 资产负债表日该状况并不存在,而是其后发生或存在的对理解和分析财务会计报告无重大影响的事项

    B. 资产负债表日该状况已经存在,对理解和分析财务会计报告无重大影响的事项

    C. 资产负债表日该状况并不存在,而是其后发生或存在的对理解和分析财务会计报告有重大影响的事项

    D. 资产负债表日该状况已经存在,对理解和分析财务会计报告有重大影响的事项

三、多项选择题

1. 在资产负债表日至财务会计报告批准报出日之间发生的下列事项中,属于资产负债表日后非调整事项的有(　　)。

    A. 公开发行的股票　　　　　　B. 上年售出的商品发生退回

    C. 外汇汇率发生较大变动　　　　D. 董事会提出现金股利分配方案

2. 南强股份有限公司 2012 年度财务会计报告于 2013 年 3 月 15 日批准报出,公司发生的下列事项中,必须在其 2012 年度会计报表附注中披露的有(　　)。

    A. 2012 年 12 月 5 日,从该公司董事持有 51% 股份的公司购货 920 万元

B.2013年1月14日,公司遭受水灾造成存货重大损失160万元

C.2013年2月3日,发现上年应计入财务费用的借款利息1 000元误计入在建工程

D.2013年2月18日,公司向一家网络公司投资500万元,从而持有该公司50%的股份

3.非调整事项是( )。

A.资产负债表日以后才发生或存在的事项

B.影响资产负债表日存在状况

C.不影响资产负债表日存在状况

D.不需要对资产负债表日编制的会计报表进行调整

4.下列于年度资产负债表日至财务会计报告批准报出日之间发生的事项中,属于资产负债表日后事项的有( )。

A.支付生产工人工资   B.固定资产和投资发生严重减值

C.股票和债券的发行   D.火灾造成重大损失

5.某上市公司2012年度的财务会计报告批准报出日为2013年3月21日,该公司在2013年2月份发生的下列事项中,应作为资产负债表日后调整事项的有( )。

A.2013年1月份销售的商品,在2013年3月份被退回

B.发现2012年无形资产少摊销1 000元

C.发现2012年固定资产少提折旧5 000万元

D.发现2011年固定资产少提折旧1 000万元

6.下列资产负债表日后事项中,不影响报告年度现金流量的有( )。

A.实际支付的赔偿款   B.实际收到的退货款

C.宣告分派并支付的现金股利   D.支付购买子公司的款项

7.对于资产负债表日后事项的非调整事项,应在会计报表附注中披露的有( )。

A.非调整事项的内容

B.非调整事项对财务状况的影响

C.非调整事项对经营成果的影响

D.非调整事项对本期报表期初数的影响

8.调整事项的特点有( )。

A.在资产负债表日或以前已经存在,在资产负债表日后得以证实的事项

B.在资产负债表日并未发生或存在,完全是期后新发生的事项

C.对按资产负债表日存在状况编制的会计报表产生重大影响的事项

D. 是对理解和分析财务报告有重大影响的事项

四、计算及会计处理题

龙翔公司为增值税一般纳税人,2014 年 4 月 20 日,该公司 2013 年度的财务会计报告经董事会批准报出。该公司采用成本与可变现净值孰低法对期末存货进行计价,按单项存货计提存货跌价准备;采用资产负债表债务法对所得税进行核算,所得税汇算清缴日为 2014 年 5 月 10 日,适用的所得税税率为 25%。

(1)龙翔公司 2013 年 12 月 31 日编制的资产负债表"年末数"栏和利润表"本年累计数"栏的资料如下:

资产负债表

编制单位:龙翔公司　　　　　　2013 年 12 月 31 日　　　　　　金额单位:万元

资　产	年末数	负债和所有者权益	年末数
流动资产:		流动负债:	
货币资金	1 500	应付账款	1 400
交易性金融资产	500	其他应付款	500
应收账款	1 000	应付股利	0
存货	3 000	应交税费	700
		预计负债	100
流动资产合计	6 000	流动负债合计	2 700
长期投资:		长期负债:	
长期股权投资	3 800	长期借款	8 000
固定资产:		负债合计	10 700
固定资产原价	8 000	所有者权益:	
减:累计折旧	1 200	股本	3 500
固定资产净值	6 800	资本公积	592
无形资产:		盈余公积	500
无形资产	600	未分配利润	1 908
递延所得税资产	0	所有者权益合计	6 500
资产总计	17 200	负债和所有者权益总计	17 200

利润表

编制单位:龙翔公司　　　　　　　　2013年度　　　　　　金额单位:万元

项　　　目	本年累计数
一、营业收入	15 280
减:营业成本	10 100
营业税金及附加	180
销售费用	400
管理费用	500
财务费用	500
加:投资收益	300
二、营业利润	3 900
加:营业外收入	0
减:营业外支出	1 500
三、利润总额	2 400
减:所得税费用	600
四、净利润	1 800

(2)龙翔公司2014年1月1日至4月20日,发生如下交易和事项:

①1月20日,龙翔公司发现在2013年12月31日计算A库存产品的可变现净值时发生差错,该库存产品的成本为1 500万元,预计可变现净值应为1 000万元,龙翔公司将其误记为1 200万元。

②1月20日,龙翔公司收到乙企业的通知,被告知乙企业于1月18日被洪水淹没,预计所欠龙翔公司的400万元货款全部无法偿还。2013年12月31日,龙翔公司根据乙企业的财务状况,对账龄在1年以内应收乙企业的400万元账款计提了10%的坏账准备。

③1月25日,龙翔公司收到丙企业通知,被告知丙企业因现金流量严重不足,无法持续经营而宣告破产,预计只能收回丙企业所欠200万元货款的20%。丙企业现金流量不足的情况于2012年度已经存在,且积欠龙翔公司的款项已超过2年。2013年12月31日,龙翔公司根据丙企业的财务状况,对应收丙企业的200万元账款计提了40%的坏账准备。

④2月26日,经法院一审判决,龙翔公司需要赔偿丁企业220万元损失。龙翔公司和丁公司均不再上诉。2013年度财务会计报告对外报出时,220万元赔偿款尚未支付。龙翔公司赔偿的损失,系龙翔公司于2012年度销售给丁企业的产品未按照合同发货所造成的。对此,丁企业通过法律程序要求龙翔公司赔偿部分经济损失。2013年12月31日,该诉讼案件尚未判决,龙翔公司估计可能赔偿丁企业100万元,并确认了100万元预计负债。

⑤3月2日,龙翔公司于2013年11月销售给A企业的一批产品因发生质量问题而退回,同时收到了增值税进货退出证明单。龙翔公司销售该批产品的销售收入为800万元(不含增值税),销售成本为400万元,增值税销项税额为136万元(假定不考虑其他相关税费),货款和增值税在销售时已收到。退回的商品已入库,应退回的货款和增值税尚未支付,已开具红字增值税专用发票。

⑥4月15日,龙翔公司董事会提出的2013年度利润分配方案为:按净利润(经调整上述有关事项后的净利润)的10%提取法定盈余公积,分配现金股利500万元。

要求:

(1)指出龙翔公司2014年1月1日至4月20日所发生的交易和事项中,哪些属于调整事项(注明上述交易和事项的序号即可)。

(2)编制龙翔公司除事项⑥以外的调整事项相关的会计分录。

(3)将上述调整分录所发生的"以前年度损益调整"结转至"利润分配——未分配利润"。

(4)编制龙翔公司2014年度利润分配相关的会计分录。

(5)根据上述调整事项,调整会计报表的相关项目,分别填入资产负债表"调整后年末数"栏和利润表"调整后本年累计数"栏各项目。(金额单位用万元表示)

资产负债表

编制单位:龙翔公司　　　　　　2013年12月31日　　　　　　金额单位:万元

资产	年末数	调整后年末数	负债和所有者权益	年末数	调整后年末数
流动资产:			流动负债:		
货币资金	1 500		应付账款	1 400	
交易性金融资产	500		其他应付款	500	
应收账款	1 000		应付股利	0	
存货	3 000		应交税费	700	
			预计负债	100	
流动资产合计	6 000		流动负债合计	2 700	
长期投资			长期负债:		
长期股权投资	3 800		长期借款	8 000	
固定资产			负债合计	10 700	
固定资产原价	8 000		所有者权益:		
减:累计折旧	1 200		股本	3 500	
固定资产净值	6 800		资本公积	592	
无形资产:			盈余公积	500	
无形资产	600		未分配利润	1 908	
递延所得税资产	0		所有者权益合计	6 500	
资产总计	17 200		权益总计	17 200	

利润表

编制单位:龙翔公司 　　　　　2013 年度 　　　　　金额单位:万元

项　　目	本年累计数	调整后本年累计数
一、营业收入	15 280	
减:营业成本	10 100	
营业税金及附加	180	
销售费用	400	
管理费用	500	
财务费用	500	
资产减值损失	0	
加:投资收益	300	
二、营业利润	3 900	
加:营业外收入	0	
减:营业外支出	1 500	
三、利润总额	2 400	
减:所得税费用	600	
四、净利润	1 800	

练习题参考答案

第一章 总 论

一、思考题(略)

二、单项选择题

1. D	2. B	3. B	4. D	5. C
6. C	7. C	8. A	9. A	10. A
11. C	12. C			

三、多项选择题

1. ABC	2. ABD	3. ABC	4. ABCD	5. ABCD
6. AD	7. BC	8. BD	9. AC	

第二章 货币资金

一、思考题(略)

二、单项选择题

1. C	2. B	3. D	4. A	5. A
6. C	7. A	8. B	9. C	

三、多项选择题

1. ABCD 　　　2. CD 　　　3. ABCD 　　4. ACDE 　　5. ABCD
6. ABC 　　　7. ACDE

四、计算及会计处理题

(一)

(1)①1 日

借:库存现金 1 200

　贷:主营业务收入 1 025.64

　　应交税费——应交增值税(销项税额) 174.36

②2 日

借:银行存款 1 200

　贷:库存现金 1 200

③4 日

借:其他应收款——陈强 1 000

　贷:银行存款 1 000

④5 日

借:库存现金 2 000

　贷:银行存款 2 000

⑤9 日

借:管理费用 5 000

　贷:银行存款 5 000

⑥10 日

借:库存现金 53 000

　贷:银行存款 53 000

借:应付职工薪酬 53 000

　贷:库存现金 53 000

⑦17 日

借:银行存款 37 500

　贷:主营业务收入 32 051.28

　　应交税费——应交增值税(销项税额) 5 448.72

⑧23 日

借:原材料 6 624

　应交税费—应交增值税(进项税额) 1 126

　贷:预付账款——泉州机器厂 7 750

借:银行存款 1 250

　　贷:预付账款——泉州机器厂 1 250

⑨27 日

借:在途物资——省金属材料公司 6 789.74

　　应交税费——应交增值税(进项税额) 1 154.26

　　贷:银行存款 7 944

⑩30 日

借:管理费用 250

　　贷:银行存款 250

⑪30 日

借:应付账款——市显示器件厂 3 500

　　贷:银行存款 3 500

现金日记账

2013 年 月	日	凭证 字号	摘要	收入	付出	结余
9	1		月初余额			320
	1	现	零星收入	1 200		1 520
	2	现	存入银行		1 200	320
	5	现	提现	2 000		2 320
	10	现	提现	53 000		
	10	现	发工资		53 000	2 320
	30		本月合计	56 200	54 200	2 320

银行存款日记账

开户行:中国工商银行厦门市某支行　　　　　　　　　　　　　　　账号:590008

2013 年 月	日	凭证字号	摘要	结算凭证 种类	号数	收入	付出	结余
9	1		月初余额					68 000
	2			送	017	1200		69 200
	4			信汇	118		1 000	68 200
	5			现	59003		2 000	66 200
	9			委收	6181		5 000	61 200
	10			现	419		53 000	8 200
	17			托收	1036	37 500		45 700
	23			特转	893	1 250		46 950
	27			委收	964		7 944	39 006
	30			转	076		250	
	30			转	077		3 500	35 256
	30		本月合计			39 950	72 694	35 256

银行存款余额调节表

银行账号　　　　　　　　　2013 年 9 月 30 日　　　　　　　　　　单位：元

项　目	金　额	项　目	金　额
企业日记账	35 256	银行对账单余额	57 156
加：银行已收，企业未入账	23 000	加：企业已收，银行未入账	0
减：银行已付，企业未入账	1 350	减：企业已付，银行未入账	250
调整后余额	56 906	调整后余额	56 906

（二）

（1）①借：银行存款——美元户（60 000 美元）　　　　　　384 000

　　　　贷：应收账款——美元户（60 000 美元）　　　　　　　　384 000

　　②借：银行存款——人民币户　　　　　　　　　　　122 000

　　　　财务费用——汇兑损失　　　　　　　　　　　　2 000

　　　　贷：银行存款——美元户（20000 美元）　　　　　　　124 000

　　③借：应付账款——美元户（20 000 美元）　　　　　132 000

　　　　贷：银行存款——美元户（20 000 美元）　　　　　　　132 000

　　④借：长期借款——美元户（20 000 美元）　　　　　130 000

　　　　贷：银行存款——美元户（20 000 美元）　　　　　　　130 000

（2）银行存款（美元户）汇兑差额＝（30 000＋60 000－20 000－20 000

　　　　　　　　　　　　　　　　－20 000）×6.59－（198 000＋384 000

　　　　　　　　　　　　　　　　－124 000－132 000－130 000）

　　　　　　　　　　　　　＝1 700（元）

　　应收账款（美元户）汇兑差额＝（100 000－60 000）×6.59－（660 000

　　　　　　　　　　　　　　　　－384 000）

　　　　　　　　　　　　　＝－12 400（元）

　　应付账款（美元户）汇兑差额＝（70 000－20 000）×6.59－（462 000

　　　　　　　　　　　　　　　　－132 000）

　　　　　　　　　　　　　＝－500（元）

　　长期借款（美元户）汇兑差额＝（40 000－20 000）×6.59－（264 000

　　　　　　　　　　　　　　　　－130 000）

　　　　　　　　　　　　　＝－2 200（元）

借:银行存款——美元户　　　　　　　　　　　　　　　　1 700

　　应付账款——美元户　　　　　　　　　　　　　　　　　500

　　财务费用——汇兑损益　　　　　　　　　　　　　　　10 200

　　　贷:应收账款——美元户　　　　　　　　　　　　　　　　　　12 400

借:长期借款——美元户　　　　　　　　　　　　　　　　2 200

　　　贷:在建工程　　　　　　　　　　　　　　　　　　　　　　　2 200

(三)

①借:其他货币资金——外埠存款——南昌工行　　　　　2 500

　　　贷:银行存款　　　　　　　　　　　　　　　　　　　　　　　2 500

②借:其他货币资金——银行本票——华夏公司　　　　　　700

　　　贷:银行存款　　　　　　　　　　　　　　　　　　　　　　　　700

③借:在途物资　　　　　　　　　　　　　　　　　　　　1 500

　　应交税费——应交增值税(进项税额)　　　　　　　　　255

　　　贷:其他货币资金——外埠存款——南昌工行　　　　　　　　1 755

④借:其他货币资金——信用证存款——黎诺公司——美元户(US$3 100)

　　　　　　　　　　　　　　　　　　　　　　　　　　20 088

　　　贷:银行存款——美元户　　　　　　　　　　　　　　　　　　20 088

第三章　应收及预付款项

一、思考题(略)

二、单项选择题

1. D	2. A	3. B	4. A	5. A
6. C	7. D	8. A	9. A	10. B
11. A	12. B	13. C	14. B	15. C

三、多项选择题

1. ABCDE	2. ABD	3. BCD	4. BCE	5. CDE
6. ACE				

四、计算及会计处理题

1.①借：应收账款——海商公司　　　　　　　　　　52 650

　　贷：主营业务收入　　　　　　　　　　　　　　　　45 000

　　　　应交税费——应交增值税（销项税额）　　　　　　7 650

②借：应收账款——新原公司　　　　　　　　　　40 430

　　贷：主营业务收入　　　　　　　　　　　　　　　　34 000

　　　　应交税费——应交增值税（销项税额）　　　　　　5 780

　　　　银行存款　　　　　　　　　　　　　　　　　　　650

③借：银行存款　　　　　　　　　　　　　　　52 123.5

　　　财务费用　　　　　　　　　　　　　　　　526.5

　　贷：应收账款——海商公司　　　　　　　　　　　　52 650

④赊销商品时

　借：应收账款——光华公司　　　　　　　　　234 000

　　贷：主营业务收入　　　　　　　　　　　　　　　200 000

　　　　应交税费——应交增值税（销项税额）　　　　　34 000

收到货款，发生销售折让时

　借：主营业务收入　　　　　　　　　　　　　10 000

　　　应交税费——应交增值税（销项税额）　　　1 700

　　贷：应收账款——光华公司　　　　　　　　　　　　11 700

　借：银行存款　　　　　　　　　　　　　　222 300

　　贷：应收账款——光华公司　　　　　　　　　　　222 300

⑤**11 月 1 日销售实现时**

　借：应收账款——华厦公司　　　　　　　　　117 000

　　贷：主营业务收入　　　　　　　　　　　　　　　100 000

　　　　应交税费——应交增值税（销项税额）　　　　　17 000

11 月 8 日收到货款时，则现金折扣＝117 000×2％＝2340（元）

　借：银行存款　　　　　　　　　　　　　　114 660

　　　财务费用　　　　　　　　　　　　　　2 340

　　贷：应收账款——华厦公司　　　　　　　　　　　117 000

2.①借：坏账准备　　　　　　　　　　　　　　1 870

　　贷：应收账款——A 公司　　　　　　　　　　　　1 870

②信诚公司 2009 年末，坏账准备期末余额＝1 860 000×3％＝55 800（元），调整前坏账准备账户余额＝350－1 870＝－1 520（元），所以 20×7 年末应计提的坏账准备＝55 800＋1 520＝57 320（元）

　借：资产减值损失　　　　　　　　　　　　57 320

　　贷：坏账准备　　　　　　　　　　　　　　　　　57 320

③信诚公司 2010 年末，坏账准备期末余额＝1 570 000×3％＝47 100（元），

应冲销的坏账准备 8 700 元(55 800－47 100＝8 700 元)

借:坏账准备	8 700	
贷:资产减值损失		8 700
④借:应收账款	1 870	
贷:坏账准备		1 870
借:银行存款	1 870	
贷:应收账款		1 870

3.(1)3 月 1 日,将应收账款作为抵押,借入款项时

借:银行存款	131 400	
财务费用	3 600	
贷:短期借款		135 000

(2)5 月 19 日,收回 130 000 元应收账款

借:银行存款	130 000	
贷:应收账款		130 000

(3)9 月 1 日,归还银行借款,并支付利息

应支付的利息＝180 000×75％×15％×6/12＝10 125(元)

借:短期借款	135 000	
财务费用——利息费用	10 125	
贷:银行存款		145 125

4.(1)2010 年 8 月 2 日销售成立时

借:应收账款	204 750	
贷:主营业务收入		175 000
应交税费——应交增值税(销项税额)		29 750
借:主营业务成本	48 000	
贷:库存商品		48 000

(2)2010 年 9 月 1 日,出售应收账款时

借:银行存款	165 847.5	
财务费用	8 190	
其他应收款——应收扣留款	30 712.5	
贷:其他应付款		204 750

(3)2010 年 12 月 28 日发生销售退回时

借:主营业务收入	20 000	
应交税费——应交增值税(销项税额)	3 400	
贷:其他应收款——应收扣留款		23 400

(4)2010 年 12 月 31 日计提坏账准备

借:资产减值损失   6 142.5

   贷:坏账准备   6 142.5

实际发生坏账损失时

借:坏账准备   3 300

   贷:其他应收款——应收扣留款   3 300

(5)2011年2月6日该企业与融通公司进行结算

借:其他应付款   204 750

   贷:银行存款   200 737.5

      其他应收款 ——应收扣留款   4 012.5

5.①借:应收票据——B公司   58 500

   贷:主营业务收入   50 000

      应交税费——应交增值税(销项税额)   8 500

借:主营业务成本   42 000

   贷:库存商品   42 000

②应收票据的到期值＝58 500×(1＋10％×3/12)＝59 962.5(元)

  贴现息＝59 962.5×6％×2/12＝599.625(元)

  贴现净值＝59 962.5－599.625＝59 362.875(元)

借:银行存款   59 362.875

  短期借款——利息调整   599.625

   贷:短期借款   59 962.5

③借:短期借款   59 962.5

   贷:银行存款   59 962.5

借:应收账款——B公司   59 962.5

   贷:应收票据   58 500

      财务费用   1 462.5

借:财务费用   599.625

   贷:短期借款——利息调整   599.625

第四章 存 货

一、思考题(略)

二、单项选择题

1.C   2.C   3.D   4.D   5.B

6. C　　7. B　　8. C　　9. A　　10. B

11. B　　12. B　　13. D　　14. C　　15. A

三、多项选择题

1. BCDE　　2. CE　　3. CD　　4. ABCD　　5. AC

6. ABD　　7. ABCD　　8. ACD　　9. ABCE　　10. BCDE

四、计算及会计处理题

1. (1)11 月 6 日采购材料

借:材料采购——甲材料	38 600
应交税费——应交增值税(进项税额)	6 460
贷:银行存款	45 060

(2)11 月 8 日上述材料验收入库

借:原材料——甲材料	39 800
贷:材料采购——甲材料	38 600
材料成本差异	1 200

(3)11 月 20 日,采购材料并验收入库

借:材料采购——甲材料	31 500
应交税费——应交增值税(进项税额)	5 355
贷:应付账款	36 855
借:原材料——甲材料	30 000
材料成本差异	1 500
贷:材料采购——甲材料	31 500

(4)11 月 30 日,汇总发出材料

本月材料成本差异率＝(500－1 200＋1 500)÷(50 000＋39 800＋30 000)

$$= 0.67\%$$

本月发出材料应负担的材料成本差异＝80 000×0.67％＝536(元)

借:生产成本	60 000
制造费用	10 000
管理费用	10 000
贷:原材料——甲材料	80 000
借:生产成本	402
制造费用	67
管理费用	67
贷:材料成本差异	536

2. (1)会计分录

①20×9年11月2日发出委托加工材料

　借:委托加工物资　　　　　　　　　　　　　　　　　600 000

　　贷:原材料　　　　　　　　　　　　　　　　　　　　　　600 000

②20×9年11月20日支付加工费及相关税金

应交增值税＝120 000×17%＝20 400(元)

应交消费税＝(600 000＋120 000)÷(1－10%)×10%＝80 000(元)

　借:委托加工物资　　　　　　　　　　　　　　　　　120 000

　　　应交税费——应交增值税(进项税额)　　　　　　20 400

　　　　　　　——应交消费税　　　　　　　　　　　　80 000

　　贷:银行存款　　　　　　　　　　　　　　　　　　　　220 400

③20×9年11月25日支付运杂费

　借:委托加工物资　　　　　　　　　　　　　　　　　10 000

　　贷:银行存款　　　　　　　　　　　　　　　　　　　　10 000

④20×9年11月30日收回加工材料

　借:原材料　　　　　　　　　　　　　　　　　　　　730 000

　　贷:委托加工物资　　　　　　　　　　　　　　　　　　730 000

(2)计算应计提的存货跌价准备

①B产品可变现净值＝1 000×1 100－20 000＝1 080 000(元)

B产品成本＝730 000＋450 000＝1 180 000(元)

因为B产品成本大于B产品可变现净值,所以A材料应按可变现净值与成本孰低计价。

②A材料可变现净值＝1 000×1 100－450 000－20 000＝630 000(元)

A材料成本为730 000元。

应计提存货跌价准备＝730 000－630 000＝100 000(元)

　借:资产减值损失　　　　　　　　　　　　　　　　　100 000

　　贷:存货跌价准备　　　　　　　　　　　　　　　　　　100 000

3.(1)甲产品

2013年12月31日的可变现净值＝(102－1)×200＝20 200元大于其成本20 000元,所以甲产品在2013年末没有发生减值,应转回原计提的存货跌价准备＝500－400＝100元。

　借:存货跌价准备——甲产品　　　　　　　　　　　　100

　　贷:资产减值损失　　　　　　　　　　　　　　　　　　100

(2)乙产品

2013年12月31日合同内200件乙产品的可变现净值＝(510－4)×200＝101 200元大于其成本101 000元(505×200),所以合同内200件没有发生减值,不需要计提存货跌价准备。

超过合同数量的 100 件乙产品的可变现净值 = (500－4)×100 = 49 600 元,其成本 = 505×100 = 50 500 元,所以合同内 100 件发生了减值,应计提存货跌价准备金额 = 50 500－49 600 = 900 元。

借:资产减值损失   900
  贷:存货跌价准备——乙产品   900

(3)A 材料

2013 年 12 月 31 日丙产品的可变现净值 = (178－1.5)×700 = 123 550 元,成本 = 98 000＋30 000 = 128 000 元,因为丙产品的可变现净值小于其成本,所以 A 材料期末应采用成本与可变现净值孰低法计量。

A 材料的可变现净值 = 178×700－30 000－1.5×700 = 93 550 元,成本 = 98 000 元,所以 A 材料应计提存货跌价准备金额 = 98 000－93 550 = 4 450 元。

借:资产减值损失   4 450
  贷:存货跌价准备——A 材料   4 450

第五章　金融资产

一、思考题(略)

二、单项选择题

1. C	2. B	3. B	4. A	5. D
6. B	7. D	8. D	9. A	10. A
11. D	12. C			

三、多项选择题

1. ABDE	2. ABC	3. ABD	4. AC	5. ABC
6. ABC	7. ABC	8. ACD	9. CE	10. CDE

四、计算及会计处理题

1. (1)① 2010 年 4 月 10 日

借:交易性金融资产——成本　　　　　　　　　　　700
　　应收股利　　　　　　　　　　　　　　　　　　20
　　投资收益　　　　　　　　　　　　　　　　　　10
　　贷:银行存款　　　　　　　　　　　　　　　　　　　　730
②2010 年 5 月 1 日
　借:银行存款　　　　　　　　　　　　　　　　　　20
　　贷:应收股利　　　　　　　　　　　　　　　　　　　　20
③2010 年 6 月 30 日
　借:公允价值变动损益　　　　　　　　　　　　　　60
　　贷:交易性金融资产——公允价值变动　　　　　　　　　60
④2010 年 8 月 5 日
　借:应收股利　　　　　　　　　　　　　　　　　　60
　　贷:投资收益　　　　　　　　　　　　　　　　　　　　60
⑤2010 年 8 月 15 日
　借:银行存款　　　　　　　　　　　　　　　　　　60
　　贷:应收股利　　　　　　　　　　　　　　　　　　　　60
⑥2010 年 12 月 31 日
　借:交易性金融资产——公允价值变动　　　　　　　80
　　贷:公允价值变动损益　　　　　　　　　　　　　　　　80
⑦2011 年 1 月 3 日
　借:银行存款　　　　　　　　　　　　　　　　　　730
　　公允价值变动损益　　　　　　　　　　　　　　　20
　　贷:交易性金融资产——成本　　　　　　　　　　　　　700
　　　　交易性金融资产——公允价值变动　　　　　　　　　20
　　　　投资收益　　　　　　　　　　　　　　　　　　　　30
(2)该项交易性金融资产的累计损益＝－10－60＋60＋80－20＋30＝80 万元
2.(1)2009 年 1 月 2 日
　借:持有至到期投资——成本　　　　　　　　　　　1 000
　　应收利息　　　　　　　　　　　　　　　　　　40
　　贷:银行存款　(992.77＋20)　　　　　　　　　　　1 012.77
　　　　持有至到期投资——利息调整　　　　　　　　　　　27.23
(2)2009 年 1 月 5 日
　借:银行存款　　　　　　　　　　　　　　　　　　40
　　贷:应收利息　　　　　　　　　　　　　　　　　　　　40
(3)2009 年 12 月 31 日

借:应收利息   40

   持有至到期投资——利息调整   8.64

   贷:投资收益   [(1 000-27.23)×5%]   48.64

(4)2010 年 1 月 5 日

借:银行存款   40

   贷:应收利息   40

(5)2010 年 12 月 31 日

借:应收利息   40

   持有至到期投资——利息调整   9.07

   贷:投资收益   [(1 000-27.23+8.64)×5%]   49.07

(6)2011 年 1 月 5 日

借:银行存款   40

   贷:应收利息   40

(7)2011 年 12 月 31 日

借:应收利息   40

   持有至到期投资——利息调整(27.23-8.64-9.07)(差额调整)   9.52

   贷:投资收益   49.52

(8)2012 年 1 月 1 日

借:银行存款   1 040

   贷:持有至到期投资——成本   1 000

     应收利息   40

3.①2010 年 5 月 10 日

借:可供出售金融资产——成本   610

   贷:银行存款   610

②2010 年 6 月 30 日

借:资本公积——其他资本公积   40

   贷:可供出售金融资产——公允价值变动   40

③2010 年 8 月 10 日

借:应收股利   12

   贷:投资收益   12

④2010 年 8 月 20 日

借:银行存款   12

   贷:应收股利   12

⑤2010 年 12 月 31 日

借:可供出售金融资产——公允价值变动   60

   贷:资本公积——其他资本公积   60

⑥2011 年 1 月 3 日

借:银行存款	640	
资本公积——其他资本公积	20	
贷:可供出售金融资产——成本		610
可供出售金融资产——公允价值变动		20
投资收益		30

(2)该项可供出售金融资产的累计损益＝12＋30＝42 万元

4.(1)2013 年 1 月 1 日

借:可供出售金融资产——成本	2 000	
应收利息(2 000×5%)	100	
可供出售金融资产——利息调整	72.60	
贷:银行存款		2 172.60

(2)2013 年 1 月 5 日

借:银行存款	100	
贷:应收利息		100

(3)2013 年 12 月 31 日

应确认的投资收益＝期初摊余成本×实际利率＝(2 000＋72.60)×4%
＝82.9(万元)

借:应收利息	100	
贷:投资收益		82.9
可供出售金融资产——利息调整		17.1

可供出售金融资产账面价值＝2 000＋72.60－17.1＝2 055.5(万元),公允
价值为 2 035 万元,应确认公允价值变动损失＝2 055.5－2 035＝20.5(万元)。

借:资本公积——其他资本公积	20.5	
贷:可供出售金融资产——公允价值变动		20.5

(4)2014 年 1 月 5 日

借:银行存款	100	
贷:应收利息		100

(5)2014 年 12 月 31 日

应确认的投资收益＝期初摊余成本×实际利率＝(2 000＋72.60－17.1)×
4%＝82.22(万元),注意这里不考虑 2013 年末的公允价值暂时性变动。

借:应收利息	100	
贷:投资收益		82.22
可供出售金融资产——利息调整		17.78

可供出售金融资产账面价值＝2 035－17.78＝2 017.22(万元),公允价值
为 1 920 万元,由于预计未来现金流量会持续下降,所以公允价值变动损失＝

2 017.22－1 920＝97.22（万元），并将原计入资本公积的累计损失转出：

借：资产减值损失　　　　　　　　　　　　　　　　117.72

　　贷：可供出售金融资产——公允价值变动　　　　　　　　　97.22

　　　　资本公积——其他资本公积　　　　　　　　　　　　20.5

（6）2015 年 1 月 5 日

借：银行存款　　　　　　　　　　　　　　　　　　100

　　贷：应收利息　　　　　　　　　　　　　　　　　　　100

（7）2015 年 12 月 31 日

应确认的投资收益＝期初摊余成本×实际利率＝1 920×4％＝76.8（万元）

借：应收利息　　　　　　　　　　　　　　　　　　100

　　贷：投资收益　　　　　　　　　　　　　　　　　　　76.8

　　　　可供出售金融资产——利息调整　　　　　　　　　　23.2

可供出售金融资产账面价值＝1 920－23.2＝1 896.8（万元），公允价值为 1 940万元，应该转回原确认的资产减值损失＝1 940－1 896.8＝43.2（万元）。

借：可供出售金融资产——公允价值变动　　　　　　43.2

　　贷：资产减值损失　　　　　　　　　　　　　　　　　43.2

（8）2016 年 1 月 5 日

借：银行存款　　　　　　　　　　　　　　　　　　100

　　贷：应收利息　　　　　　　　　　　　　　　　　　　100

（9）2016 年 1 月 15 日

借：银行存款　　　　　　　　　　　　　　　　　　1 960

　　可供出售金融资产——公允价值变动(20.5＋97.22－43.2)　74.52

　　贷：可供出售金融资产——成本　　　　　　　　　　　2 000

　　　　可供出售金融资产——利息调整(72.6－17.1－17.78－23.2)　14.52

　　　　投资收益　　　　　　　　　　　　　　　　　　　20

5.（1）2011 年 1 月 1 日购入债券

借：持有至到期投资——成本　　　　　　　　　　　1 000

　　利息调整　　　　　　　　　　　　　　　　　　100

　　贷：银行存款　　　　　　　　　　　　　　　　　　　1 100

（2）2011 年 12 月 31 日甲公司该债券投资收益＝1 100×6.4％＝70.4（万元）

2011 年 12 月 31 日甲公司该债券应计利息＝1 000×10％＝100（万元）

2011 年 12 月 31 日甲公司该债券利息调整摊销额＝100－70.4＝29.6（万元）

借：持有至到期投资——应计利息　　　　　　　　　100

　　贷：持有至到期投资——利息调整　　　　　　　　　　29.6

　　　　投资收益　　　　　　　　　　　　　　　　　　　70.4

（3）2012 年 1 月 1 日甲公司售出该债券的损益＝955－（800＋56.32＋80）

＝18.68(万元)

借:银行存款　　　　　　　　　　　　　　　　　　　955

　　贷:持有至到期投资——成本　　　　　　　　　　　　　800

　　　　　　　　——应计利息　　　　　　　　　　　　80

　　　　　　　　——利息调整　　　　　　　　　　　56.32

　　投资收益　　　　　　　　　　　　　　　　　　18.68

(4)2012 年 1 月 1 日甲公司该债券剩余部分的摊余成本＝1100＋100－29.6－800－56.32－80＝234.08(万元)

借:可供出售金融资产　　　　　　　　　　　　　　　240

　　贷:持有至到期投资——成本　　　　　　　　　　　　200

　　　　　　　　——应计利息　　　　　　　　　　　20

　　　　　　　　——利息调整　　　　　　　　　　14.08

　　资本公积　　　　　　　　　　　　　　　　　　5.92

第六章　长期股权投资与投资性房地产

一、思考题(略)

二、单项选择题

1. C	2. B	3. C	4. A	5. D
6. A	7. C	8. C	9. D	10. A
11. B	12. A	13. B	14. B	15. D
16. C	17. D	18. A	19. B	20. A
21. A	22. D	23. A	24. A	

三、多项选择题

1. AC	2. BC	3. ACD	4. BC	5. ABC
6. ABCDE	7. ABC	8. BDE	9. ABCDE	10. ABC
11. ABCDE				

四、计算及会计处理题

1. (1)2012 年 1 月 1 日

借:长期股权投资——乙公司 2 000

    贷:银行存款 2 000

(2)2012 年 5 月 12 日

借:应收股利 10

    贷:投资收益 10

(3)2013 年 3 月

借:应收股利 14

    贷:投资收益 14

(4)2014 年 4 月

借:应收股利 16

    贷:投资收益 16

收取股利的会计分录略。

2.(1)2013 年 1 月 1 日

借:长期股权投资——B 企业(成本) 5 100

    贷:银行存款 5 000

       营业外收入 100

(2)2013 年 12 月 31 日

被投资单位当期利润表中已按其账面价值计算扣除的固定资产折旧费用为 200 万元,按照取得投资时点上固定资产的公允价值计算确定的折旧费用为 400 万元,投资企业按照持股比例计算确认的当期投资收益(1 000−200)×30%=240 万元。

借:长期股权投资——B 企业(损益调整) 240

    贷:投资收益 240

3.(1) 甲公司 2011 年 1 月 1 日

借:长期股权投资——乙公司 2 500

    贷:银行存款 2 500

(2)2011 年 2 月 15 日

借:应收股利 360

    贷:投资收益 360

(3)2011 年 3 月 2 日

借:银行存款 360

    贷:应收股利 360

(4)2012 年 2 月 20 日

借:应收股利 480

    贷:投资收益 480

(5)2012 年 3 月 10 日

借:银行存款　480

　　贷:应收股利　480

(6)2013 年 1 月 1 日

转让对乙公司全部投资的 50％时

　借:银行存款　1 320

　　贷:长期股权投资——乙公司　1 250

　　　投资收益　70

追溯调整:

　借:长期股权投资——乙公司(投资成本)　1 320

　　　　　　——乙公司(损益调整)　510

　　贷:长期股权投资——乙公司　1 250

　　　盈余公积　58

　　　利润分配——未分配利润　522

(7)2013 年乙公司实现净利润 1200 万元

　借:长期股权投资——乙公司(损益调整)　360

　　贷:投资收益　360

4.(1)2011 年 1 月 1 日

　借:长期股权投资——B公司(投资成本)　1 010

　　贷:银行存款　1 010

长期股权投资的初始投资成本大于应享有的 B 公司可辨认净资产公允价值 900 万(3 000×30％),两者之间的差额不调整长期股权投资的账面价值。

(2)2011 年 12 月 31 日

固定资产折旧:B公司＝300÷10＝30(万元)

　　　　　　　A公司＝400÷10＝40(万元)

无形资产摊销:B公司＝100÷5＝20(万元)

　　　　　　　A公司＝150÷5＝30(万元)

调整后的净利润＝400－10－10＝380(万元)

A 公司应享受的份额＝380×30％＝114(万元)

　借:长期股权投资——B公司(损益调整)　114

　　贷:投资收益　114

(3)2012 年 12 月 31 日

固定资产折旧:B公司＝300÷10＝30(万元)

　　　　　　　A公司＝400÷10＝40(万元)

无形资产摊销:B公司＝100÷5＝20(万元)

　　　　　　　A公司＝150÷5＝30(万元)

调整后的净亏损＝4 000＋10＋10＝4 020(万元)

A公司应承担的份额＝4 020×30％＝1 206(万元)

A公司应享有的其他权益变动份额＝200×30％＝60(万元)

借:长期股权投资——B公司(其他权益变动)　　　　　60

　　贷:资本公积——其他资本公积　　　　　　　　　　　　60

借:投资收益　　　　　　　　　　　　　　　　　1 184

　　贷:长期股权投资——B公司(损益调整)　　　　　　　1 184

A公司应在备查账中登记未确认损失22万元。

(4)2013 年 12 月 31 日

固定资产折旧:B公司＝300÷10＝30(万元)

　　　　　　　A公司＝400÷10＝40(万元)

无形资产摊销:B公司＝100÷5＝20(万元)

　　　　　　　A公司＝150÷5＝30(万元)

调整后的净利润＝520－10－10＝500(万元)

A公司应享受的份额＝500×30％＝150(万元)

弥补备查账中未确认损失22万,剩余部分确认为投资收益。

借:长期股权投资——B公司(损益调整)　　　　　128

　　贷:投资收益　　　　　　　　　　　　　　　　　　128

(5)2014 年 1 月 1 日

借:银行存款　　　　　　　　　　　　　　　　　70

　　长期股权投资——B公司(损益调整)　　　　　471

　　贷:长期股权投资——B公司(投资成本)　　　　　　505

　　　　　　　　　　——B公司(其他权益变动)　　　　　30

　　　投资收益　　　　　　　　　　　　　　　　　　　6

借:资本公积——其他资本公积　　　　　　　　　30

　　贷:投资收益　　　　　　　　　　　　　　　　　　30

借:长期股权投资——B公司　　　　　　　　　　64

　　　　　　　——B公司(损益调整)　　　　　　471

　　贷:长期股权投资——B公司(投资成本)　　　　　　505

　　　　　　　　　　——B公司(其他权益变动)　　　　　30

5.(1)2013 年 1 月 1 日

借:长期股权投资——乙公司　　　　　　　　　2 000

　　贷:银行存款　　　　　　　　　　　　　　　　　2 000

(2)2013 年 3 月 15 日

借:应收股利　　　　　　　　　　　　　　　　　60

　　贷:投资收益　　　　　　　　　　　　　　　　　　60

(3)2013 年 4 月 1 日

借:银行存款   60

  贷:应收股利   60

(4)2014 年 1 月 1 日

借:长期股权投资——乙公司(投资成本)   3 200

  贷:银行存款   3 200

初始投资成本 3 200 万元大于应享有的被投资企业可辨认净资产公允价值的份额(21000×15%＝3 150 万元),不作调整。

(5)成本法转为权益法进行的追溯调整

借:长期股权投资——乙公司(投资成本)   2 000

            ——乙公司(损益调整)   140

            ——乙公司(其他权益变动)   40

  贷:长期股权投资——乙公司   2 000

    盈余公积   14

    利润分配——未分配利润   126

    资本公积——其他资本公积   40

6.(1)2011 年 12 月 31 日

借:投资性房地产   5 000

  累计折旧   500

  固定资产减值准备   200

  贷:固定资产   5 000

    投资性房地产累计折旧   500

    投资性房地产减值准备   200

(2)2012 年 12 月 31 日

借:银行存款   600

  贷:其他业务收入   600

借:其他业务成本   430

  贷:投资性房地产累计折旧   430

2012 年 12 月 31 日,投资性房地产的账面价值＝4 300－430＝3 870 万元,可收回金额为 4 000 万元,按规定,计提的减值准备不能转回。

(3)2013 年 12 月 31 日

借:银行存款   600

  贷:其他业务收入   600

借:其他业务成本   430

  贷:投资性房地产累计折旧   430

2013 年 12 月 31 日,投资性房地产的账面价值＝3 870－430＝3 440 万元,可收回金额为 3 300 万元,应计提减值准备 140 万元。

借:资产减值损失 140

　　贷:投资性房地产减值准备 140

(4)2014 年 12 月 31 日

借:银行存款 600

　　贷:其他业务收入 600

借:其他业务成本 412.5

　　贷:投资性房地产累计折旧 412.5

2014 年 12 月 31 日,投资性房地产的账面价值=3 300-412.5=2 887.5 万元,可收回金额为 2 980 万元,按规定,计提的减值准备不能转回。

借:固定资产 5 000

　　投资性房地产累计折旧 1 772.5

　　投资性房地产减值准备 340

　　贷:投资性房地产 5 000

　　　　累计折旧 1 772.5

　　　　固定资产减值准备 340

(5)2015 年 12 月 31 日

借:管理费用 412.5

　　贷:累计折旧 412.5

2015 年 12 月 31 日,固定资产的账面价值=2 887.5-412.5=2 475 万元,可收回金额为 2 304 万元,按规定,应计提减值准备 171 万元。

借:资产减值损失 171

　　贷:固定资产减值准备 171

(6)2016 年 1 月 5 日

借:管理费用 32

　　贷:累计折旧 32

借:固定资产清理 2 272

　　累计折旧 2 217

　　固定资产减值准备 511

　　贷:固定资产 5 000

借:银行存款 2 292

　　贷:固定资产清理 2 292

借:固定资产清理 20

　　贷:营业外收入 20

7.(1)2011 年 1 月 1 日

借:投资性房地产——成本	3 200	
贷:开发商品		3 000
资本公积——其他资本公积		200

(2)2011 年 12 月 31 日

借:银行存款	150	
贷:其他业务收入		150
借:公允价值变动损益	50	
贷:投资性房地产——公允价值变动		50

(3)2012 年 12 月 31 日

借:银行存款	150	
贷:其他业务收入		150
借:公允价值变动损益	30	
贷:投资性房地产——公允价值变动		30

(4)2013 年 12 月 31 日

借:银行存款	150	
贷:其他业务收入		150
借:公允价值变动损益	70	
贷:投资性房地产——公允价值变动		70

(5)2014 年 1 月 5 日

借:银行存款	3 080	
贷:其他业务收入		3 080
借:其他业务成本	3 050	
投资性房地产——公允价值变动	150	
贷:投资性房地产——成本		3 200
借:资本公积——其他资本公积	200	
贷:其他业务成本		200
借:其他业务成本	150	
贷:公允价值变动损益		150

第七章　固定资产

一、思考题(略)

二、单项选择题

1.A　　　　2.A　　　　3.C　　　　4.A　　　　5.B

6. B	7. C	8. C	9. A	10. A
11. D	12. B	13. A	14. C	15. B
16. C	17. A	18. B	19. C	20. D

三、多项选择题

| 1. ABCD | 2. ABCD | 3. BDE | 4. ABCD | 5. AB |
| 6. BCDE | 7. ACDE | 8. ABC | 9. ABD | 10. CD |

四、计算及会计处理题

1.(1)购入时

借:在建工程——在安装设备 206

应交税费——应交增值税(进项税额) 34

贷:银行存款 240

(2)安装过程中发生各项支出

借:在建工程——在安装设备 34

贷:原材料 20

银行存款 14

(3)安装完毕,交付使用

借:固定资产 240

贷:在建工程——在安装设备 240

(4)2009 年度应计提的折旧额＝(240－15)×5/15×1/2＝37.5(万元)

借:制造费用 37.5

贷:累计折旧 37.5

(5)2010 年度应计提的折旧额＝(240－15)×5/15×1/2＋(240－15)×4/15×1/2＝67.5(万元)

借:制造费用 67.5

贷:累计折旧 67.5

(6)2010 年 12 月 31 日,甲公司将该设备出售

①固定资产转入清理

借:固定资产清理 135

累计折旧 105

贷:固定资产 240

②收到出售价款存入银行

借:银行存款 140

贷:固定资产清理 140

③支付清理费用

借:固定资产清理　　　　　　　　　　　　　　　　　　　2

　　贷:银行存款　　　　　　　　　　　　　　　　　　　　　　　2

④结转清理净收益

借:固定资产清理　　　　　　　　　　　　　　　　　　　3

　　贷:营业外收入——处置非流动资产净收益　　　　　　　　　3

2.(1)

①计算总价款的现值作为固定资产入账价值(公允价值)

2008 年 1 月 1 日的现值＝4 000÷(1＋8%)＋2 000÷(1＋8%)²

　　　　　　　　　　　＝3 703.70＋1 714.68＝5 418.38(万元)

②确定总价款与现值的差额作为未确认融资费用

未确认融资费用＝6 000－5 418.38＝581.62(万元)

2008 年 1 月 1 日编制会计分录

借:固定资产　　　　　　　　　　　　　　　　　5 418.38

　　未确认融资费用　　　　　　　　　　　　　　581.62

　　贷:长期应付款　　　　　　　　　　　　　　　　　　6 000

(2)2008 年 12 月 31 日支付款项并分摊未确认融资费用

借:长期应付款　　　　　　　　　　　　　　　　4 000

　　贷:银行存款　　　　　　　　　　　　　　　　　　4 000

借:财务费用　　　　　　　　　　　　　　　　　433.47

　　贷:未确认融资费用　　　　　　　　　　　　　　　433.47

2009 年 12 月 31 日支付款项并分摊未确认融资费用

借:长期应付款　　　　　　　　　　　　　　　　2 000

　　贷:银行存款　　　　　　　　　　　　　　　　　　2 000

借:财务费用　　　　　　　　　　　　　　　　　148.15

　　贷:未确认融资费用　　　　　　　　　　　　　　　148.15

3.(1)编制 2010 年 10 月 11 日购入一批工程物资的会计分录

借:工程物资　　　　　　　　　　　　　　　　　1 139

　　应交税费——应交增值税(进项税额)　　　　　187

　　贷:银行存款　　　　　　　　　　　　　　　　　　1 326

(2)编制 2010 年建造生产线有关会计分录

借:在建工程　　　　　　　　　　　　　　　　　1 224.2

　　贷:工程物资　　　　　　　　　　　　　　　　　　1 139

　　　原材料　　　　　　　　　　　　　　　　　　　　50

　　　应付职工薪酬　　　　　　　　　　　　　　　　　35.2

借:营业外支出   20

  其他应收款   5

  贷:在建工程   25

借:在建工程   10

  贷:原材料   10

借:库存商品   20

  贷:在建工程   20

(3)编制 2010 年 12 月 31 日该生产线达到预定可使用状态的会计分录

固定资产入账金额=1 224.2－25+10－20=1 189.2(万元)

借:固定资产   1 189.2

  贷:在建工程   1 189.2

(4)计算 2011 年度该生产线计提折旧额,并编制相应的会计分录

2011 年折旧额=(1 189.2－29.2)÷5=232(万元)

借:制造费用   232

  贷:累计折旧   232

(5)计算 2011 年 12 月 31 日该生产线应计提的固定资产减值准备金额,并编制相应的会计分录

应计提减值准备金额=(1 189.2－232)－935=22.2(万元)

借:资产减值损失   22.2

  贷:固定资产减值准备   22.2

(6)计算 2012 年度该生产线改良前计提的折旧额,并编制相应的会计分录

2012 年 1—6 月应计提折旧额=(935－25)÷4÷2=113.75(万元)

借:制造费用   113.75

  贷:累计折旧   113.75

(7)编制 2012 年 6 月 30 日该生产线转入改良时的会计分录

借:在建工程   821.25

  累计折旧   345.75

  固定资产减值准备   22.2

  贷:固定资产   1 189.2

(8)计算 2012 年 8 月 20 日改良工程达到预定可使用状态后该生产线的成本,并编制相应的会计分录

改良后生产线成本=821.25+78.75=900(万元)

借:固定资产   900

  贷:在建工程   900

(9)计算 2012 年度该生产线改良后计提的折旧额,并编制相应的会计分录

2012 年改良后应计提折旧额=(900－15)÷5÷12×4=59(万元)

| 借:制造费用 | 59 | |
| 贷:累计折旧 | | 59 |

(10)编制 2013 年 4 月 30 日出售该生产线相关的会计分录

2013 年 1—4 月应计提折旧额＝(900－15)÷5÷12×4＝59(万元)

借:固定资产清理	782	
累计折旧	118	
贷:固定资产		900
借:银行存款	936	
贷:固定资产清理		800
应交税费——应交增值税(销项税额)		136
借:固定资产清理	18	
贷:营业外收入		18

4.(1)本项租赁业务属于融资租赁

理由:承租人甲公司最低租赁付款额的现值＝$500÷(1＋6\%)＋500÷(1＋6\%)^2＋50÷(1＋6\%)^2＝961.20$ 万元,占租赁资产公允价值 961.20 万元的 90％以上,因此符合融资租赁的判断标准,该项租赁应当认定为融资租赁。

(2)2011 年 12 月 31 日起租日的会计分录

最低租赁付款额＝500×2＋50＝1 050(万元) 租赁资产公允价值与最低租赁付款额现值均为 961.20 万元,所以租赁资产的入账价值为 961.20 万元。

未确认的融资费用＝1 050－961.20＝88.80(万元)

借:固定资产——融资租入固定资产	961.20	
未确认融资费用	88.80	
贷:长期应付款		1 050

(3)2012 年 12 月 31 日

支付租金:

| 借:长期应付款 | 500 | |
| 贷:银行存款 | | 500 |

当年应分摊的融资费用＝961.20×6％＝57.67(万元)

| 借:财务费用 | 57.67 | |
| 贷:未确认融资费用 | | 57.67 |

当年应计提的折旧额＝(961.20－50)÷2＝455.60(万元)

| 借:制造费用 | 455.60 | |
| 贷:累计折旧 | | 455.60 |

(4)2013 年 12 月 31 日

支付租金:

借:长期应付款   500

 贷:银行存款   500

当年应分摊的融资费用 = 88.80 − 57.67 = 31.13(万元)

借:财务费用   31.13

 贷:未确认融资费用   31.13

当年应计提的折旧额 = (961.20 − 50) ÷ 2 = 455.60(万元)

借:制造费用   455.60

 贷:累计折旧   455.60

归还设备:

借:长期应付款   50

 累计折旧   911.20

 贷:固定资产——融资租入固定资产   961.20

第八章　无形资产及其他资产

一、思考题(略)

二、单项选择题

1. B	2. B	3. A	4. B	5. D
6. B	7. A	8. C	9. C	10. B
11. D	12. D	13. C	14. C	15. B

三、多项选择题

1. ABCD	2. ABCD	3. ABCD	4. BD	5. ABDE
6. ACD	7. ABCDE			

四、计算及会计处理题

1.(1)2011 年 2 月 1 日购入土地使用权

借:无形资产——土地使用权   960

 贷:银行存款   960

(2)2011 年度土地使用权的摊销金额 = 960 ÷ 20 × 11/12 = 44(万元)

2011 年 12 月 31 日土地使用权的账面价值 = 960 − 44 = 916(万元)

(3)甲公司 2011 年研制开发专有技术的有关账务处理

①2011 年 6 月支付专有技术研究阶段相关费用

借:管理费用   50
　　贷:银行存款   50

②2011 年 8 月开发阶段发生各项支出

借:研发支出——资本化支出   150
　　贷:应付职工薪酬   50
　　　　原材料   80
　　　　累计折旧   20

③2011 年 10 月专有技术达到预定用途

借:无形资产——非专利技术   150
　　贷:研发支出——资本化支出   150

(4)专有技术 2011 年的摊销金额 $=150 \div 5 \times 3/12 = 7.5$(万元)

借:管理费用   7.5
　　贷:累计摊销   7.5

(5)专有技术 2012 年的摊销金额 $=150 \div 5 = 30$(万元)

2012 年末减值测试前专有技术的账面价值 $=150 - 7.5 - 30 = 112.5$(万元)

专有技术的可收回金额 $=105$(万元)

应确认的减值损失额 $=112.5 - 105 = 7.5$(万元)

借:管理费用   30
　　贷:累计摊销   30
借:资产减值损失   7.5
　　贷:无形资产减值准备   7.5

(6)专有技术 2013 年的摊销金额 $=105 \div (5 \times 12 - 3 - 12) \times 12 = 28$(万元)

借:管理费用   28
　　贷:累计摊销   28

(7)专有技术出售形成的净损益 $=90 - (150 - 7.5 - 30 - 7.5 - 28) = 13$(万元)

借:银行存款   90
　　累计摊销   65.5
　　无形资产减值准备   7.5
　　贷:无形资产——非专利技术   150
　　　　营业外收入——处置非流动资产收益   13

2.(1)

①发生各项研发费用

借：研发支出——费用化支出　　　　　　　　　　　　60
　　　　　　——资本化支出　　　　　　　　　　　　220
　　贷：原材料　　　　　　　　　　　　　　　　　　　　200
　　　　应付职工薪酬　　　　　　　　　　　　　　　　　50
　　　　银行存款　　　　　　　　　　　　　　　　　　　30

②2012年年末结转费用化的研发支出

借：管理费用　　　　　　　　　　　　　　　　　　　60
　　贷：研发支出——费用化支出　　　　　　　　　　　　60

③2013年1月12日，该非专利技术达到预定用途，结转资本化支出

借：无形资产——非专利技术　　　　　　　　　　　　220
　　贷：研发支出——资本化支出　　　　　　　　　　　　220

（2）由于该项非专利技术在2013年年末账面价值220万元大于可收回金额为210万元，所以发生了减值，应计提10万元的资产减值准备。

借：资产减值损失　　　　　　　　　　　　　　　　　10
　　贷：无形资产减值准备　　　　　　　　　　　　　　　10

第九章　流动负债

一、思考题（略）

二、单项选择题

1. D	2. A	3. D	4. B	5. D
6. C	7. C	8. B	9. A	10. B
11. A	12. C	13. B	14. A	15. D
16. B	17. B	18. D		

三、多项选择题

| 1. ABCDE | 2. ABCD | 3. AB | 4. ABCD | 5. ABD |
| 6. ABCD | 7. AB | 8. AB | 9. ABDE | 10. BD |

四、计算及会计处理题

1.（1）发放在职职工工资时

  借:应付职工薪酬——工资   475 000

    贷:银行存款   475 000

(2)结转代扣款项

  借:应付职工薪酬——工资   29 000

    贷:其他应付款   29 000

(3)结转代扣个人所得税

  借:应付职工薪酬——工资   18 500

    贷:应交税费——应交个人所得税   18 500

(4)月份终了,分配工资时,编制如下会计分录

  借:生产成本   382 000

    管理费用   140 500

    贷:应付职工薪酬——工资   522 500

(5)决定发放非货币性福利时

  借:生产成本[3 000×350×(1+17%)]   1 228 500

    管理费用[3 000×50×(1+17%)]   175 500

    贷:应付职工薪酬   1 404 000

(6)实际发放非货币性福利时

  借:应付职工薪酬   1 404 000

    贷:主营业务收入   1 200 000

      应交税费——应交增值税(销项税额)   204 000

  借:主营业务成本   800 000

    贷:库存商品   800 000

2.(1)销售 A 型汽车

  借:应收账款   5 265 000

    贷:主营业务收入   4 500 000

      应交税费——应交增值税(销项税额)   765 000

  借:营业税金及附加   360 000

    贷:应交税费——应交消费税   360 000

(2)购入原材料

  借:原材料   509 300

    应交税费——应交增值税(进项税额)   85 700

    贷:银行存款   595 000

(3)发生意外事故损失

转出进项税额=(10 186-186)×17%+186÷(1-7%)×7%=1 714(元)

借:营业外支出   11 900
　　贷:原材料   10 186
　　　　应交税费——应交增值税(进项税额转出)   1 714

(4) 应交营业税

借:银行存款   10 000
　　贷:其他业务收入   10 000

借:营业税金及附加   500
　　贷:应交税费——应交营业税   500

(5) 应交其他税费＝(765 000－85 700＋1 714＋360 000＋500)×(5％＋3％)

　　　　　　　　＝1 041 514×(5％＋3％)＝52 075.7＋31 245.42

　　　　　　　　＝83 321.12(元)

借:营业税金及附加   83 321.12
　　贷:应交税费——应交城市维护建设税   52 075.7
　　　　应交税费——应交城市维护建设税   31 245.42

3.(1)第一季度

发生产品质量保证费用(维修费):

借:预计负债——产品质量保证   60 000
　　贷:银行存款(或原材料等)   60 000

第一季度末应确认的产品质量保证负债金额为:

25 000×200×(1％＋2％)÷2＝7.5(万元)

借:销售费用——产品质量保证   75 000
　　贷:预计负债——产品质量保证   75 000

第一季度末,"预计负债——产品质量保证"科目余额为7.5万元。

(2)第二季度

发生产品质量保证费用(维修费):

借:预计负债——产品质量保证   80 000
　　贷:银行存款(或原材料等)   80 000

第二季度末应确认的产品质量保证负债余额为:

25 000×300×(1％＋2％)÷2＝11.25(万元)

借:销售费用——产品质量保证   112 500
　　贷:预计负债——产品质量保证   112 500

第二季度末,"预计负债——产品质量保证"科目余额为10.75万元。

(3)第三季度

发生产品质量保证费用(维修费):

借:预计负债——产品质量保证   100 000
　　贷:银行存款(或原材料等)   100 000

第三季度末应确认的产品质量保证负债余额为：

$25\,000 \times 200 \times (1\% + 2\%) \div 2 = 7.5$（万元）

借：销售费用——产品质量保证   75 000

  贷：预计负债——产品质量保证   75 000

第三季度末，"预计负债——产品质量保证"科目余额为 8.25 万元。

（4）第四季度

发生产品质量保证费用（维修费）：

借：预计负债——产品质量保证   100 000

  贷：银行存款（或原材料等）   100 000

第四季度末应确认的产品质量保证负地金额为：

$25\,000 \times 280 \times (1\% + 2\%) \div 2 = 10.5$（万元）

借：销售费用——产品质量保证   105 000

  贷：预计负债——产品质量保证   105 000

第四季度末，"预计负债——产品质量保证"科目余额为 8.75 万元。

4.（1）甲公司披露还款和或有资产事项

本公司委托银行向乙公司贷款 5 000 万元，乙公司逾期未还。为此，本公司依法起诉。经一审判决本公司胜诉，要求乙公司偿还本公司贷款本金和利息 5 500 万元，并支付罚金 20 万元，承担诉讼费 5 万元。直至 2011 年 12 月 31 日，乙公司尚未履行判决。

（2）乙公司分录

借：管理费用——诉讼费   50 000

  营业外支出——罚息   200 000

  贷：预计负债——未决诉讼   250 000

乙公司披露还款和预计负债事项：由于本公司借款逾期未还，被甲公司提起诉讼。一审判决本公司败诉。责成本公司向甲公司偿付贷款本金利息 5 500 万元，并支付罚金 20 万元，承担诉讼费 5 万元。直至 2011 年 12 月 31 日，本公司尚未履行判决。

5.甲公司 2010 年 12 月 31 日对该项或有事项作出有关会计处理如下：

借：营业外支出   10 000

  贷：预计负债   10 000

甲公司在该批产品生产出来后，应将预计负债冲减存货成本：

借：预计负债   10 000

  贷：库存商品   10 000

第十章　长期负债

一、思考题(略)

二、单项选择题

1. D	2. C	3. C	4. D	5. B
6. D	7. A	8. A	9. C	10. D
11. D	12. D			

三、多项选择题

1. BCD	2. ABD	3. ABC	4. BD	5. CD
6. BD	7. ABCD	8. ABCE	9. BC	10. ABD

四、计算及会计处理题

1.(1)借款辅助费用10万资本化

借:在建工程　　　　　　　　　　　　　　　　　　　　　100 000

　　贷:银行存款　　　　　　　　　　　　　　　　　　　　　　100 000

(2) 2010年9月1日—2010年12月31日专门借款利息＝5 000×6％×120/360＝100(万元)

2010年专门借款存入银行利息收入＝1 000×6×0.1％＝6(万元)

2010年专门借款利息资本化的金额＝5 000×6％－100－6＝194(万元)

2011年专门借款利息资本化的金额＝5 000×6％＝300(万元)

(3) 2010年占用一般借款资金的资产加权平均数＝4 000×60/360＝4 000/6(万元)

2010年一般借款利息资本化金额＝4 000/6×6％＝40(万元)

2010年一般借款利息计入当期损益的金额＝4 000×6％－40＋20 000×8％＝1 800(万元)

2011年占用一般借款资金的资产加权平均数＝4 000＋1 000＋1 000×180/360＝5 500(万元)

2011年一般借款资本化率＝(4 000×6％＋20 000×8％)/(4 000＋20 000)×100％＝7.67％

2011 年一般借款利息资本化金额＝5 500×7.67％＝421.85(万元)

2011 年一般借款利息计入当期损益的金额＝4 000×6％＋20 000×8％－421.85＝1 418.15(万元)

(4)会计分录

2010 年:

借:在建工程	234
财务费用	1 900
应收利息	6
贷:应付利息	2 140

2011 年:

借:在建工程	721.85
财务费用	1 418.15
贷:应付利息	2 140

2. (1)2010 年,外币借款利息资本化金额＝1 000×8％×6.9
＝80×6.9＝552(万元)

外币借款本金及利息汇兑差额＝1 000×(6.90－6.80)＋80
×(6.90－6.90)
＝100(万元)

借:在建工程	652
贷:应付利息	552
长期借款	100

(2) 2011 年 1 月 1 日,支付利息 80 万美元,折算人民币 536 万元,与原账面金额的差额 16 万应资本化。

借:应付利息	552
在建工程	16
贷:银行存款	536

(3)2011 年,外币借款利息资本化金额＝1 000×8％×6/12×6.80
＝40×6.8
＝272(万元)

外币借款本金及利息汇兑差额＝1 000×(6.80－6.70)＋40
×(6.80－6.80)
＝100(万元)

借:在建工程	372
贷:应付利息	272
长期借款	100

3.

付息日期	应付利息	利息费用	溢价摊销	应付债券账面价值
2008 年 12 月 31 日				10 271 980
2009 年 12 月 31 日	600 000	513 599	86 401	10 185 579
2010 年 12 月 31 日	600 000	509 278.95	90 721.05	10 094 857.95
2011 年 12 月 31 日	600 000	505 142.05*	94 857.95	10 000 000
合　计	1 800 000	1 528 020	271 980	

注:做尾数调整。

根据以上资料。甲公司的账务处理如下:

(1)2008 年 12 月 31 日发行债券:

　借:银行存款　　　　　　　　　　　　　　　　　　10 271 980

　　贷:应付债券——债券面值　　　　　　　　　　　　　　10 000 000

　　　　　　——利息调整　　　　　　　　　　　　　　　　271 980

(2)2009 年 12 月 31 日计算利息费用:

　借:财务费用等　　　　　　　　　　　　　　　　　　513 599

　　应付债券——利息调整　　　　　　　　　　　　　　86 401

　　贷:应付利息　　　　　　　　　　　　　　　　　　　　600 000

2010 年确认利息费用的会计处理同 2009 年。

(3)2011 年 12 月 31 日归还债券本金及最后一期利息费用:

　借:财务费用等　　　　　　　　　　　　　　　　　　505 142.05

　　应付债券——债券面值　　　　　　　　　　　　　10 000 000

　　　　　　——利息调整　　　　　　　　　　　　　　94 857.95

　　贷:银行存款　　　　　　　　　　　　　　　　　　　10 600 000

4.(1)可转换公司债券负债成分的公允价值 $= 40\ 000 \times 0.7473 + 40\ 000 \times 4\% \times 4.2124 = 36\ 631.84$(万元)

应计入资本公积的金额 $= 40\ 000 - 36\ 631.84 = 3\ 368.16$(万元)

　借:银行存款　　　　　　　　　　　　　　　　　　40 000

　　应付债券——可转换公司债券(利息调整)　　　　3 368.16

　　贷:应付债券——可转换公司债券(面值)　　　　　　40 000

　　　资本公积——其他资本公积　　　　　　　　　　　3 368.16

(2)2007 年 12 月 31 日应付利息 $= 40\ 000 \times 4\% = 1600$(万元),应确认的利息费用 $= 36\ 631.84 \times 6\% = 2\ 197.91$(万元)

(3)借:在建工程 2 197.91

　　贷:应付利息 1 600

　　　应付债券——可转换公司债券(利息调整) 597.91

(4)借:应付利息 1 600

　　贷:银行存款 1 600

(5)转换日转换部分应付债券的账面价值＝(36 631.84＋597.91)×40％＝14 891.9(万元)

转换的股数＝14 891.9÷10＝1 489.19(万股)

支付的现金＝0.19×10＝1.9(万元)

(6)借:应付债券——可转换公司债券(面值) 16 000

　　　资本公积——其他资本公积(3 368.16×40％) 1 347.26

　　贷:股本 1 489

　　　应付债券——可转换公司债券(利息调整)

　　　　[(3 368.16－597.91)×40％] 1 108.1

　　　资本公积——股本溢价 14 748.26

　　　库存现金 1.9

(7)①2008 年 12 月 31 日

2008 年 12 月 31 日应付利息＝40 000×60％×4％＝960(万元),应确认的利息费用＝[(36 631.84＋597.91)×60％]×6％＝22 337.85×6％＝1 340.27(万元),"应付债券——可转换公司债券"科目余额增加＝1 340.27－960＝380.27(万元),"应付债券——可转换公司债券"科目余额＝22 337.85＋380.27＝22 718.12(万元)。

②2009 年 12 月 31 日

2009 年 12 月 31 日应付利息＝40 000×60％×4％＝960(万元),应确认的利息费用＝22 718.12×6％＝1 363.09(万元),"应付债券——可转换公司债券"科目余额增加＝1 363.09－960＝403.09(万元),"应付债券——可转换公司债券"科目余额＝22 718.12＋403.09＝23 121.21(万元)。

③2010 年 12 月 31 日

2010 年 12 月 31 日应付利息＝40 000×60％×4％＝960(万元),应确认的利息费用＝23 121.21×6％＝1 387.27(万元),"应付债券——可转换公司债券"科目余额增加＝1 387.27－960＝427.27(万元),"应付债券——可转换公司债券"科目余额＝23 121.21＋427.27＝23 548.48(万元)。

④2011 年 12 月 31 日

2011 年 12 月 31 日应付利息＝40 000×60％×4％＝960(万元),"应付债券——可转换公司债券"科目余额＝40 000×60％＝24000(万元),"应付债

券——可转换公司债券"科目余额增加＝24 000－23 548.48＝451.52(万元)，应确认的利息费用＝960＋451.52＝1 411.52(万元)。

(8)2012 年 1 月 1 日

借:应付债券——可转换公司债券(面值)　　　　　　　　　　24 000

　应付利息　　　　　　　　　　　　　　　　　　　　　　　960

　　贷:银行存款　　　　　　　　　　　　　　　　　　　　　　　24 960

第十一章　债务重组与非货币性资产交换练习

一、思考题(略)

二、单项选择题

1. C	2. D	3. D	4. C	5. A
6. B	7. D	8. A	9. C	10. C
11. C	12. A	13. D	14. B	15. A
16. B	17. B	18. B	19. A	20. C

三、多项选择题

1. AC	2. ABCD	3. ACD	4. ABC	5. ACD
6. CD	7. AD	8. AC	9. BC	10. ABC
11. ABC	12. CD	13. AB	14. AB	15. CD

四、计算及会计处理题

1.转入应收账款的商业承兑汇票金额＝1 755＋1 755×10％×6/12＝1 842.75(万元)

重组后债务账面价值＝(1 842.75－10－70.2)×(1－20％)＝1 410.04(万元)

A 公司:

债务重组损失＝1 842.75－10－70.2－1 410.04－150＝202.51(万元)

会计分录:

```
借:银行存款                                          100 000
    库存商品                                          600 000
    应交税费——应交增值税(进项税额)                    102 000
    应收账款——债务重组                            14 100 400
    坏账准备                                        1 500 000
    营业外支出——债务重组损失                        2 025 100
    贷:应收账款                                                 18 427 500
```

B公司:

债务重组利得=1 842.75−10−70.2−1 410.04=352.51(万元)

会计分录:

```
借:应付账款                                       18 427 500
    贷:银行存款                                               100 000
        主营业务收入                                          600 000
        应交税费——应交增值税(销项税额)                        102 000
        应付账款——债务重组                               14 100 400
        营业外收入——债务重组利得                           3 525 100
借:主营业务成本                                      500 000
    贷:库存商品                                               500 000
```

2.A公司:

(1)重组债权的账面余额=2 000×(1+17%)=2 340(万元)

(2)重组后将来应收金额=(2 340−80−100−1 500)×(1−35%)=429(万元)

(3)重组损失=2 340−100−1 500−429−2 340×10%=77(万元)

(4)会计分录:

```
借:固定资产                                           100
    长期股权投资                                      1 500
    应收账款——债务重组                                 429
    坏账准备                                           234
    营业外支出——债务重组损失                             77
    贷:应收账款                                               2 340
```

B公司:

(1)重组债务的账面价值=2 000×(1+17%)=2 340(万元)

(2)重组后将来应付金额=(2 340−80−100−1 500)×(1−35%)=429(万元)

(3)重组收益=2 340−100−1 500−429−8.58=302.42(万元)

资产转让损失=(150+10−30−20)−100=10(万元)

资本公积=1 500−900=600(万元)

(4)会计分录:

借:固定资产清理　　　　　　　　　　　　　　　　110

　　累计折旧　　　　　　　　　　　　　　　　　　30

　　固定资产减值准备　　　　　　　　　　　　　　20

　　　贷:固定资产　　　　　　　　　　　　　　　　　　　150

　　　　银行存款　　　　　　　　　　　　　　　　　　　10

借:应付账款　　　　　　　　　　　　　　　　　　2 340

　　贷:固定资产清理　　　　　　　　　　　　　　　　　100

　　　应付账款——债务重组　　　　　　　　　　　　　429

　　　预计负债　　　　　　　　　　　　　　　　　　　8.58

　　　股本　　　　　　　　　　　　　　　　　　　　900

　　　资本公积　　　　　　　　　　　　　　　　　　600

　　　营业外收入——债务重组损益　　　　　　　　　302.42

借:营业外支出——处置固定资产损益　　　　　　　10

　　贷:固定资产清理　　　　　　　　　　　　　　　　　10

3.

A 企业收到补价:收到的补价÷换出资产的公允价值＝1 000÷8 500

　　　　　　　　　　　　　　　　　　　　　　　　＝11.76％＜25％

B 企业支付补价:支付的补价÷[换出资产的公允价＋支付的补价]

　　　　　　　　　＝1 000÷(7 500＋1 000)＝11.76％＜25％

此项交易属于非货币性资产交换

A 企业的会计处理:

借:长期股权投资　　　　　　　　　　　　　75 000 000

　　银行存款　　　　　　　　　　　　　　　10 000 000

　　　贷:主营业务收入　　　　　　　　　　　　　　85 000 000

借:主营业务成本　　　　　　　　　　　　　68 000 000

　　贷:库存商品　　　　　　　　　　　　　　　　68 000 000

B 企业的会计处理:

借:固定资产　　　　　　　　　　　　　　　85 000 000

　　贷:银行存款　　　　　　　　　　　　　　　　10 000 000

　　　长期股权投资　　　　　　　　　　　　　　60 000 000

　　　投资收益　　　　　　　　　　　　　　　　15 000 000

4.

A 公司换出资产的账面价值合计为 7 600 000 元,公允价值合计为 7 500 000 元。

B 公司换出资产的账面价值合计为 6 450 000 元,公允价值合计为 6 700 000 元。

其中有 80 万元的补价。

A 收到补价:收到的补价÷换出资产的公允价值＝80÷750＝10.67％＜25％

B支付补价:支付的补价÷[换出资产的公允价值+支付的补价]

$$=80÷[670+80]=10.67\%<25\%$$

此项交易属于非货币性资产的交换

A公司的会计处理:

换入资产总入账价值=7 500 000+5 000 000×17%-800 000=7 550 000(元)

换入的仓库入账价值=7 550 000×(2 500 000÷6 700 000)=2 817 164(元)

换入的设备入账价值=7 550 000×(4 200 000÷6 700 000)=4 732 836(元)

借:固定资产清理	2 800 000	
累计折旧	700 000	
贷:固定资产		3 500 000
借:固定资产——仓库	2 817 164	
——设备	4 732 836	
银行存款	800 000	
营业外支出	300 000	
贷:固定资产清理		2 800 000
应交税费——应交增值税(销项)		850 000
其他业务收入		5 000 000
借:其他业务成本	4 800 000	
贷:原材料		4 800 000

B公司的会计处理:

换入资产总入账价值=6 700 000+800 000-5 000 000×17%=6 650 000(元)

换入的厂房入账价值=6 650 000×(2 500 000÷7 500 000)=2 216 667(元)

换入的原材料入账价值=6 650 000×(5 000 000÷7 500 000)=4 433 333(元)

借:固定资产清理	6 450 000	
累计折旧	3 050 000	
贷:固定资产		9 500 000
借:固定资产——厂房	2 216 667	
原材料	4 433 333	
应交税费——应交增值税(进项)	850 000	
贷:固定资产清理		6 450 000
银行存款		800 000
营业外收入		250 000

第十二章　所有者权益

一、思考题(略)

二、单项选择题

1. A　　　　2. A　　　　3. C　　　　4. D　　　　5. C
6. B　　　　7. B　　　　8. C　　　　9. C　　　　10. A

三、多项选择题

1. ABC　　　2. ABCD　　3. ABCD　　4. ACD　　5. CE
6. ACD　　　7. ABD　　　8. ABCD

四、计算及会计处理题

1.(1)
①20×9 年 2 月 20 日发行股票

借:银行存款　　　　　　　　　　　　　　　　　　　　1 261
　贷:股本　　　　　　　　　　　　　　　　　　　　　　　　200
　　　资本公积——股本溢价　　　　　　　　　　　　　　　1 061

②20×9 年 4 月 15 日宣告股利

借:利润分配——应付现金股利　　　　　　　　　　　　　100
　贷:应付股利　　　　　　　　　　　　　　　　　　　　　　100

③20×9 年 4 月 28 日实际发放股利

借:应付股利　　　　　　　　　　　　　　　　　　　　　100
　贷:银行存款　　　　　　　　　　　　　　　　　　　　　　100

④20×9 年 10 月 10 日收购股票

借:库存股　　　　　　　　　　　　　　　　　　　　　　360
　贷:银行存款　　　　　　　　　　　　　　　　　　　　　　360

注销库存股

借:股本　　　　　　　　　　　　　　　　　　　　　　　50
　资本公积——股本溢价　　　　　　　　　　　　　　　　310
　贷:库存股　　　　　　　　　　　　　　　　　　　　　　　360

⑤20×9 年 12 月 20 日以盈余公积转增股本

借:盈余公积——法定盈余公积　　　　　　　　　　　　　　500
　贷:股本　　　　　　　　　　　　　　　　　　　　　　　　　500
⑥20×9年12月31日提取盈余公积
借:利润分配——提取法定盈余公积　　　　　　　　　　　　100
　贷:盈余公积——法定盈余公积　　　　　　　　　　　　　　　100
结转20×9年实现的净利润
借:本年利润　　　　　　　　　　　　　　　　　　　　　1 000
　贷:利润分配——未分配利润　　　　　　　　　　　　　　　1 000
(2)20×9年末

股本=800+200-50+500=1 450(万元)

资本公积——股本溢价=2 000+1 061-310=2 751(万元)

盈余公积——法定盈余公积=1 500-500+100=1 100(万元)

未分配利润=1 200-100-100+1 000=2 000(万元)

2.(1)乙公司20×8年应交所得税=600×25%=150(万元)
　借:所得税费用　　　　　　　　　　　　　　　　　　　　150
　　贷:应交税费——应交所得税　　　　　　　　　　　　　　　150
　借:本年利润　　　　　　　　　　　　　　　　　　　　　150
　　贷:所得税费用　　　　　　　　　　　　　　　　　　　　　150
　借:本年利润　　　　　　　　　　　　　　　　　　　　　450
　　贷:利润分配——未分配利润　　　　　　　　　　　　　　　450
　(2)根据20×9年2月14日董事会提请股东大会20×8年利润分配议案,乙公司提取法定盈余公积
　　借:利润分配——提取法定盈余公积　　　　　　　　　　　45
　　　贷:盈余公积——法定盈余公积　　　　　　　　　　　　　45
　　借:利润分配——未分配利润　　　　　　　　　　　　　　45
　　　贷:利润分配——提取法定盈余公积　　　　　　　　　　　45
　(3)根据20×9年3月4日股东大会批准董事会提请股东大会20×8年利润分配方案,乙公司向投资者宣告分配现金股利
　　借:利润分配——应付现金股利　　　　　　　　　　　　　80
　　　贷:应付股利　　　　　　　　　　　　　　　　　　　　　80
　　借:利润分配——未分配利润　　　　　　　　　　　　　　80
　　　贷:利润分配——应付现金股利　　　　　　　　　　　　　80
　(4)年末未分配利润=300+450-45-80=625(万元)

第十三章 收入、费用与利润

一、思考题(略)

二、单项选择题

1. A	2. A	3. D	4. A	5. B
6. D	7. C	8. D	9. D	10. C
11. A	12. C	13. A	14. A	15. C

三、多项选择题

1. ACD	2. CD	3. ACD	4. ABD	5. AB
6. ABCD	7. ABCD	8. BCD	9. ABCD	10. ABC
11. CD	12. ABCD	13. AD	14. AB	15. ABD
16. AB	17. AC	18. ACD	19. BCD	20. ACD

四、计算及会计处理题

1.(1)2010年12月18日销售商品时

借:应收账款	585	
贷:主营业务收入		500
应交税费——应交增值税(销项税额)		85
借:主营业务成本	260	
贷:库存商品		260

(2)2010年12月27日收款时

买方享受现金折扣10万元

借:银行存款	575	
财务费用	10	
贷:应收账款		585

(3)2011年5月10日收到退货时

借:主营业务收入	500	
应交税费——应交增值税(销项税额)	85	
贷:财务费用		10
银行存款		575

　　借:库存商品　　　　　　　　　　　　　　　　　　　　260

　　　贷:主营业务成本　　　　　　　　　　　　　　　　　　　　　260

　2.(1)第一项业务可以确认收入。第二项业务可以部分确认收入。第三项业务可以部分确认收入。

　　(2)第一项业务 2011 年度应确认收入的金额为 12 万元。

　　第二项业务 2011 年度应确认收入的金额为 25 万元。

　　第三项业务 2011 年度应确认收入的金额为 3 960 万元

　3.(1)借:银行存款　　　　　　　　　　　　　　　　　　217.62

　　　　贷:主营业务收入　　　　　　　　　　　　　　　　　　　186

　　　　　应交税费——应交增值税(销项税额)　　　　　　　　　31.62

　　　借:主营业务成本　　　　　　　　　　　　　　　　　　94

　　　　贷:库存商品——A 产品　　　　　　　　　　　　　　　　88

　　　　　　　　　——B 产品　　　　　　　　　　　　　　　　　6

　　(2)①确定 2011 年完工程度＝100÷(100＋300)＝25％

　　　　②确定 2011 年合同收入＝500×25％＝125(万元)

　　　　③2011 年合同毛利:(500－400)×25％＝25(万元)

　　　　④2011 年合同费用＝125－25＝100(万元)

　　　　⑤2011 年会计分录

　①借:工程施工——合同成本　　　　　　　　　　　　　100

　　　贷:银行存款、原材料等　　　　　　　　　　　　　　　　100

　②借:应收账款　　　　　　　　　　　　　　　　　　125

　　　贷:工程结算　　　　　　　　　　　　　　　　　　　　125

　③借:银行存款　　　　　　　　　　　　　　　　　　100

　　　贷:应收账款　　　　　　　　　　　　　　　　　　　　100

　④借:工程施工——合同毛利　　　　　　　　　　　　　25

　　　主营业务成本　　　　　　　　　　　　　　　　　100

　　　贷:主营业务收入　　　　　　　　　　　　　　　　　　125

　　(3)

　①借:固定资产清理　　　　　　　　　　　　　　　　　5

　　　累计折旧　　　　　　　　　　　　　　　　　　　40

　　　固定资产减值准备　　　　　　　　　　　　　　　5

　　　贷:固定资产　　　　　　　　　　　　　　　　　　　　50

　②借:银行存款　　　　　　　　　　　　　　　　　　30

　　　贷:固定资产清理　　　　　　　　　　　　　　　　　　30

③借:固定资产清理　　　　　　　　　　　　　　　25
　　贷:营业外收入　　　　　　　　　　　　　　　　　　　25
(4)借:发出商品　　　　　　　　　　　　　　　　40
　　贷:库存商品　　　　　　　　　　　　　　　　　　　40
　借:应收账款　　　　　　　　　　　　　　　　13.6
　　贷:应交税费——应交增值税(销项税额)　　　　　　　13.6
(5)借:银行存款　　　　　　　　　　　　　　　　30
　　　其他应收款　　　　　　　　　　　　　　　　4
　　　营业外支出　　　　　　　　　　　　　　　　6
　　贷:应收账款　　　　　　　　　　　　　　　　　　　40
(6)
①借:应收账款　　　　　　　　　　　　　　　　234
　　贷:主营业务收入　　　　　　　　　　　　　　　　　200
　　　应交税费——应交增值税(销项税额)　　　　　　　　34
②借:主营业务成本　　　　　　　　　　　　　　110
　　贷:库存商品　　　　　　　　　　　　　　　　　　　110
③借:主营业务收入　　　　　　　　　　　　　　20
　　贷:主营业务成本　　　　　　　　　　　　　　　　　11
　　　预计负债　　　　　　　　　　　　　　　　　　　　9
(7)
①借:主营业务收入　　　　　　　　　　　　　　20
　　　应交税费——应交增值税(销项税额)　　　　　6.8
　　　库存商品　　　　　　　　　　　　　　　　22
　　　预计负债　　　　　　　　　　　　　　　　9
　　贷:主营业务成本　　　　　　　　　　　　　　　　　11
　　　应收账款　　　　　　　　　　　　　　　　　　　46.8
②借:银行存款　　　　　　　　　　　　　　　187.2
　　贷:应收账款　　　　　　　　　　　　　　　　　　　187.2
4.(1)编制 A 公司发出商品时的会计分录
　借:银行存款　　　　　　　　　　　　　　　　234
　　贷:其他应付款　　　　　　　　　　　　　　　　　　200
　　　应交税费——应交增值税(销项税额)　　　　　　　　34
　借:发出商品　　　　　　　　　　　　　　　　170
　　贷:库存商品　　　　　　　　　　　　　　　　　　　170
(2)编制 A 公司 9 月 30 日和 10 月 31 日计提利息的会计分录
每月计提利息时:

借:财务费用　　　　　　　　　　　　　　　　　　　　5

　　贷:其他应付款　　　　　　　　　　　　　　　　　　　　　5

（3）编制 A 公司 11 月 30 日回购商品的会计分录

借:财务费用　　　　　　　　　　　　　　　　　　　　5

　　贷:其他应付款　　　　　　　　　　　　　　　　　　　　　5

借:库存商品　　　　　　　　　　　　　　　　　　　170

　　贷:发出商品　　　　　　　　　　　　　　　　　　　　　170

借:其他应付款　　　　　　　　　　　　　　　　　　　215

　　应交税费——应交增值税（进项税额）　　　　　　36.55

　　贷:银行存款　　　　　　　　　　　　　　　　　　　　251.55

第十四章　财务报告

一、思考题(略)

二、单项选择题

1. C	2. C	3. D	4. D	5. A
6. D	7. A	8. C	9. C	10. B
11. A	12. C	13. C	14. D	15. B

三、多项选择题

1. ABDEF	2. BC	3. ACE	4. AC	5. CD
6. CE	7. BD	8. ABE	9. AC	10. CE

四、会计报表编制题

（1）借:应收账款——乙公司　　　　　　　　　　1 170 000

　　　贷:主营业务收入　　　　　　　　　　　　　　　1 000 000

　　　　应交税费——应交增值税（销项税额）　　　　　170 000

　　借:主营业务成本　　　　　　　　　　　　　　700 000

　　　贷:库存商品　　　　　　　　　　　　　　　　　700 000

（2）借:固定资产　　　　　　　　　　　　　　　355 000

　　　贷:银行存款　　　　　　　　　　　　　　　　　355 000

（3）借：交易性金融资产——成本 20 000
　　贷：银行存款 20 000

（4）借：银行存款 100 000
　　贷：短期借款 100 000

（5）借：固定资产清理 60 000
　　累计折旧 20 000
　　贷：固定资产 80 000
　　借：银行存款 55 000
　　贷：固定资产清理 55 000
　　借：营业外支出 5 000
　　贷：固定资产清理 5 000

（6）借：原材料 1 000 000
　　应交税费——应交增值税（进项税费） 170 000
　　贷：银行存款 1 170 000

（7）借：工程物资 117 000
　　贷：银行存款 117 000

（8）借：在建工程 93 600
　　贷：工程物资 93 600
　　借：原材料 20 000
　　应交税费——应交增值税（进项税额） 3 400
　　贷：工程物资 23 400

（9）借：在建工程 45 600
　　贷：应付职工薪酬 45 600

（10）借：在建工程 40 000
　　贷：长期借款 40 000
　　借：固定资产 179 200
　　贷：在建工程 179 200

（11）借：银行存款 1 170 000
　　贷：应收账款——乙公司 1 170 000

（12）借：银行存款 2 340 000
　　贷：主营业务收入 2 000 000
　　应交税费——应交增值税（销项税额） 340 000
　　借：主营业务成本 1 500 000
　　贷：库存商品 1 500 000

（13）借：管理费用——无形资产摊销 40 000
　　贷：累计摊销 40 000

(14)借:投资性房地产——公允价值变动　　　　　　　　100 000

　　　贷:公允价值变动损益　　　　　　　　　　　　　　　　100 000

(15)借:销售费用　　　　　　　　　　　　　　　　　　　30 000

　　　贷:银行存款　　　　　　　　　　　　　　　　　　　　30 000

(16)借:银行存款　　　　　　　　　　　　　　　　　　　500 000

　　　贷:应收账款　　　　　　　　　　　　　　　　　　　　500 000

(17)借:制造费用——折旧费　　　　　　　　　　　　　　80 000

　　　管理费用——折旧费　　　　　　　　　　　　　　　20 000

　　　贷:累计折旧　　　　　　　　　　　　　　　　　　　　100 000

(18)借:资产减值损失　　　　　　　　　　　　　　　　　10 000

　　　贷:固定资产减值准备　　　　　　　　　　　　　　　　10 000

(19)借:银行存款　　　　　　　　　　　　　　　　　　　55 000

　　　贷:交易性金融资产——成本　　　　　　　　　　　　　50 000

　　　投资收益　　　　　　　　　　　　　　　　　　　　　5 000

(20)借:库存现金　　　　　　　　　　　　　　　　　　　200 000

　　　贷:银行存款　　　　　　　　　　　　　　　　　　　　200 000

　　借:应付职工薪酬　　　　　　　　　　　　　　　　　200 000

　　　贷:库存现金　　　　　　　　　　　　　　　　　　　　200 000

(21)借:生产成本　　　　　　　　　　　　　　　　　　　100 000

　　　制造费用　　　　　　　　　　　　　　　　　　　30 000

　　　管理费用　　　　　　　　　　　　　　　　　　　30 000

　　　贷:应付职工薪酬　　　　　　　　　　　　　　　　　　160 000

(22)借:生产成本　　　　　　　　　　　　　　　　　　　14 000

　　　制造费用　　　　　　　　　　　　　　　　　　　4 200

　　　管理费用　　　　　　　　　　　　　　　　　　　4 200

　　　贷:应付职工薪酬　　　　　　　　　　　　　　　　　　22 400

(23)借:生产成本　　　　　　　　　　　　　　　　　　　1 200 000

　　　贷:原材料　　　　　　　　　　　　　　　　　　　　　1 200 000

(24)借:资产减值损失——坏账损失　　　　　　　　　　　10 000

　　　贷:坏账准备　　　　　　　　　　　　　　　　　　　　10 000

(25)借:财务费用　　　　　　　　　　　　　　　　　　　40 000

　　　贷:应付利息　　　　　　　　　　　　　　　　　　　　10 000

　　　长期借款　　　　　　　　　　　　　　　　　　　　30 000

(26)借:短期借款　　　　　　　　　　　　　　　　　　　120 000

　　　应付利息　　　　　　　　　　　　　　　　　　　5 000

　　　贷:银行存款　　　　　　　　　　　　　　　　　　　　125 000

(27) 借:交易性金融资产——公允价值变动　　　　　　10 000
　　　贷:公允价值变动损益　　　　　　　　　　　　　　　　10 000

(28) 借:生产成本　　　　　　　　　　　　　　　　114 200
　　　贷:制造费用　　　　　　　　　　　　　　　　　　114 200
　　借:库存商品　　　　　　　　　　　　　　　1 428 200
　　　贷:生产成本　　　　　　　　　　　　　　　　　1 428 200

(29) 借:主营业务收入　　　　　　　　　　　　　3 000 000
　　　公允价值变动损益　　　　　　　　　　　　110 000
　　　投资收益　　　　　　　　　　　　　　　　　5 000
　　　贷:本年利润　　　　　　　　　　　　　　　　3 115 000
　　借:本年利润　　　　　　　　　　　　　　　2 389 200
　　　贷:主营业务成本　　　　　　　　　　　　　　　2 200 000
　　　销售费用　　　　　　　　　　　　　　　　　　30 000
　　　管理费用　　　　　　　　　　　　　　　　　　94 200
　　　财务费用　　　　　　　　　　　　　　　　　　40 000
　　　资产减值损失　　　　　　　　　　　　　　　　20 000
　　　营业外支出　　　　　　　　　　　　　　　　　5 000

(30) 借:所得税费用　　　　　　　　　　　　　　181 450
　　　贷:应交税费——应交所得税　　　　　　　　　　181 450
　　借:本年利润　　　　　　　　　　　　　　　181 450
　　　贷:所得税费用　　　　　　　　　　　　　　　181 450

(31) 借:利润分配——提取法定盈余公积　　　　　　54 435
　　　贷:盈余公积——法定盈余公积　　　　　　　　　54 435

(32) 借:利润分配——未分配利润　　　　　　　　　54 435
　　　贷:利润分配——提取法定盈余公积　　　　　　　54 435
　　借:本年利润　　　　　　　　　　　　　　　544 350
　　　贷:利润分配——未分配利润　　　　　　　　　544 350

根据期初资料及上述分录编制报表如下:

资产负债表

会企 01 表

编制单位：甲公司　　　　　　　　2011 年 12 月 31 日　　　　　　　　单位：元

资　　　产	期末余额	年初余额	负债和所有者权益（或股东权益）	期末余额	年初余额
流动资产：			流动负债：		
货币资金	3 803 000	1 600 000	短期借款	100 000	120 000
交易性金融资产	80 000	100 000	交易性金融负债	0	0
应收票据	0	0	应付票据	0	0
应收账款	288 000	798 000	应付账款	0	0
预付款项	0	0	预收款项	0	0
应收利息	0	0	应付职工薪酬	86 000	58 000
应收股利	0	0	应交税费	568 050	50 000
其他应收款	0	0	应付利息	5 000	0
存货	638 200	1 590 000	应付股利	0	0
一年内到期的非流动资产	0	0	其他应付款	0	0
其他流动资产	0	0	一年内到期的非流动负债	0	0
流动资产合计	4 809 200	4 088 000	其他流动负债	0	0
非流动资产：			流动负债合计	759 050	228 000
可供出售金融资产	0	0	非流动负债：		
持有至到期投资	0	0	长期借款	370 000	300 000
长期应收款	0	0	应付债券	0	0
长期股权投资	0	0	长期应付款	0	0
投资性房地产	1 100 000	1 000 000	专项应付款	0	0
固定资产	3 304 200	2 940 000	预计负债	0	0
在建工程	0	0	递延所得税负债	0	0
工程物资	0	0	其他非流动负债	0	0
固定资产清理	0	0	非流动负债合计	370 000	300 000
生产性生物资产	0	0	负债合计	1 129 050	528 000
油气资产	0	0	所有者权益（或股东权益）：		
无形资产	260 000	300 000	实收资本（或股本）	4 000 000	4 000 000
开发支出	0	0	资本公积	800 000	800 000
商誉	0	0	减：库存股		
长期待摊费用	0	0	盈余公积	1 054 435	1 000 000
递延所得税资产	0	0	未分配利润	2 489 915	2 000 000
其他非流动资产	0	0	所有者权益（或股东权益）合计	8 344 350	7 800 000
非流动资产合计	46 642 00	4 240 000			
资产总计	9 473 400	8 328 000	负债和所有者权益总计	9 473 400	8 328 000

利润表

编制单位:甲公司　　　　　　　　　2011 年度　　　　　　　　　　单位:元

项　　目	本期金额	上期金额(略)
一、营业收入	3 000 000	
减:营业成本	2 200 000	
营业税金及附加		
销售费用	30 000	
管理费用	94 200	
财务费用	40 000	
资产减值损失	20 000	
加:公允价值变动收益(损失以"—"号填列)	110 000	
投资收益(损失以"—"号填列)	5 000	
其中:对联营企业和合营企业的投资收益		
二、营业利润(亏损以"—"号填列)	730 800	
加:营业外收入	0	
减:营业外支出	5 000	
其中:非流动资产处置损失		
三、利润总额(亏损总额以"—"号填列)	725 800	
减:所得税费用	181 450	
四、净利润(净亏损以"—"号填列)	544 350	
五、每股收益:	(略)	
(一)基本每股收益		
(二)稀释每股收益		

所有者权益变动表

编制单位:甲公司 　　　　　　2011 年度 　　　　　　单位:元

项　　　目	本年金额					
	实收资本（或股本）	资本公积	减：库存股	盈余公积	未分配利润	所有者权益合计
一、上年年末余额	4 000 000	800 000		1 000 000	2 000 000	7 800 000
加:会计政策变更						
前期差错更正						
二、本年年初余额	4 000 000	800 000		1 000 000	2 000 000	7 800 000
三、本年增减变动金额（减少以"－"号填列）						
（一）净利润					544 350	544 350
（二）直接计入所有者权益的利得和损失						
1.可供出售金融资产公允价值变动净额						
2.权益法下被投资单位其他所有者权益变动的影响						
3.与计入所有者权益项目相关的所得税影响						
4.其他						
上述（一）和（二）小计						
（三）所有者投入和减少资本						
1.所有者投入资本						
2.股份支付计入所有者权益的金额						
3.其他						
（四）利润分配						
1.提取盈余公积				54 435	－54 435	0
2.对所有者（或股东）的分配						
3.其他						
（五）所有者权益内部结转						
1.资本公积转增资本（或股本）						
2.盈余公积转增资本（或股本）						
3.盈余公积弥补亏损						
4.其他						
四、本年年末余额	4 000 000	800 000		1 054 435	2 489 915	8 344 350

现金流量表

会企 03 表

编制单位:甲公司　　　　　　　　2011 年度　　　　　　　　单位:元

项　　目	本期金额	上期金额(略)
一、经营活动产生的现金流量:		
销售商品、提供劳务收到的现金	4 010 000	
收到的税费返还		
收到其他与经营活动有关的现金		
经营活动现金流入小计	4 010 000	
购买商品、接受劳务支付的现金	1 193 400	
支付给职工以及为职工支付的现金	160 000	
支付的各项税费	0	
支付其他与经营活动有关的现金	30 000	
经营活动现金流出小计	1 383 400	
经营活动产生的现金流量净额	2 626 600	
二、投资活动产生的现金流量:		
收回投资收到的现金	55 000	
取得投资收益收到的现金		
处置固定资产、无形资产和其他长期资产收回的现金净额	55 000	
处置子公司及其他营业单位收到的现金净额		
收到其他与投资活动有关的现金		
投资活动现金流入小计	110 000	
购建固定资产、无形资产和其他长期资产支付的现金	488 600	
投资支付的现金	20 000	
取得子公司及其他营业单位支付的现金净额		
支付其他与投资活动有关的现金		
投资活动现金流出小计	508 600	
投资活动产生的现金流量净额	−398 600	
三、筹资活动产生的现金流量:		
吸收投资收到的现金		
取得借款收到的现金	100 000	
收到其他与筹资活动有关的现金		
筹资活动现金流入小计	100 000	
偿还债务支付的现金	120 000	
分配股利、利润或偿付利息支付的现金	5 000	
支付其他与筹资活动有关的现金		
筹资活动现金流出小计	125 000	
筹资活动产生的现金流量净额	−25 000	
四、汇率变动对现金及现金等价物的影响		
五、现金及现金等价物净增加额	2 203 000	
加:期初现金及现金等价物余额	1 600 000	
六、期末现金及现金等价物余额	3 803 000	

第十五章 会计变更和差错更正

一、思考题(略)

二、单项选择题

1. D   2. C   3. C   4. C   5. C
6. C   7. A

三、多项选择题

1. ACE   2. ABE   3. ABCD   4. ACD   5. ABCE
6. ABD

四、计算及会计处理题

1.(1)

会计政策变更累计影响数计算表

单位:万元

年度	原政策影响 当期损益	新政策影响 当期损益	税前差异	所得税影响	税后差异
2010	−800	4 000	4 800	1 200	3 600
2011	−800	2 400	3 200	800	2 400
小计	−1 600	6 400	8 000	2 000	6 000
2012	−800	2 000	2 800	700	2 100
合计	−2 400	8 400	10 800	2 700	8 100

(2)①编制 2012 年初调整分录

借:投资性房地产——成本   32 000

        ——公允价值变动   6 400

    投资性房地产累计折旧(摊销)   9 600

    贷:投资性房地产   40 000

        递延所得税负债   2 000

        利润分配——未分配利润   6 000

借:利润分配——未分配利润   600

    贷:盈余公积   600

②编制 2013 年年初调整分录

借:投资性房地产——公允价值变动	2 000	
投资性房地产累计折旧(摊销)	800	
贷:递延所得税负债		700
利润分配——未分配利润		2 100
借:利润分配——未分配利润	210	
贷:盈余公积		210

2.(1)分析:上述会计估计变更,不调整以前年度各期折旧,也不计算累计影响数,只需从 2013 年度起按重新预计的使用年限计提年折旧额。

(2)按原估计,每年折旧额为 200 000÷10＝20 000 元,已提折旧三年,共计提折旧 60 000 元,固定资产净值为 140 000 元。

(3)改变估计使用年限后,2013 年起每年计提的折旧费为 28 000(140 000÷5)元。会计分录为:

借:管理费用	28 000	
贷:累计折旧		28 000

同时应在会计报表附注中说明如下:

本公司一台管理用设备,原价 200 000 元,原预计使用年限为 10 年,按直线法计提折旧。由于新技术的发展,该设备已不能按原使用年限计提折旧,本公司于 2013 年初变更该设备的折旧年限为 8 年,以反映该设备的真实耐用年限。此项会计估计变更对本年度净利润的影响金额为减少了 6 000 元[(28 000－20 000)×(1－25％)]。

3.分析:

(1)属于本期发现的与前期相关的非重大会计差错,应调整本期损益及相关项目。应编制会计分录:

借:管理费用	2 000	
贷:其他应收款		2 000

(2)属于本期发现的与前期相关的重大会计差错,应调整当期的期初留存收益及会计报表其他相关项目。

①编制会计分录

A. 补转成本

借:以前年度损益调整	80 000	
贷:库存商品		80 000

B. 调整所得税

借:应交税费——应交所得税	20 000	
贷:以前年度损益调整		20 000

C. 将以前年度损益调整科目转入利润分配

借:利润分配——未分配利润   60 000

贷:以前年度损益调整   60 000

D. 调整利润分配

借:盈余公积   6 000

贷:利润分配——未分配利润   6 000

②调整资产负债表的年初数和利润分配表的上年数:

资产负债表调整年初数:

存货调减 80 000 元;应交税费调减 20 000 元;盈余公积调减 6 000 元;未分配利润调减 54 000 元。

利润表及利润分配表调整上年数:

主营业务成本调增 80 000 元;所得税费用调减 20 000 元;提取法定盈余公积调减 6 000 元;未分配利润调减 54 000 元。

同时在报表附注中说明:

本年度发现 2012 年未结转主营业务成本 80 000 元,已调整 2013 年的期初留存收益,在编制 2012 年和 2013 年的比较会计报表时,已对该项差错进行了更正。

由于此项错误的影响,2012 年虚增净利润 54 000 元及盈余公积 6 000 元,虚增存货 80 000 元。

第十六章   资产负债表日后事项

一、思考题(略)

二、单项选择题

1. C   2. B   3. C   4. A   5. D

6. D   7. C   8. C

三、多项选择题

1. ACD   2. ABD   3. ACD   4. BCD   5. CD

6. ABCD   7. ABC   8. AC

四、计算及会计处理题

(1)调整事项: ①、③、④、⑤。

(2)会计分录

① 借:以前年度损益调整——调整 2013 年度资产减值损失　　　200
　　　贷:存货跌价准备　　　　　　　　　　　　　　　　　　　　　　200
　　借:递延所得税资产　　　　　　　　　　　　　　　　　　　50
　　　贷:以前年度损益调整——调整 2013 年度所得税费用　　　　　　50

② 非调整事项不编会计分录。

③ 借:以前年度损益调整——调整 2013 年度资产减值损失　　　　80
　　　贷:坏账准备　　　　　　　　　　　　　　　　　　　　　　　　80
　　借:递延所得税资产　　　　　　　　　　　　　　　　　　　20
　　　贷:以前年度损益调整——调整 2013 年度所得税费用　　　　　　20

④ 借:以前年度损益调整——调整 2013 年度营业外支出　　　　120
　　　贷:其他应付款　　　　　　　　　　　　　　　　　　　　　　　120
　　借:预计负债——未决诉讼　　　　　　　　　　　　　　　100
　　　贷:其他应付款　　　　　　　　　　　　　　　　　　　　　　　100
　　借:应交税费——应交所得税　　　　　　　　　　　　　　55
　　　贷:以前年度损益调整——调整 2013 年度所得税费用　　　　　　30
　　　　　递延所得税资产　　　　　　　　　　　　　　　　　　　　　25

⑤ 借:以前年度损益调整——调整 2013 年度主营业务收入　　　800
　　　　应交税费——应交增值税(销项税额)　　　　　　　　136
　　　贷:应付账款——A 企业　　　　　　　　　　　　　　　　　　936
　　借:库存商品　　　　　　　　　　　　　　　　　　　　　400
　　　贷:以前年度损益调整——调整 2013 年度主营业务成本　　　　400

调整应交所得税和所得税费用

　　借:应交税费——应交所得税　　　　　　　　　　　　　　100
　　　贷:以前年度损益调整——调整 2013 年度所得税费用　　　　　100

(3)将"以前年度损益调整"余额结转至"利润分配——未分配利润"

　　借:利润分配——未分配利润　　　　　　　　　　　　　　600
　　　贷:以前年度损益调整　　　　　　　　　　　　　　　　　　　600

(4)龙翔公司 2013 年度与利润分配相关的会计分录为:

　　借:利润分配——提取盈余公积　　　　　　　　　　　　　120
　　　　　　　——应付普通股股利　　　　　　　　　　　　500
　　　贷:盈余公积——法定盈余公积　　　　　　　　　　　　　　　120
　　　　　应付股利　　　　　　　　　　　　　　　　　　　　　　　500
　　借:利润分配——未分配利润　　　　　　　　　　　　　　620
　　　贷:利润分配——提取法定盈余公积　　　　　　　　　　　　　120
　　　　　　　　——应付普通股股利　　　　　　　　　　　　　　　500

（5）

资产负债表

编制单位:龙翔公司 　　　　　　2013 年 12 月 31 日 　　　　　　金额单位:万元

资产	年末数	调整后年末数	负债和所有者权益	年末数	调整后年末数
流动资产:			流动负债:		
货币资金	1 500	1 500	应付账款	1 400	2 336
交易性金融资产	500	500	其他应付款	500	720
应收账款	1 000	920	应付股利	0	0
存货	3 000	3 200	应交税费	700	409
			预计负债	100	0
流动资产合计	6 000	6120	流动负债合计	2 700	3 465
长期投资:			长期负债:		
长期股权投资	3 800	3 800	长期借款	8 000	8 000
固定资产:			负债合计	10 700	11 465
固定资产原价	8 000	8 000	所有者权益:		
减:累计折旧	1 200	1 200	股本	3 500	3 500
固定资产净值	6 800	6 800	资本公积	592	592
无形资产:			盈余公积	500	620
无形资产	600	600	未分配利润	1 908	1 188
递延所得税资产		45	所有者权益合计	6 500	5 400
资产总计	17 200	17 365	权益总计	17 200	17 365

利润表

编制单位:龙翔公司 　　　　　　2013 年度 　　　　　　金额单位:万元

项　　　目	本年累计数	调整后本年累计数
一、营业收入	15 280	14 480
减:营业成本	10 100	9 700
营业税金及附加	180	180
销售费用	400	400
管理费用	500	500
财务费用	500	500
资产减值损失	0	280
加:投资收益	300	300
二、营业利润	3 900	3 220
加:营业外收入	0	0
减:营业外支出	1 500	1 620
三、利润总额	2 400	1 600
减:所得税费用	600	400
四、净利润	1 800	1 200